特殊儿童动作康复导论

主　编／向方桃
副主编／张　梅

重庆大学出版社

图书在版编目（CIP）数据

特殊儿童动作康复导论 / 向方桃主编. —— 重庆：
重庆大学出版社，2025.3. ——（高等院校特殊教育新形
态教材）. ——ISBN 978-7-5689-5031-2

Ⅰ. G76

中国国家版本馆CIP数据核字第2025GE8807号

特殊儿童动作康复导论
TESHU ERTONG DONGZUO KANGFU DAOLUN

主编　向方桃
策划编辑：陈　曦

责任编辑：石　可　　版式设计：张　晗
责任校对：王　倩　　责任印制：张　策

*

重庆大学出版社出版发行
出版人：陈晓阳
社址：重庆市沙坪坝区大学城西路21号
邮编：401331
电话：（023）88617190　88617185（中小学）
传真：（023）88617186　88617166
网址：http://www.cqup.com.cn
邮箱：fxk@cqup.com.cn（营销中心）
全国新华书店经销
重庆亘鑫印务有限公司印刷

*

开本：787mm×1092mm　1/16　印张：16.75　字数：327千
2025年3月第1版　　2025年3月第1次印刷
ISBN 978-7-5689-5031-2　　定价：68.00元

近年来，国家高度重视特殊儿童的教育和康复工作。以健康中国战略为背景，政府推出了一系列政策，旨在改善和提高特殊儿童的康复服务质量。《"健康中国2030"规划纲要》明确指出，要关注儿童早期发展，提高儿童健康水平，并特别强调加强残疾儿童的康复工作。这意味着，作为未来康复师的同学们，肩负着重要的使命，需要通过系统学习和实践，掌握必要的知识和技能，为特殊儿童提供科学的康复训练。

本书旨在帮助教育康复学专业的学生打下坚实的理论基础，通过详细阐述人体正常的运动模式和发育历程，为后续的运动康复训练提供全面的理论支持。本书不仅在理论上进行深入浅出的讲解，还通过操作实例，增强学生对实际问题的理解和应对能力。本书主要有以下三个特点：

（1）结合实例教学：教材中的各种实例，均源自实际的康复训练过程，学生通过这些实例，能够更直观地理解理论知识，并掌握实际操作的要点。

（2）注重理论与实践结合：教材不仅讲解理论基础，还通过示范教学，帮助学生将理论与实践紧密结合，从而能够独立分析和解决特殊儿童康复中的实际问题。

（3）全面的知识体系：教材从基本概论、人体运动学、人体发育学、动作评估与康复训练等多角度出发，构建了一个系统的知识体系，有助于学生对康复领域形成全面认识。

本书的内容结构科学合理，有助于学生们系统学习和掌握相关知识。主要包括以下四部分内容：

第一部分　概论：学生们能够了解动作康复的基本概念、原理及重要性，从而为进一步的学习打下坚实的基础。

第二部分　人体运动学：人体运动学部分详细探讨了骨骼、关节和肌肉的工作原理，以及人体正常的运动模式。这部分内容不仅能帮助学生们理解人体运动的机械原理，还为后续的康复训练设计提供了重要的理论基础。

第三部分　人体发育学：通过对人体发育学部分的学习，学生们能够了解从发育到成熟的过程中，人体所经历的各种变化和规律。这部分内容对于理解和分析特殊儿童的发育异常情况具有重要意义。

第四部分　动作评估与康复训练：动作评估与康复训练部分是课程的实践应用环

节，学生们将学习如何对特殊儿童的动作情况进行评估，并制订和实施有效的康复训练计划。这部分内容不仅需要理论知识的支持，更强调实际操作能力和问题解决能力。

本书的编写得到乐山师范学院特殊教育学院和康复学院、特殊教育语言智能四川省哲学社会科学重点实验室的师生们的大力帮助与支持，张梅、余菊芬、魏欣、管芳、苏志鹏、杨澜、代春雨、马之力、宋欣怡参与了文字的编排、校对、图片设计与拍摄等工作，在此，我深表感谢！此外，我还要深深感谢书中图片上的江雨蒙小朋友全力配合图片拍摄。同时，本书也是四川省应用型示范课程《特殊儿童动作康复》和四川省教育厅2024—2026年高等教育人才培养质量和教学改革项目（JG2024—1046）建设的阶段性成果。

由于编写水平有限，本书存在一些不足之处，敬请读者批评指正。

向方桃

2024 年 1 月

目　录

第一部分

概　论

　　《特殊儿童动作康复导论》作为教育康复学专业学生的专业必修课，开篇即奠定了动作与运动的基本概念与理论基础，为后续章节的学习提供了坚实的支撑。在绪论部分，我们深入探讨了"运动与动作"的定义以及重要性，明确了它们在生命活动和发展中的基础地位。

　　现代康复治疗技术部分详细介绍了现代康复医学的发展历程、基本原则以及常用的康复治疗技术。现代康复医学作为独立的临床医学分支，遵循早期康复、综合康复以及患者及其家属积极参与的基本原则，致力于通过训练和其他措施改善患者的生理功能，提高其生活质量。在康复工程技术部分，我们详细介绍了康复工程技术的定义、发展以及产品和应用。康复工程技术作为生物医学工程的重要分支，近年来得到了迅速的发展。它不仅关注功能障碍患者的康复需求，还注重将工程技术原理和方法应用于康复实践，以提高康复效果。

第一章
动作康复绪论

第一节　运动与动作

> ### 一、定义

儿童的早期运动能力遵循从简单到复杂、从低级到高级的发展规律。早期运动可分为粗大运动和精细运动两大类。粗大运动是指颈部、躯干和四肢幅度较大的运动，涉及的较大幅度动作包括腿、足部和胳膊等处肌肉参与的翻身、跑、跳、爬等。精细运动是指手的动作，以及与之相关的手眼协调动作，如书写、绘画等。

"动作"和"运动"遍布生活，是生命活动和发展的基础。它们涵盖了诸如运动学、神经科学、心理学和机械工程等多个学科领域。这些学科对动作和运动的研究各有侧重，因此对其定义也有各自不同的理解。从总体上看，特定环境中，在脑部多个区域协同作用下，依据情绪体验和认知评估对某一有意义信息做出适应性反应的就是动作。动作通过环境改变身体位置或是肢体位置是遵循着"计划—选择—决策—执行—反馈—调整"这一顺序展开的。它与感觉、知觉、认知、情绪、动机等紧密相连。运动是以身体为核心的一种综合、多维度和全面的活动，是儿童动作发展的重要途径。动作和运动关系到整合和协同神经系统、骨骼系统和肌肉系统发生主体对外部环境做出反应的方式，动作与运动之间存在如下密切关系：其一，运动的基础就是动作，比如儿童的运动能力的基础就是一系列基本动作，如抬头、坐、爬行、翻身等。这些动作逐渐发展为更复杂的粗大运动和精细运动，如行走、跑步、跳跃、绘画、书写等。其二，运动可以促进动作发展，通过参与各种运动，儿童可以锻炼肌肉，提高动作的协调性、稳定性和精确性。例如，游泳可以锻炼儿童的四肢协调能力，羽毛球可以提高儿童的反应速度和手眼协调能力。其三，动作和运动之间相互影响，动作的发展有助于儿童更好地参与运动，运动又能进一步促使动作的完善。例如，儿童在学会走路后，可以更好地参与户外运动，如跑步、跳跃等，这些运动又能促使他们的动作更加协调、灵活。其四，动作和运动共同促进儿童身心发展，运动不仅有助于儿童身体发育，如增长身高、增强肌肉力量、促进新陈代谢等，还能锻炼他们的意志品质，培养良好的团队合作精神和竞争意识。同时，动作的发展也有助于儿童的大脑发育，提高其认知能力和心理素质。其五，动作和运动有助于儿童的身心健康发展，适当的动作和运动可以增强儿童的身体免疫力，预防疾病，促进身心健康。其六，运动还能帮助儿童释放多余的精力，有益于他们的心理健康。

> ## 二、动作研究简史

纵观动作研究的发展，可将其划分成三个阶段：早期的兴盛（始于20世纪20年代）、晚期的衰败（始于20世纪50年代）、晚近新的繁荣（20世纪80年代至今）。达尔文记录自家孩子的日记被视作婴幼儿动作研究的萌芽与开端。进入20世纪20年代之后，动作发展描述研究逐渐步入繁荣，格赛尔和麦克格雷的开拓性研究具有里程碑式的意义，被视作已实现全面繁荣的重要标志。动作发展研究取得的三项重要成果为后续的领域研究夯实了基础：第一项为先驱者作出的理论贡献，尤其是从生物学视角来审视人类的发展；第二项为通过丰富、详细的描述来支持新研究方法和自然实验，并将对人类动作的捕捉融入其中；第三项为建立发展常模。三者之间存在着相互关联，且学界普遍认为建立发展常模在三者中具有最持久的影响力。

格赛尔和麦克格雷是早期动作研究领域中最有影响力的研究者，在儿童早期动作发展方面拥有的成果较为丰富。格赛尔始终认为在机体生长表现过程中，运动是最直接的方式之一，他还提出了在主流发展心理学研究领域中，应该纳入婴幼儿动作发展常模这个概念。追溯至20世纪20年代和30年代，格赛尔等在成套测试上进行了积极的努力，形成了以贝利婴儿发展量表等为代表的系列成果，且基于此完善的婴儿测试的应用如今依然十分广泛。在心理学发展视角下，格赛尔的理论在某种程度上反抗了其所处时代的主流行为主义，并在生物学的土壤中深深扎根。格赛尔认为发展是一个统一进程，从进化论、神经生理学、人类学、胚胎学等理论出发进行多维度描述，有积极的现实意义。格赛尔认为生物学层面的神经成熟决定了儿童动作的发展，且遗传时间表决定了神经成熟会按照什么样的顺序进行。遗传时间表提供了儿童动作发展及连续性的精确设计，并指出了儿童动作发展过程中的规则性。而环境在其中扮演的角色是给内在蓝图的展开和开发提供一定的支持，但不产生儿童动作发展方面的影响。格赛尔还认为有序遗传序列的趋向作用促进了物种行为模式的形成，其是非常精细的模式，并基于此指出，在儿童尚未做好准备时开展训练并不具有意义。

20 世纪 50 年代被视为动作研究的重要分水岭，自此之后其逐渐步入衰落阶段，在此后 30 年中，关于动作的研究基本停滞，也没有相关成果出现。从 20 世纪 80 年代起，动作研究才开始逐步再度兴盛起来，在复兴的过程中，其在发展心理学中占据重要位置。而出现这种变化是由多方领域的影响造成的，其中最具代表性的就是融入了动力系统理论、运动与大脑活动记录技术的显著进展等。

> **三、动作发展的两条线路**

目前在相关课题的研究中，在儿童早期心理发展中进行动作—神经协同发展的研究实践是非常必要的，其发展由两条路线共同组成。

（一）第一条路线——精细动作

精细动作的发展由新皮质机能完成建构，该路线在建构认知与增强社会性方面发挥着重要作用。精细运动能力的发展以基本姿势的获得与移动能力的发育为基础，且该基础能够对视觉功能发育产生影响，在相互作用下形成对精细运动能力发展的一定促进作用。由此看来，上肢功能、移动及视觉功能均和姿势之间存在着关联，互相促进并共同发育，且该过程在很大程度上支持了个体生存和自身发展的实现。

（二）第二条路线——粗大动作

粗大动作由旧脑机能完成建构，该路线和感觉统合之间存在着密切关联，在婴幼儿缺乏粗大动作的情况下，感觉统合机能会被扰乱，使之进入失调状态。

对于处在脑发育关键期的婴幼儿来说，其脑结构、脑功能在适应能力与重组能力上都有很强表现，且可塑性达到了峰值水平，是对运动模式等进行学习最具潜力的阶段。在婴幼儿生长发育的评估中，粗大运动发展是十分重要的一项指标，当在该指标上有良好表现时，粗大运动发展不仅会促进婴幼儿其他方面的发育，而且这种积极影响还会进一步延伸至儿童后期和成人期。

两条路线是无法绝对分开的，两者的持续整合为儿童早期心理发展提供了有力的助推。需着重强调的是，儿童早期在动作、运动上的丰富经验，能够使动作技能的熟练度与流畅程度获得一定的提升，并给予神经系统发育足够的刺激。对于儿童的智力发展而言，早期的动作发展作为重要指标贡献了重要的力量，且这种力量上的贡献也体现在心理发展上。

第二节 动作发展的理论基础

> 一、神经基础理论

外界环境的刺激进入机体以后，传递给各个感觉系统，如本体觉、听觉、视觉、嗅觉、前庭觉、味觉和触觉等感受器，这些感受器在接受到刺激后将其由感觉神经向脊髓、脑干、大脑皮质和小脑等中枢神经系统传递。中枢神经系统在对这些感觉刺激提供的信息产生注意后，按照辨别、归类、组织、记忆储存、提取、检索等处理，计划如何做出反应，并将计划反应的决定通过运动神经向身体各个部位的肌肉、关节、骨骼等运动器官传输。相关运动器官接收到执行反应的命令，再利用表情、感觉回馈等做出动作反应，为下次的信息加工处理提供相应的信息参照（语言、动作等）。在执行动作反应的同时产生相应的感觉，通过感觉神经传达反馈给中枢神经系统（感觉回馈），为下次的信息加工处理提供相应的信息参照（图1-1）。

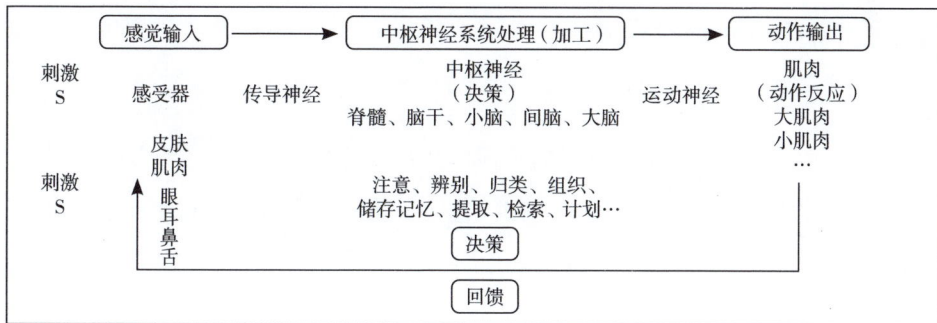

图 1-1 神经反射机制

> 二、皮亚杰认知发展理论

皮亚杰认知发展的四个阶段（表1-1）包括感知运动阶段（0~2岁）、前运算阶段（2~7岁）、具体运算阶段（7~12岁）、形式运算阶段（12岁至成人）。

表 1-1 皮亚杰认知发育阶段理论

大致年龄	阶段	特征	发展现象
0~2岁	感知运动阶段	通过感官和行动对世界加以体验	陌生人焦虑 物质恒存概念 假扮玩耍
2~7岁	前运算阶段	表达事物的方式为文字和图像	自我中心 语言发展

续表

大致年龄	阶段	特征	发展现象
7~12岁	具体运算阶段	对具体事件进行有逻辑的思考，并能够抓取具体类比的含义	数学转换能力
12岁至成人	形式运算阶段	可以采用抽象思维处理抽象情形	抽象逻辑 进行成熟道德论证的潜能

（一）感知运动阶段（0~2岁）

婴儿在这个阶段获得动作经验的渠道主要是对知觉和运动之间关系的探索，婴儿会在这个阶段做出一些低级行为以对外界环境进行适应和试探。这个阶段的标志是儿童逐渐获得客体永恒性，即理解事物是客观存在的，即使看不到也不会消失。

（二）前运算阶段（2~7岁）

在这个阶段，儿童对自己经历过的事物一般采用简单语言，或是较为抽象的符号来代表。然而，他们还不能很好地掌握概念的概括性和一般性。这个阶段的特点包括泛灵论，即认为外界的一切事物都有生命。

（三）具体运算阶段（7~12岁）

在这个阶段，儿童的动作发展更加精细，开始具备双手协调、手眼协调等能力。他们能够感知和理解物体间的微妙差别，如颜色、形状和大小等。在这个阶段，儿童开始具备逻辑思维和解决问题的能力，但仍需要具体的事物和情境来支持他们的思考。

（四）形式运算阶段（12岁至成人）

在这个阶段，儿童的认知发展趋于成熟。他们可以应对复杂多变的环境和任务，具备高度的自主性、创造性和适应性。在这个阶段，儿童具备抽象思维，能够进行逻辑推理，系统地解决问题，不再依赖具体的事物和情境。

> 三、凯伯知觉—动作发展理论

凯伯知觉—动作发展理论是一种关注个体从出生到成熟过程中知觉和动作相互影响、不断发展壮大的理论。该理论由德国心理学家威廉·凯伯提出，主要强调知觉和动作之间的相互作用对个体发展的影响。根据这一理论形成的知觉和动作的发展次序如图1-2所示。

凯伯知觉—动作发展理论对两方面内容进行了着重强调，一方面是动作、知觉两者间的彼此关联，另一方面是个体环境适应力的提升路径。知觉动作本质上是心理过程的

命名	言语
指认	概念（符号 听觉）
分类	知觉—概念
配对（不需试误）	知觉—（平面 视觉）
尝试配对	知觉—动作
上肢活动	动作—知觉（具体物 触觉、本体觉、视觉）
全身动作	大肌肉动作（身体 前庭觉、本体觉、视觉）

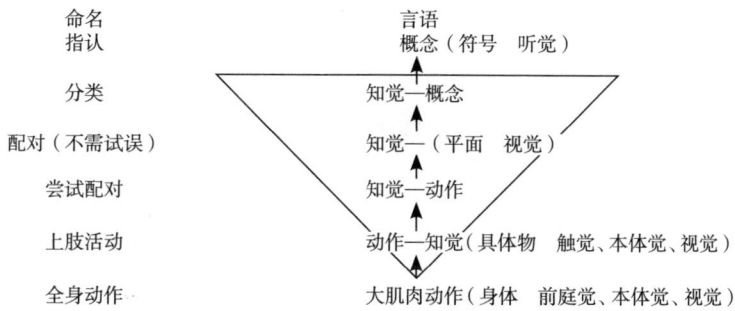

图 1-2 凯伯知觉—动作发展次序

一种，涉及对感觉信息的接受、理解和判断，并在此基础上做出的相应动作反应。在日常生活中，知觉动作作为基本行为表现，对输入的知觉和输出的动作进行协调，并将视觉、听觉、触觉等动作囊括其中。所谓知觉—动作统合能力，指的是有机体将感觉信息转化为动作反应的能力。纵观知觉动作的现实发展，其先后经历了以下时期。

（一）大肌肉动作期（出生至 6 个月）

在这个阶段，婴儿主要发展四肢和躯干的肌肉动作。他们学会控制头部、双手和双脚，以便更好地探索周围环境。

（二）动作—知觉期（6 个月至 1 岁）

在这个阶段，婴儿开始将动作与知觉相结合。他们通过尝试和试验，了解物体和空间的特性，如形状、质地和距离等。例如，儿童在室内爬行，触碰地板、墙面，可取得若干对该室的知觉印象。

（三）知觉—动作期（1~3 岁）

在这个阶段，儿童能够更好地协调知觉和动作。他们开始学会根据知觉信息来调整自己的动作。例如，儿童嵌塞形状板，可以通过视觉引导动作，以及由触觉、本体觉来反馈是否摆放正确，进行动作的调整。知觉与动作相互加强，构成稳定的知觉印象。如果两者配合不当，会使之成为知觉的障碍。个体生活在两个不同的世界里，一为感觉的世界，一为动作的世界，信息各自有别，甚至常相矛盾，形成知觉作业的障碍。

（四）知觉期（3~6 岁）

在这个阶段，儿童的动作发展更加精细，开始具备双手协调、手眼协调等能力。他们能够感知和理解物体间的微妙差别。例如，儿童只要审视若干形状的积木，即可将相同形状者归为一类，无须一一操弄或试错。学习活动中的配对、把一样的物品放一起等皆属此能力。

（五）知觉—概念期（6~12岁）

在这个阶段，儿童开始将知觉和概念相结合。他们能够运用语言和符号来表示物体和动作，如数学、语言和艺术等。这个阶段标志着儿童开始进入认知发展的重要时期。例如，他们可以辨别圆形和三角形的差异在于边的不同，而非大小或颜色的差异，会构成关于这两种形状的概念。学习活动中有其他因素干扰的形状分类游戏即需要此功能。

（六）概念期（12岁至成人）

在这个阶段，个体的动作发展逐渐成熟，儿童开始具备高度的自主性、创造性和适应性。他们可以应对复杂多变的环境和任务，如可以熟练地使用相关工具、操作一些机器设备等。

第二章
现代康复治疗技术

现代康复医学始于 20 世纪 40 年代，经过几十年的发展，已经成为独立的临床医学分支。现代康复医学遵循早期康复，综合（全面）康复，伤残人士及其家属积极、主动参与的基本原则。通过训练和其他措施改善生理功能，通过某些器具代替丧失的生理功能。通过各种矫形器和辅助具，减弱的功能能得到放大或增强。医疗康复开始得越早、病人主动参与得越多，病人功能就恢复得越好。

现代康复治疗在最大程度上增强能力，将残疾与残障程度降到最低，从而促进活动能力和参与能力。主要康复方法包括三个基本方面：一是减轻残疾的方法；二是设计获得新的技能和决策能力，从而减少残疾影响的方法；三是帮助改变环境，使残疾人适应环境，将导致残障的可能性降到最低的方法。常用的康复治疗技术包括物理治疗、作业治疗、言语治疗、心理治疗和康复工程技术。

第一节　物理治疗

＞　一、物理治疗的定义

物理治疗（Physical Therapy，PT）是一种康复治疗方法，它利用物理因子（如声、光、冷、热、电、力等）和非侵入性、非药物性的手段治疗患者的相关功能障碍，帮助他们恢复身体机能，提高生活质量。物理治疗具有收效迅速、没有痛苦、副作用少等特点，广泛应用于神经康复、骨折术后康复、运动康复、儿童康复等领域。

＞　二、物理治疗分类

物理治疗包括物理因子疗法（非力学方法）和运动疗法（力学方法）。

（一）物理因子疗法

物理因子疗法又称理疗，是康复医学的重要组成部分，是通过应用物理因子针对相关疾病和功能性障碍的非侵入性、安全性治疗。物理因子疗法的主要作用机制涉及以下几个方面：

（1）改变局部和全身的生理过程：物理因子可以改变细胞、组织和器官的生理过程，促进新陈代谢、血液循环，缓解疼痛，改善关节活动度等。

（2）缓解疼痛：物理因子可以抑制疼痛信号的传导，减轻疼痛的感觉，改善患者的生活质量。

（3）消除炎症：物理因子可以降低炎症组织的温度，减少炎症介质的释放，缓解炎症反应。

（4）加速组织愈合：物理因子可以促进伤口愈合，改善局部血液循环，增加细胞活力，提高组织的修复能力。

（5）改善肌肉功能：物理因子可以增强肌肉力量、耐力和协调性，提高运动能力。

（6）预防肌肉骨骼疾病：物理因子可以改善骨骼、肌肉和关节的结构和功能，预防肌肉骨骼疾病的发生。

常用的理疗方法有超声波疗法、光治疗、电治疗、传导热治疗、冷治疗等。

1. 超声波治疗

频率在 20 000 Hz 以上，不能引起正常人听觉感应的机械振动波为超声波。超声波治疗的频率通常包括以下三种。①低频超声波（1~3 000 Hz）：低频超声波主要用于治疗肌肉骨骼系统疾病，如关节炎、肌肉劳损等。它可以通过振动和按摩作用于组织，缓解疼痛和改善局部血液循环。②中频超声波（3 000~100 000 Hz）：中频超声波在医学领域中的应用较为广泛，如治疗颈椎病、腰椎间盘突出症等。中频超声波具有较高的能量密度，可以产生较强的热效应和化学效应，有利于组织修复和再生。③高频超声波（100 000~1 000 000 Hz）：高频超声波具有更高的能量密度，主要应用于美容领域，如去角质、紧致肌肤等。高频超声波可以产生强烈的热效应，加速皮肤组织的代谢和更新。

超声波治疗借助超声波仪产生的高频声波，通过超声波探头传递到人体组织，利用超声波的机械能、热能、生物学效应和化学效应等作用机制，达到治疗疾病和改善生理功能的目的。超声波治疗的机械效应指的是超声波在通过人体组织时，会使组织细胞产生振动，从而改善局部血液循环，促进新陈代谢，缓解肌肉痉挛和疼痛。热效应是指超声波在组织中传播时，能量转换产生热量，使局部组织温度升高，从而改善血液循环，加速组织愈合和缓解疼痛。化学效应指超声波作用于组织时，可以激活细胞内的生化反应，促进药物的吸收和扩散，提高治疗效果。生物学效应则指的是超声波可以改变细胞膜的通透性，增强细胞的活力，促进组织修复和生长。

2. 光治疗

光是一种辐射能，在真空中以 3×10^{10} cm/s 速度直线传播。现认为光既是一种电磁波，又是一种粒子流，并且这种粒子流具有波动性。光治疗是一种利用光束（如红外光、激光等）对病变组织进行治疗的医疗方法。光治疗仪的原理主要是通过光能被病变组织吸收，促使组织发生良性反应，达到治疗目的。光治疗适用于各种科室，如五官科、皮肤科、乳腺科、肛肠科等。原子的能级是发光的物质基础。原子核外周的粒子（电子）沿着一定的轨道运动，离核较近的轨道上的粒子处于最低能级，比较稳定；离核较远的轨道上的粒子处于高能级，不太稳定，总是自发地力图向低能级跃迁而释放能量，所释放的能量以光辐射方式出现时称自发跃迁辐射。普通光源如白炽灯、高压水银灯均通过自发跃迁辐射产生光，这种光是非相干光，是波长、相位、振幅不一致的混合光束。

高能级的粒子受外界光感应而向低能级跃迁，释放出多余的能量而产生光辐射，称受激跃迁辐射。受激辐射放出的光与外来感应的光的相位、传播方向、偏振方向和频率相同。这样的一次辐射等于把一个光子增加到完全相同的两个光子而受激放大，即形成激光。激光是相干光，是波长、相位、振幅一致的单色光。

3. 电治疗

应用各种电流或电磁场治疗疾病称电治疗。电治疗包括直流电及离子导入疗法、低频电疗法、中频电疗法及高频电疗法等。

电治疗以其多样化的电流和电磁场应用为特色，通过不同频率的电流刺激作用于人体组织，从而实现治疗疾病的目的。直流电及离子导入疗法促进药物吸收，低频电疗法缓解肌肉痉挛和疼痛，中频电疗法则促进血液循环和淋巴流动。高频电疗法具备深层加热效应，有助于消炎和止痛。这些疗法通过调节人体生物电活动，改善病理状态，为疾病治疗提供了一种非侵入性的有效手段。

4. 传导热治疗

传导热治疗是一种利用热能治疗疾病的方法，以各种热源（如水、石蜡、地蜡等）作为介质，将热能直接传导至人体局部，从而达到治疗目的。传导热治疗的作用原理是热能被人体组织吸收，促使组织发生良性反应，改善局部血液循环，促进炎症消散，缓解疼痛，加速康复。

5. 冷治疗

冷治疗是一种利用低温作用于人体，以达到治疗目的的方法。冷治疗可以缓解疼痛、减少炎症、减轻肿胀、降低体温等。常见的冷治疗方法主要有以下几种：

（1）冰袋冷敷：将冰袋敷在患处，通过冰袋内的冰块降低局部温度，达到治疗效果。这种方法适用于软组织损伤、关节炎症、肌肉痉挛等。

（2）冷敷贴：这是一种采用高分子材料制成的凝胶状贴剂，将其贴在患处，通过凝胶中的水分蒸发吸热，达到降低局部温度的效果。这种方法适用于头痛、牙痛、肌肉痛等。

（3）冷喷雾：将冷喷雾喷在患处，通过喷雾中的成分迅速降低局部温度，缓解疼痛。这种方法适用于头痛、牙痛、肌肉痛等。

（4）冷疗仪：利用电子设备产生低温，通过导管或喷头将低温气体或液体作用于患处。这种方法适用于关节炎、颈椎病、腰椎病等。

（二）运动疗法

1.运动疗法的定义

运动疗法是物理疗法中的重要组成部分。传统的物理治疗专指利用光、电、声、磁等物理因子对患者进行的被动治疗，患者无治疗愿望也可以进行，因此可称被动的物理治疗。运动疗法则与此不同，有人称恢复训练、治疗性锻炼、功能训练、康复训练等。虽然各种不同命名之间有微妙的差异，但都是在治疗师的指导下，为达到某种目的而进行的积极的运动，患者无此愿望是无法进行的。总之，运动疗法是一种以患者主动参与为主的特殊治疗方法。本质上，它是通过运动来预防和改善身体功能障碍和功能低下的症状，进而实现康复的治疗方式。由于医学模式从传统的以疾病为中心转向以患者为中心，再加上障碍学有一定发展，运动疗法已经形成了一套针对特定疾病和症状的康复治疗体系。

2.运动疗法的分类

1）按治疗部位分类

（1）全身运动疗法：以恢复全身的体力为目的，所产生的效果是间接性的。

（2）局部运动疗法：针对关节活动度、肌力等，以改善局部性损害、促进局部损伤恢复为目的的训练。

在所有疾患的康复过程中，全身运动疗法和局部运动疗法二者并用最为理想，但在实际工作中，全身运动疗法往往被忽略。

2）按治疗程序分类

（1）个别功能训练：指扩大关节活动度训练、协调性恢复训练、平衡功能训练、肢体控制能力训练等为专一目的而进行的训练。

（2）综合功能训练：指将专一的、局部的功能联系起来，作为一个整体，为提高综合功能所进行的训练。在某种程度上完成了综合功能训练后，就可以向最后的日常生活活动训练转移。所以，个别功能训练和日常生活活动训练以综合功能训练为桥梁，对某些特殊的疾患还可以将特殊训练内容与此衔接。

3）按运动方式分类

（1）被动运动疗法：只依赖器械、治疗师、自身健康部位等为患侧运动的完成提供外力协助。具有代表性的方法有关节松动技术、按摩等。

（2）主动运动疗法：患者借助其自身肌力来完成运动，主要包括如下三种。①辅助主动运动：在器械、治疗师、自身健肢协助下，使患侧运动在最大程度上得以完成，其既带有被动运动的属性，也带有主动运动的属性，属于两者的过渡阶段；②主动运动：指患者自身在进行肌肉收缩的时候产生的运动，而非依靠外力；③抗阻运动：外部产生种种阻力，如治疗师、治疗器械等带来的阻力，主体克服阻力后形成的主动运动，就是抗阻力运动，实际上其也是主体根据疾病性质、身体锻炼需求、训练目标等不同情况选择的运动方式。

随着运动疗法的发展，治疗技术不断创新，关节活动度、肌力、耐力改善的传统训练方法不断完善。伴随着生物力学、神经生理学的应用，训练方法也日趋成熟，治疗范围不断扩大。由于大部分疗法都研究运动功能障碍的康复技术，因此均涉及大量的解剖学、运动解剖学、生理学、功能恢复生理学、障碍学、生物力学等边缘学科的成果。但是，各种疗法因其康复对象不同，如骨科疾病、小儿脑瘫、脑血管病等导致的中枢性瘫痪等，具有各自不同的原理、技术特点和主要适用范围。

运动疗法作为一种综合性的康复治疗方法，主要通过手法、生物力学疗法和神经生理学疗法等多方面的干预，帮助患者预防和改善功能障碍，提高生活质量。运动疗法主要有以下几种方式。①手法治疗：这是一种通过医患互动，运用技巧和力量对患者进行治疗的方法。它主要包括按摩、推拿、整脊等，旨在缓解肌肉紧张、改善关节活动度、消除疼痛和恢复功能。②生物力学疗法：这是一种运用生物力学原理，通过对人体运动系统的分析、评估和治疗，改善患者运动能力和功能的方法。它主要包括关节松动术、肌肉力量训练、平衡训练等，目的是预防和纠正不良姿势、减少运动损伤的风险。③神经生理学疗法：这是一种针对神经系统疾病和损伤的治疗方法，主要通过刺激和训练神经元，以促进神经功能的恢复和改善。它主要包括物理治疗、言语治疗、认知功能训练等，旨在帮助患者恢复运动、言语和认知功能，提高生活质量。

3. 运动疗法注意事项

尽管运动治疗的不同形式有其特定的要求，但运动疗法这一范畴下的各种运动治疗方式有其需要注意的基本问题。

（1）制订治疗方案时应考虑儿童的实际情况，目的要明确，重点要突出。

（2）治疗活动的内容要有一定的趣味性，以调动儿童主动训练的积极性，提高训练的效果。

（3）选择治疗场所除了应该注意最基本的安全问题外，更应该注意治疗场所的周边环境，应该选择那些空气清新、明亮优雅、使人心情愉快的环境。

（4）儿童的着装应有利于运动训练的顺利进行。比如，儿童都应该穿宽松的衣服，特别是不应限制受累部位；不要穿拖鞋及底滑的鞋；尽可能少地佩戴其他饰品，一则防止饰品损坏，二则防止对治疗师及儿童本人造成不必要的损伤。

（5）训练前应注意以下几点：儿童应该将大小便排泄干净，以防训练时内急；如果儿童体力允许的话，适当做一些热身运动，这有利于接下来的运动治疗；应与儿童进行充分的沟通，可能的话，将治疗的内容向儿童讲清楚，以争取儿童的主动配合。

（6）在进行运动训练的过程中，治疗师的态度应该和蔼，声音亲切清楚，语调坚定肯定，应对儿童多给予关心和鼓励，不要滥用指责和批评。

（7）在训练的过程中，做好各种记录，定期总结。

第二节　作业治疗

> 一、定义

（一）作业疗法

作业疗法是一种基于作业医学和康复科学的疗愈方法，主要用于帮助患者改善、恢复或保持身体、认知、心理和社会功能。作业疗法涉及一系列与日常生活相关的作业活动，如手工艺、运动、认知训练和职业训练等。这些活动可以提高患者的生活质量，并减少由疾病、损伤或残疾引起的功能性障碍。

作业疗法的目标通常包括：

（1）增强身体功能：通过锻炼和手部活动，改善手部和上肢的灵活性、力量和协调性。

（2）改善认知功能：通过训练思维、注意力和记忆力，帮助患者更好地理解和处理信息。

（3）增强社会和情感功能：通过社交互动和情感表达，帮助患者更好地理解和适应社会环境。

（4）提高生活质量：通过参与有意义的活动，帮助患者感到更有控制力和成就感。作业疗法通常在医疗机构的康复中心进行，也可以在家庭环境中进行。它通常与药物治疗、物理治疗和心理咨询等其他治疗方法相结合，以提供全面的康复计划。

（二）儿童作业治疗

儿童的身体、心理及社会功能还没有发展成熟，他们的身心在不同年龄阶段有不同的表现特点，相比成人他们的身心具有不稳定性。对于部分特殊儿童而言，作业治疗的主要目的是帮助他们发展运动功能，增强他们的生活自理能力及学习和认知功能等。康复治疗应针对不同时期儿童生长发育的特点和需求，注重治疗—游戏—教育的结合，以及社区、生活学习环境的改善，要重视并发挥父母及家庭成员对帮助患儿生长发育的作用，需要合理使用相关矫形器、辅助器具和游戏道具等加强治疗。

儿童康复治疗中的最重要的组成部分之一就是作业治疗，这种治疗方式在儿童康复治疗中得到了日益广泛的重视，并且不断应用于实践中。儿童作业治疗是针对儿童生长发育时期的各种障碍而进行的作业治疗，与成年障碍者的作业治疗有很大差别。成年障碍主要包括躯体功能障碍、精神心理障碍及社会功能障碍，而儿童障碍除了上述障碍外，还包括生长发育障碍。促进儿童全面发展，使其最终达到生理、心理、社会功能的最佳状态，从而能够参与未来社会生活，并且能够对运动功能、心理功能和社会功能进行建构和平衡，以此促进儿童的全方面发展，从而实现为社会作贡献的目标。

> 二、儿童作业治疗的内容

作业治疗的具体内容很多，也有多种分类形式，如按作业疗法分类、按作业名称分类、按作业活动对象和性质分类、按作业治疗目的和作用分类、按实际需求分类等。儿童作业治疗应根据儿童生长发育不同的阶段、需求、特点及环境状况实施，主要包括认知功能训练、精细运动功能训练、书写前准备训练、姿势控制训练、游戏活动训练、日常生活活动能力训练、辅助器具与环境改造等。现将上述内容归纳为以下七个部分，并强调根据 ICF-CY 框架下评定结果制订目标和方案，实施作业治疗。

（一）功能性作业治疗

功能性作业治疗强调上肢功能的建立、维持和增进，包括促进粗大运动及精细运动功能发育，开展精细运动功能训练、姿势控制训练、关节活动度维持和改善训练、肌力增强训练、运动协调性训练、功能代偿性训练，进行书写前准备训练书写技巧训练以及绘画等手工作业活动训练等。

在进行功能性作业治疗时，应根据儿童的性别、年龄、兴趣、障碍情况及环境状况，综合应用不同方法，对儿童主动训练的积极性加以调动。同时，注意同一方法反复应用的技巧。在设计训练项目过程中，要适时变换和交替不同方法，还要给儿童提供更加安静、轻松、和谐的环境，并在训练中采用辅助器具以及娱乐和游戏的方法，使儿童在游戏中快乐地参与，避免儿童感到单调、枯燥，进而产生厌烦情绪，拒绝训练。

（二）日常生活活动能力训练

对特殊儿童在家庭、在社会中独立生活、独立学习、独立工作等能力的培养，可采用能力训练，使其学会使用辅助器具及改造环境，具有自我进食、洗漱、沐浴、穿脱衣、自理大小便、转移等日常生活活动能力。适龄儿童经过入学前及入学后的训练，能够适应学校的学习生活环境，参与学习、交流、游戏、娱乐及不同程度的作业活动。

（三）辅助器具与矫形器配制及环境改造

根据特殊儿童的特点，设计和使用不同种类的辅助器具、矫形器，是顺利实施作业治疗，取得良好效果的重要因素。作业治疗师应具有设计和选择使用辅助器具与矫形器的能力，既可根据需求选择采用不同材料及种类的成品或定制品，也可就地取材，制作和选用简易、经济适用的辅助器具。辅助器具的种类很多，对儿童而言主要包括适应环境的生活之用、转移之用、通信之用、教育与学习之用、文体娱乐之用及康复训练之用等不同方面。例如，将两根树枝做成拐杖，可以帮助下肢瘫痪的儿童站起行走；使用轮椅可以帮助移动困难的儿童增加接触社会的机会；使用光学眼镜可以帮助视觉障碍儿童清楚地观察周围世界，尽早学习文化知识；巧妙地使用玩具及辅助器具，可使作业治疗更具有趣味性及参与性等。环境改造是儿童作业治疗的重要内容之一，具体包括家庭和社区生活环境的改造、康复治疗场所及不同康复训练需求的环境改造、学习环境的改造、娱乐环境的改造、公共环境的改造，以及人们思想观念的改造、政策策略的改造等。这些环境改造的内容，都需要作业治疗师重视、宣传和积极努力才能实现。

（四）心理作业治疗

很多特殊儿童都存在一定的心理障碍，如肢体障碍儿童的心理障碍往往因自身障碍或环境所致，存在的主要困难包含交流困难、学习困难等，且他们极易随年龄增长逐渐产生消极、悲观、自卑、依赖、不能自我控制、不合群等心理情绪和心理障碍。心理作业治疗通过特别设计的作业活动转换特殊儿童的情感，消除其不良情绪，帮助他们重新树立生活、学习和工作的信心。因此，应根据特殊儿童的心理和生理特点，提供合适的作业治疗及学习条件和环境，让他们在特别设计的作业及学习活动中建立自信心。对缺乏独立精神或有自卑感的儿童，要注意在训练过程中选择容易见效且在一定时间内具有单一性的作用活动，并且使其在成功完成后得到一定的愉悦感，从而使儿童的信心有所增强，使儿童的自卑、依赖、悲观心理得到一定的改善。

对于不合群、不能自我控制的儿童，要有意识地安排其与正常儿童一起活动，并做好跟踪和督促工作。在进行心理作业治疗时，治疗室的环境气氛和工作人员的言行态度，以及与特殊儿童的相互关系均很重要，这些因素会直接影响治疗效果。作业治疗师应尊重特殊儿童，时时处处为其提供良好的服务，与儿童的家庭成员形成良好的关系并相互配合，促进心理作业治疗顺利实施。

（五）社会适应性训练

社会适应性训练是一种针对儿童和青少年的心理健康治疗方法，主要是为了帮助儿童和青少年建立健康的人际关系，提高他们的自我价值感和自尊心，减少他们的焦虑和抑郁症状，以及提高他们的学术成就水平和生活质量。这种治疗方法适用于各种心理问题，如社交恐惧症、自闭症谱系障碍、注意缺陷多动障碍等。针对特殊儿童，需要采用一系列的行为干预技术和策略，包括角色扮演、模拟游戏、小组讨论等，旨在培养其沟通技巧、解决冲突的能力、团队合作精神和自我管理能力等。

（六）教育康复

特殊儿童的教育康复治疗是一种针对性强、旨在提高特殊儿童生活能力和质量的综合性康复过程。它将教育、康复和治疗相结合，旨在帮助特殊儿童充分发挥潜力，适应社会生活环境。首先，早期干预对于特殊儿童的发展至关重要。尽早地对特殊儿童进行有针对性的教育和康复训练，有助于充分挖掘他们的潜力，提高其生活质量。其次，要针对每个特殊儿童的特点和需求，制订个性化的教育计划。强调因材施教，激发儿童的兴趣和积极性，帮助他们建立自信。同时，要做到系统化，特殊儿童的教育康复治疗应涵盖多个方面，如运动、感知、认知、语言、智力和社会适应性等。通过系统的康复训练，提高特殊儿童在各方面的能力。另外，在教育康复过程中，要对特殊儿童的表现进行持续关注和评估。根据评估结果调整康复计划，以确保教育的有效性和针对性。医疗康复机构应根据不同年龄段特殊儿童的教育需求，将教育康复以不同形式纳入综合康复，也可将教育康复融入作业治疗、语言治疗。

（七）职业前的作业治疗

随着年龄的增长，特殊儿童将从学龄期进入就业年龄阶段，因此，在功能性作业治疗、日常生活活动能力训练、辅助器具与矫形器配制及环境改造等基础上，应及时对其进行职业前培训。在职业前培训之前，应先对特殊儿童进行远期职业评定，以确定其今后的职业方向。职业前培训的目的是为职业培训和从事某项职业打基础，其内容主要包括从事职业应具备的基础知识、准备技能、作业习惯及对作业的耐久力、对合适职业的兴趣、对从事职业环境的适应性，以及对环境的选择与改造等。

第三节 言语治疗

＞ 一、言语治疗的定义

所谓言语治疗，是为了治疗或减轻言语、语言障碍，帮助患者恢复或部分恢复说话能力，提升言语交往效果而进行的一系列医学治疗、心理治疗及教育训练活动和练习。言语治疗的目的就是通过医学的、心理的、教育的手段对言语障碍施加影响，使患者言语障碍得到消除或减轻，能够进行普通交流。

＞ 二、言语障碍的分类

因言语障碍与语言障碍间的联系过于紧密，语言障碍者多同时伴有言语障碍。因此部分学者未将言语障碍与语言障碍分别归类，而是采用了其他分类标准，如依障碍发生的时间，分为发展性语言障碍和获得性语言障碍。但也有学者对言语障碍进行独立分类，主要有以下三种。

（一）按功能障碍模块分类

言语的产生主要涉及呼吸、发声、共鸣、构音和语音五大功能模块，根据言语障碍患者主要功能障碍模块的不同，言语障碍分为呼吸功能障碍、发声功能障碍、共鸣功能障碍、构音功能障碍和语音功能障碍。其中，呼吸功能障碍主要表现为发音或说话时气短、吃力、异常停顿、吸气时发音等，发声功能障碍主要表现为音调异常、响度异常和音质异常，共鸣功能障碍主要表现为前位聚焦（说话时舌部过度向前伸展）、后位聚焦（说话时舌位过于靠后）与喉位聚焦（说话时舌位过于靠下）、鼻音功能亢进、鼻音功能低下等，构音功能障碍主要表现为发音不清和声韵调的异常，语音障碍主要表现为语调和语音流畅性的异常。

（二）按成因分类

根据形成原因的不同，言语障碍可分为器质性、运动性和功能性言语障碍三类。器质性言语障碍是由言语产生器官形态结构异常导致的言语功能异常，主要病因包括言语产生器官的炎症、外伤、肿瘤和畸形等，如腭裂、牙列不齐、鼻腺样体肥大等；神经病变及言语产生有关肌肉的功能异常会导致运动性言语障碍，其中肌肉的功能异常主要包含收缩力减弱、肌肉麻痹、运动不协调等，而这种肌肉功能异常所导致的运动型言语异常的病因主要在于脑外伤、脑血管病变、脑瘫、多发性硬化、肿瘤压迫、神经元损伤（三叉神经、面神经、舌咽神经和迷走神经）、咽部软腭麻痹、神经肌腱障碍等；功能性言语障碍是指言语产生器官不存在任何器质性或运动性损伤而依旧存在的言语功能异常，多见于学龄前儿童，如因儿童未理解目标音位的发音特征而出现的发音不清晰和声调异常等。

（三）按临床表现分类

根据主要临床表现的不同，言语障碍可主要分为四类：构音语音障碍、口吃障碍、嗓音障碍和听力言语障碍。

1. 构音语音障碍

构音语音障碍是指构音器官神经肌肉病变、形态结构异常或是构音器官发生运动异常，以及协调运动的情况发生障碍，导致患者在发出语言的过程中言语不能被听懂，或是出现构音不清晰、声韵调子发生异常等。

2. 口吃障碍

口吃障碍是一种言语障碍，主要表现为说话时出现重复、停顿、拖长或卡壳的现象。口吃可能是一种持续存在的症状，有时可能在紧张、焦虑或其他情绪压力的情况下加剧。虽然大多数口吃患者随着年龄的增长症状会有所减轻，但一些人可能会持续存在症状。对于口吃，认知行为疗法和言语语言治疗已被广泛验证为有效的治疗方法。其他策略，如呼吸和语音节奏的练习，也可以帮助改善口吃症状。

3.嗓音障碍

嗓音障碍是一种常见的言语和语音障碍，表现为声音异常，如音量、音质、音调和音节的变化，可能导致沟通困难。嗓音障碍可能是由多种原因引起的，如声带炎症、声带小结、声带息肉、声带松弛、声带运动不良等。治疗嗓音障碍的方法包括呼吸和发声练习、药物治疗、手术治疗等，也可以通过嗓音治疗师的专业训练来改善嗓音状况。

4.听力言语障碍

听力言语障碍是指由于听力损失导致言语发展、言语表达和理解等方面出现障碍。听力言语障碍的原因包括先天性听力损失和后天性听力损失，如耳聋、耳病、听力损伤等。对于听力言语障碍者，可以通过佩戴助听器、进行语言训练、参加语言康复治疗等方式来改善和恢复言语功能。对于严重听力障碍者，可以考虑使用手术、植入人工耳蜗等方法来提高听力水平。

＞ 三、言语治疗的组成

言语治疗包括医学、心理和教育训练三部分。

（一）医学治疗

主要是通过医学手术、药物等，彻底改善言语器官的机能，使患者的言语生理机制得到恢复或改善，从而有效改善言语障碍的症状，如声带息肉的治疗等。

（二）心理治疗

主要是通过心理辅导，帮助患者建立信心，使其配合治疗。比如，治疗口吃时，可以运用系统脱敏法、暴露疗法。另外，部分失语症和心因性言语障碍患者伴有其他神经症，如焦虑症、抑郁症、强迫症等，心理医师可根据专科诊断，使用专科药物治疗，如近年常用的百忧解、赛乐特、盐酸舍曲林等。

（三）教育训练活动

主要是由专业的特殊教育教师、言语治疗医师等根据患者障碍情况，制订训练计划、选择训练内容和方法，对患者言语活动，如发音习惯、嗓音、呼吸等进行训练，使其得到康复。人们常说的"医学的终点是教育的起点"有一定的道理。在医学治疗的基础上，通过训练帮助其功能康复，是康复中必不可少的一环，如果没有教育训练活动，医学的努力也会功亏一篑。应该说，它直接关系到整个康复最终效果，也是教育工者能用心、用智慧最大限度地发挥自己的作用的一环，因此，应该作为重点来掌握。当然，医学治疗、心理治疗、教育训练活动这三部分各有其作用，互相促进、互为补充，都是不可或缺的，它们共同构成了言语治疗，需要以一个整体的观念来看待这三部分。

> ### 四、言语障碍的诊断与评估

要进行有效的言语治疗，首先要对儿童的言语障碍基本情况加以评估，了解该儿童与其他正常儿童在语言、语言行为方面的差异，以及这种差异有多大。当然还有如下更加重要的内容和目标。

（一）界定障碍

言语障碍的诊断包括对障碍类型和程度的诊断、对障碍表现和特点的分析。对患者的障碍进行精确界定，比如，了解是一般生理障碍还是其他障碍，如果是前者，就可以通过医学手段改善患儿的言语机能，从而让患儿在言语方面得到改善；如果是特殊障碍，比如心理障碍，则要建议障碍患儿接受心理治疗。

（二）评估和确定儿童言语发展状况

在言语治疗的过程中，评估和确定儿童的言语发展状况是至关重要的一环。这一过程不仅能够帮助我们全面了解儿童的言语能力，还能为后续的矫治和教育计划提供科学依据。

评估儿童言语发展状况时，我们需要从多个维度出发，包括但不限于语音、语义、语法、语用等方面。通过专业的评估工具和方法，如标准化语言测试、观察记录、家长访谈等，我们可以系统地收集儿童在言语表达、理解和运用方面的信息。

在评估过程中，我们特别注重识别儿童的言语能力强项和弱项。强项是儿童在言语发展中已经相对成熟或具备优势的部分，这些部分可作为后续康复训练的基础和支撑。而弱项则是儿童在言语发展中存在障碍或需要特别关注的部分，它们往往是矫治和教育计划的重点和难点。

基于评估结果，我们可以对儿童言语发展的预后进行初步判断。预后是指儿童在言语治疗后可能达到的效果和水平。通过判断预后，我们可以为家长和治疗师提供合理的期望和建议，帮助他们更好地理解治疗过程和目标。

最后，根据评估结果和预后判断，我们制订针对性的矫治和教育计划。矫治计划旨在直接针对儿童的言语障碍进行干预和治疗，通过系统的训练和练习，帮助他们改善言语能力。教育计划则更注重儿童的整体发展，通过提供适宜的学习环境和资源，促进他们在认知、情感和社会性等方面的全面发展。矫治和教育计划的制订需要充分考虑儿童的个体差异和需求，确保治疗的针对性和有效性。

第四节　心理治疗

＞　一、心理治疗定义

心理治疗，部分人习惯称其为精神治疗，指的是在临床心理学理论的指导下，依托医患间的良好关系，在心理疾病的临床治疗中引入临床心理学技术与方法的过程。心理治疗师借助心理学方法与理论，让患者知悉病因及其影响因素，并依靠态度、言语及医患间建立的信任感来给予暗示与指导，以扭转患者消极情绪，帮助症状解除和疾病治疗，从而加速患者康复进程。心理治疗中有多种可供应用的方法，常见的如行为疗法、催眠疗法、支持疗法、精神分析疗法等。治疗对象多寡的差异，使其有集体心理治疗与个别心理治疗之分。而不同的治疗场所，使其有家庭心理治疗、社会心理治疗、诊所心理治疗之分。

英国心理学家保罗·艾森克所持的观点是，心理疾病的形成源于多种心理因素、生物因素的综合作用，并对疾病发生、发展过程中生理、基因及环境因素具有的重要作用予以着重强调。这一观点为心理治疗提供了多元化的视角，强调了生物心理治疗的必要性。艾森克将行为主义理论应用于心理治疗，通过改变个体的行为模式来改善其心理状况。例如，他运用厌恶疗法来治疗某些类型的恐惧症和强迫症。他认为，个体的思维方式和信念会影响其情绪和行为。因此，强调在心理治疗中要有效改变患者的认知模式。艾森克提出了内外向性格维度和心理稳定性概念。他认为，这些个性特征会影响个体的心理健康和治疗效果。在心理治疗中，应根据个体的性格特点来选择合适的治疗方法。

＞　二、特殊儿童常见心理问题

广义的特殊儿童是指因残疾、学习困难和其他特殊性（如智力超常或有特殊才能）而产生特殊教育需要的、处境不利的儿童。

不同类型的特殊儿童，其常见的心理问题也有所不同，下面分别讨论。

（一）智力障碍儿童

在注意力方面，智力障碍儿童注意力难以集中、注意广度小、注意力分配差。

智力障碍儿童在记忆方面和思维方面存在困难，识记过程缓慢，注意力保持不牢固，再现不确切；短时记忆有困难；不善于使用记忆策略；记忆活动缺乏目的性；思维水平低下，长期停留在直观形象阶段，思维缺乏目的性、灵活性、批判性和独立性。

智力障碍儿童在语言方面存在困难，语言发展迟缓，不少智力障碍儿童在构音、声音和语流方面存在障碍。

另外，智力障碍儿童缺乏上进心；容易冲动、自控能力差；易受暗示；固执。

（二）学习困难儿童

学习困难儿童在知觉方面可能存在知觉障碍，有感知觉问题的儿童无法识别、辨别和解释感觉刺激；有视知觉问题的儿童无法很快地在心理上形成视觉形象以确认事物；有听知觉问题的儿童不能区别音调的差异，对声音的知觉速度慢于一般儿童；有触知觉问题的儿童在辨认物体形状上有困难。

在注意力方面，学习困难儿童的注意力不能持久，注意广度小，对不应该注意的刺激加以注意，对有意义的刺激不能专注，注意力转移有困难。

在语言方面，学习困难儿童语言较一般儿童发展迟缓，在接受、处理和表达语言这三个方面存在障碍。

在记忆和思维方面，学习困难儿童在记忆广度、记忆速度和记忆精确度方面都比普通儿童差，常常前记后忘，缺乏特殊的记忆策略和技能；在思维方面不能充分进行类化、推理等高层次的思维活动，在概念形成上有困难，概括水平低。

另外，学习困难儿童常表现出较多的消极情绪，如情绪不稳定、悲观、焦虑、意志不坚定、缺乏上进心、自我评价低、自卑心理严重、缺乏社交理解技能、同伴关系差。

（三）言语和语言障碍儿童

在语言方面，障碍最明显。言语障碍通常分为构音障碍、声音障碍和语流障碍。语言障碍可分为语言发展迟缓和失语症。

言语和语言障碍儿童由于语言发展的异常，与他人在语言交流方面尚存在困难，接受知识的能力相对落后，学习成绩落后于正常儿童。同伴的嘲笑、排斥还会导致其出现退缩、逃避、自卑、焦虑、自我评价低、敌视、攻击性等情绪，造成社会适应不良、人际关系差。

（四）听觉障碍儿童

在知觉方面，听觉障碍儿童由于听觉缺陷，不善于有选择地进行感知、抓住本质特征；不善于把握整体和部分的统一关系；无法将感知和思维统一起来；感性知识贫乏、肤浅、缺乏系统性。

在语言和思维方面，听觉障碍儿童由于听不到或听不清别人的语言，无法进行模仿学习，不会说话或说不好话；由于缺少词汇和概念，借助手势及动作思维，思维只能停留在直观形象水平，导致其学习接受能力差、学习效果差。

另外，听觉障碍儿童由于语言交流障碍，容易对别人产生误解和猜疑，对周围人产生对立情绪；被人接纳的需求无法满足，就会产生一系列与之相对应的心理和情绪问题，比如常见的心理和情绪问题就有自我封闭、胆怯、自制力差、攻击性强、自我中心和抑郁等，这些都会使患儿的情况越来越严重。

（五）视觉障碍儿童

在知觉方面，视觉障碍儿童由于视觉感知通道完全受阻或严重受阻，难以获得有关外界事物的视觉信息，使其感性知识经验的积累缓慢而贫乏，对许多事物的认识不全面或错误。视觉障碍儿童对许多东西没有具体印象，只知道东西叫什么，而无法对这些物体和这些物体与外部的关系形成认识。

在语言和思维方面，容易发生构音障碍，对词语的理解缺少表象基础；语言方面的特点又必然反映到思维发展上，视觉障碍儿童的概念不完整、不准确，在形成空间概念时有困难。思维活动的发展明显落后于明眼儿童。

视觉障碍儿童容易出现退缩、依赖性强、敏感、意志薄弱、有孤独倾向、不愿意与明眼人来往等问题。

（六）情绪和行为障碍儿童

情绪和行为障碍儿童学业成绩往往低于一般儿童，常会出现抑郁、焦虑、恐惧、退缩、自卑、强迫、敏感、情绪不稳等情绪问题，也会出现注意缺陷和多动行为、攻击性行为（如争吵、斗殴、破坏物品、虐待小动物）、反社会行为（说谎、逃学、离家出走、偷窃、纵火）。

（七）超常儿童

超常儿童指的是拥有较好的创造力、高度发展的智力、较好的个性特征，且由上述几点相互作用形成独特特质的儿童群体。

超常儿童由于记忆力好、思维敏捷，可能会对常规课程厌烦，对同学不耐烦；由于目的性强，会被理解为固执、任性和不合作；由于其超前的道德判断能力，不能得到同龄人的理解和容忍，从而会使个体出现拒绝和孤立的情况；此类儿童因情绪强烈且深刻而敏感；生理和智力发展的不协调还会导致"同步综合征"，从而带来一系列的生活上和发展上的困难。

（八）自闭症

就感知觉的发展来看，自闭症儿童在同龄儿童中的感觉发展往往滞后，而且在"感觉统合失调"方面有程度不一的表现。例如，所输入的感觉基本不能于大脑中保有痕迹，故而对周围冷漠置之，但又时常出现反应过度的表现；虽然触觉、前庭具有调节作用，但其效果十分不理想，触觉防御过度、重力不安等表现普遍存在；大脑掌握新事物或不同事物极具难度，面对有积极处理需要的事物提不起兴趣。

在语言方面，自闭症儿童在语言习得和语言运用方面都存在严重的障碍。多数自闭症儿童的语言习得十分缓慢，甚至没有习得语言。能够习得一些语言的自闭症儿童，也只是习得个别词汇，无法使用词汇组成完整的句子。一小部分高功能自闭症儿童，虽然能说一些句子，但在语言交流方面存在许多困难，无法与别人保持有效而长时间的言语交流。

在人际关系方面，自闭症儿童常常独自玩耍，不愿意与同伴做游戏。部分自闭症儿童有与同伴共同玩耍的意愿，但缺乏与人沟通交往的基本技巧，不知该如何与同伴相处、共同玩耍，因此也常被同伴拒绝、排斥；多数自闭症儿童与父母长辈关系冷漠，缺乏应有的亲情，不愿意与父母亲近，甚至排斥父母。

在情绪和行为方面，自闭症儿童常常会大喜大悲、大哭大笑、尖叫，情绪很不稳定，反复无常，自控能力差；常常出现一些刻板的行为，如重复刻板的摆放物品的活动、踮脚走路；常常出现一些自伤行为，如揉眼睛、用头撞墙；可能会有伤害他人的行为，如对他人进行攻击。

> 三、儿童心理治疗注意事项

（一）建立和维持恰当的、有利于心理治疗的治疗关系

建立和维持恰当的、有利于心理治疗的治疗关系是心理治疗成功的关键因素之一。治疗关系是指治疗师和患者之间的一种特殊的人际关系，它建立在治疗师和患者相互信任、合作和互动的基础上，以达到解决患者心理问题的目的。

在治疗关系的建立和维持过程中，治疗师应该遵循尊重、真诚、共情和无条件积极关注等疾病原则。尊重是指治疗师应该尊重患者的权利和尊严，不评判或指责患者，而是以一种平等、客观的态度对待患者。真诚是指治疗师应该以真诚的态度面对患者，不伪装或掩饰自己，同时希望患者能够以真实的自我出现。共情是指治疗师应该深入了解患者的情感和需求，理解患者的痛苦和困难，并能够从患者的角度思考问题。无条件积

极关注是指治疗师应该对患者予以无条件的积极关注和支持，不论患者的情感和行为如何，都能够给予积极的回应。

在儿童心理治疗的过程中，治疗师可以通过一些技巧和方法来促进治疗关系的建立和维持，包括倾听、提问、提供反馈、澄清和总结等。首先，治疗师应该认真听取儿童或家长的倾诉，并给予充分的关注和理解。其次，治疗师可以通过提问来引导儿童和家属思考和表达自己的情感和需求。再次，治疗师应该给予儿童及家属及时回应，让他们知道自己的情感和行为是否得到关注和被理解。最后，治疗师还应帮助儿童更加清晰地认识和表达自己的情感和需求。

（二）进行有效而积极的交流和互动沟通

心理治疗的治疗效应是通过基本的治愈机制和特殊的治愈机制实现的。在治疗过程中，基本的治愈机制和特殊的治愈机制是相辅相成的。基本机制提供了一种基础的治疗框架，有助于建立治疗关系、促进患者成长和改变。而特殊机制针对患者的特定问题，提供更具针对性的治疗方法，有助于解决患者的具体问题。心理治疗师根据患者的具体状况，运用不同的治疗方法和技巧，有针对性地开展治疗，从而帮助患者解决心理问题，提高其心理健康水平。

1. 基本的治愈机制

（1）建立信任关系：心理治疗师与患者之间建立良好的信任关系是治疗的基础，患者在与治疗师互动的过程中，感受到关爱、尊重和支持，从而愿意敞开心扉，倾诉内心的痛苦和困惑。

（2）给予情感支持：治疗师为患者提供情感支持，帮助他们应对生活中的压力和困境，提高心理承受能力。

（3）指导认知调整：治疗师指导患者认识和纠正错误的思维方式和信念，以更客观、积极的态度面对生活。

（4）促使行为改变：治疗师协助患者制订实际可行的目标，并通过逐步调整行为，改变不良生活习惯，提高生活质量。

2. 特殊的治愈机制

特殊的治愈机制在心理治疗中同样发挥着重要作用。

（1）心理动力学治疗：心理动力学治疗认为，个体的心理问题源于潜意识中的冲突。治疗师通过解析患者的梦境、联想、转移等现象，揭示潜意识中的冲突，从而帮助患者获得自我认识和成长。

（2）认知行为疗法：认知行为疗法强调认知与行为之间的相互关系。治疗师帮助患者识别和纠正消极认知，进而调整行为，改善心理状况。

（3）人类关系治疗：人类关系治疗着重改善个体的人际关系。治疗师指导患者学会有效沟通，提高人际交往能力，从而减轻心理压力。

（三）避免标签效应

治疗师如果把求治者当"病人"看待，可能会强化求治者本人及周围的人对病态的注意，以及相关的负面情感体验，以致产生所谓的"标签效应"，不利于心理治疗和康复，所以要故意模糊病人与求治者之间的界限。

（四）恰当而有效地使用心理治疗的基本技术

在建立治疗关系和对求治者做出多维评定与诊断的过程中，需要使用一些心理治疗的基本技术，这些技术如果使用恰当则会收到良好的效果，如果使用不当则往往会带来不良的影响。治疗师要熟练掌握如何使用这些技术。

比如，沉默技术是指治疗师用非言语的方式对求治者的观点、意见和行为做出应答性的反应，以鼓励求治者继续倾诉。但如果沉默技术使用不当，求治者会误以为治疗师没有完全投入治疗过程，对自己不关心。同感技术是指治疗师与求治者产生"类似经验"的共鸣。但如果求治者的一些观点本身很极端或者认知有偏差时，就不能使用这一技术，否则会更强化求治者的错误观点。引导技术指治疗师要引发求治者的思考，发掘问题的根源，揭示问题的真相，从更深的层次上澄清问题、找到困扰源。若治疗师引导得当，则能帮助求治者发现问题的根源；引导不当，则会把心理治疗引入不正确的轨道。挑战技术指治疗师针对求治者的内心矛盾、不正确的观念、不切实际的想法等提出质疑，并与求治者进行激烈辩驳的过程。恰当地利用挑战技术，能帮助求治者发展对问题情境的正确认识和建设性的看法，自我修正认知观念；如果使用不当，则会引发争吵，甚至使心理治疗过程中断或结束。

（五）治疗师的自我心理调节

治疗师由于其工作的需要，每天都要倾听和帮助各式各样的求治者，所以要随时调节好自己的心理，保证自己的身心健康。在应激和挫折面前，善于调节心态，增强自我心理功能。解决各种问题，难免会影响到治疗师自身的情绪。因此，治疗师平时也要注意随时调节好自己的心理，保证自己的身心健康。

第五节 康复工程技术

> ### 一、康复工程技术的定义

康复工程（rehabilitation engineering，RE）是生物医学康复工程的简称，其作为生物医学工程的重要分支，在近年来取得了迅速的发展。学界对康复工程的理解为：在康复医学临床实践中工程技术人员依托工程技术原理和对一系列工艺技术的应用，在综合评定人体功能障碍之后，采取替代、代偿等方法来支持对畸形的矫治、对功能缺陷的弥补，在功能障碍的预防与改善上发挥实效，从而使功能障碍患者的生活自理能力与生活质量得到最大程度的提升，并最终实现重返社会的目标。

康复工程技术主要研究临床医学、人体运动学、康复治疗学、康复器械与辅具等方面的基本知识和技能。康复工程技术中的主要康复器具包括辅助器、康复训练器具、康复辅助器具等。其中，按功能分类，有上肢康复训练器、下肢康复训练器、综合康复训练器等；按性能分类，有行动辅具、视觉辅具、听觉辅具、肢体辅具等。康复工程技术主要针对的人体的功能障碍有肢体运动障碍、脑功能障碍、视听觉障碍、语言交流障碍等。在康复治疗中，康复工程技术可以帮助患者恢复部分机体功能，提高生活质量。例如，通过使用假肢、矫形器等辅助器具，可以帮助患者恢复肢体功能；通过使用电子脑电图仪等设备，可以帮助患者恢复运动能力；通过使用语言训练器等设备，可以帮助患者恢复语言能力等。

> ### 二、康复工程技术的主要工作内容

1. 运动病理学工作

这方面工作包括正常步态分析、病理步态分析等。其目标是找出残疾人运动病理性规律，指导康复工作和作为康复工作的指标。这是康复工程学中的应用性基础科研工作，当然也是重要的临床评价手段。

2. 电刺激器的研究工作

功能性电刺激应用于残疾人始于20世纪60年代的南斯拉夫社会主义联邦共和国。近三十年发展很快，如用于矫正偏瘫的垂足。目前许多康复机构使用微信号处理器控制的多通道刺激器，通过皮肤电极或埋藏电极刺激肌肉，辅助截瘫病人站立、步行。这种步行尚不能代替轮椅，但对患者克服长期卧床、坐轮椅所带来的不良影响，改善全身情况，减少泌尿系感染意义很大。

3. 康复工程技术的服务工作

康复工程技术的服务工作近年发展很快，主要内容包括：①康复工程产品的技术开发和研究；②康复工程产品的标准化和检测；③康复工程产品的生产；④康复工程产品的供应；⑤康复工程技术的信息收集、交流与咨询等。

> ## 三、康复工程技术的发展

新型学科的代表虽然也包含康复工程技术，但很早以前，在临床诊断、治疗仪器、外科器械中都已经有了医学工程师的参与，其在医生要求下进行很多产品和服务的设计制造。因此，康复工程技术既是一门发展很长时间的学科，又属于新型学科。但当时医生和工程师之间的合作缺乏对患者作用的足够重视，鲜有深入临床实践的工程师，从而少有同时了解工程技术和医学的人员。

第二次世界大战之后，残酷的战火留下了数量可观的残疾人，这一现实情况促使一部分工程师投身残疾人康复事业。这不仅对康复工程技术的现实发展产生了积极的推动作用，也促成了工程师、医生、理疗师等相关人员的共同工作。在内容方面，在假肢、矫形器之外，感应装置、康复护理、功能评价、神经康复等多个方面也包括其中。自20世纪60年代起，康复工程设施的发展逐渐表现出了现代化、科学化的趋向。总体而言，社会需求的改变与科学技术的进步推动了康复工程技术的崛起与发展。作为现代科技融入临床康复的产物，康复工程技术以工程生物—人—机—环境系统作为理论基础，形成了为一系列康复目的服务的装置与设施，进而成长为技术产业。

20世纪下半叶之后，尤其是迈入21世纪以来，康复工程技术得到了迅速发展，且呈现出了鲜明的现代化特点。全球首家康复工程研究所是1967年在美国成立的，在此之后，法、英、日三国的康复工程研究中心也相继成立。对于残疾人康复工作的开展而言，康复设备服务工作的推动作用是十分显著的。与西方发达国家相比，我国在康复工程技术水平上固然存在着一定差距，但我们在积极奋进的道路上始终未曾停止。我国于1979年建成了价值科学研究所，不到五年，又筹建了康复工程研究所，并自此陆续建设了一批康复工作研究所和研究中心，比如清华大学康复工程研究中心、上海民政工业研究所、中山医科大学康复工作研究所等，这些研究机构都对我国康复研究的发展起到了巨大的推动作用。值得一提的是，国内首代肌电假手产品便是由中国假肢研究所联同清华大学、上海交通大学合作研制的。20世纪90年代初期，在国家自然科学基金、中残联的共同支持下，中国康复研究中心联合清华大学研制出了国内首只通体为复合材料的下肢运动假肢。全国残疾人用品开发供应总站考虑到盲人的现实需求，开发出了盲文油印机、盲文打字机、盲人扑克等系列产品。经过数十年的努力奋进，我国在康复器具领域的产业已然形成，相关标准的制订与发布趋于完善和丰富，科研院所、大专院校对于假肢接受腔技术、矫形器技术等相关课题的研究都实现了和国际先进水平的接轨。20世纪90年代后，全国又开始对康复科和康复医学进行研究，康复工作的价值和意义在这种背景下得到了新的凸显和升华，尤其是二甲以上的医院康复科，还成立了一系列的矫形器室，从而给康复工程技术的应用和推广提供了非常大的助力。

四、康复工程技术产品

凡为帮助功能障碍患者改善功能、最大限度提高生活自理能力、改善生活质量、回归社会、参与社会而开发、设计、制造的特殊产品或现成产品都是康复工程技术产品。康复工程技术产品不仅牵涉人类生存发展的众多领域，而且是现代康复治疗中不可缺少的一个重要组成部分，它包含以人体功能评定、诊断、恢复、补偿、训练和监护等为主要内容的器具、设施和设备。

康复工程技术产品的主要作用包括：①替代失去的功能：比如，截肢患者能够通过假肢重新站立，并开始行走、骑车和进行其他负重劳动；②对减弱功能加以补偿：比如，具有一定听力的失聪患者可以通过助听器重新听到声音；③缺失功能的一系列恢复和改善：比如，偏瘫患者可以借助康复训练器具的不断训练，重新站立行走。因此，康复工程技术产品可以使功能障碍患者最大限度地改善功能、提高生活自理能力、改善生存质量、融入社会生活。随着我国老年人口不断增多、功能障碍患者独立意识增强，以及人们对生活质量的追求提高，康复工程技术产品正逐渐被认知和关注，如残疾人、老年人、慢性病和急性病患者会因为生活不便，使用辅助器具来改善功能，提高生活自理能力；一些辅助器具也会给健全人带来便利，如在卫浴间加装扶手、地板上铺防滑垫等。

五、康复工程新技术

（一）康复机器人

康复机器人（Rehabitilitation Robot）是新时期医疗机器人发展的一个重要方向，统观康复机器人的相关文献，其涉及了较为丰富的内容，具有代表性的有康复医学、计算机科学、生物力学、机械学等，且康复机器人在国际机器人研究中的受重视程度不断提升。将前沿的机器人技术完美融入康复机器人，既拓展了机器人技术的应用，也丰富了康复医学的内容与作用。近年来，康复机器人研究的主流方向有所改变，主要是集中在了智能轮椅、康复治疗机器人、康复机械手等方面。这些研究的开展，既推动了康复医学的与时俱进，也助力了新理论、新技术的实践与创新。

康复机器人属于医用机器人、工业机器人两者有机融合的成果，其基本原理是通过在患者与环境间建立一种"机械臂"，来支持患者无法完成操作的功能的实现或部分实现。20世纪60年代至90年代，人们首次对将为残疾人服务的机器人系统产品化进行了尝试。20世纪80年代，有针对性研究在康复机器人这一领域起步，但是我国进展不大，大部分进展都集中在英国、美国、加拿大等区域。1990年之后，康复机器人的研究得到了全面的发展。在设计康复机器人方面，应做到对安全性、舒适性、有效性的兼顾：①安全性是对设计中安全第一原则的体现；②舒适性是决定应用体验的重要因素；③有效性则为设计目的所在。现阶段，康复机器人在特殊儿童康复训练当中的应用已趋于广泛。

（二）功能性电刺激

功能性电刺激的应用是依托低频脉冲电流的参与实现的，其作为一种具有代表性的神经肌肉电刺激技术，严格依照设定程序来进行肌肉刺激，肌肉可以是一组，也可以是多组，从而通过对肌肉运动发挥诱导作用，来支持目标肌肉的功能得到一定程度的恢复。

（三）虚拟现实技术

虚拟现实（VR）技术属于新兴技术的一种，且以计算机高级人机界面的形式出现。通过对仿真技术、人工智能技术、多传感器技术、计算机图形学、计算机网络技术等一系列相关技术的有机整合与运用，来实现对人感官功能的模拟，让人最大限度地置身于计算机创造的虚拟境界，并依靠手势、语言等方式来赋予交互以实时性特征，实现逼真环境模拟的同时，也实现了对人各种感知的有效模拟。近年来，虚拟现实技术在康复训练领域中的应用愈加广泛，特别是在特殊儿童康复训练中备受青睐。

（四）环境控制系统

环境控制系统（Environmental Control Unit，ECU）本质上属于辅助装置的一种，其应用多面向残疾人群体，且基于该技术的应用，使得残疾人能够于所处居室环境中完成拉窗帘、开关门、升降病床、控制家电、开关电梯的控制操作。

第二部分

人体运动学

　　康复治疗，是为了能够让病伤残者得到最大限度的功能恢复，从而使患者可以生活自理、回归社会，并提升生存质量。

　　康复治疗综合地、协调地应用各种专科治疗手段，促进功能的恢复、改善或重建。应用手法或器械在患者的特定部位或区域施加机械作用时，其合理性、有效性和安全性均与操作者的感知判断和被操作者的配合程度密切相关，特别是人体运动障碍，或通过运动可以修复的其他障碍的康复治疗操作的技术核心是"实施力学操控"。操作者的能力与水平取决于其对力与人体结构和系统的力学特点，以及其与人体功能关系的理解。

第三章
人体运动学总论

第一节　研究基础

＞　一、人体运动的生理意义

人体运动是维持生命活动的主要形式。人体运动采用多系统协调工作机制，呼吸运动和血液运动停止代表着生命终止，肌骨系统运动需要呼吸和血液循环支持。在进行康复治疗时，一定要注意统筹多系统的运动量控制。判断一种运动是否充分或过量，要判断其对该运动系统作用的结果，也要估算其对相关系统的作用效果。人体各系统的运动包括呼吸运动、体液循环、肌骨系统运动、消化运动、颌面运动等。这里只简单介绍在康复治疗过程中最经常遇到的系统运动。

（一）呼吸与体液循环

由肋间肌和膈肌等呼吸肌群进行收缩、舒张从而产生的运动就是呼吸运动，这种运动使得机体的胸廓或发生扩大或发生缩小的变化。呼吸运动的主要价值就是使得机体肺部内外的气体得到交换，从而使得机体获得生理代谢所需要的氧气，并将二氧化碳排出体外。

机体中大部分的成分是水分，因此水分是机体中含量最高的成分，水分和溶解在水里的各种物质总和称为体液，体液在人体质量中约占60%。体液可以分为细胞外液和细胞内液两种类型。人体新陈代谢的过程就是在细胞内进行的一系列复杂的生物物理和生物化学反应的总和。细胞外的液体有血浆、淋巴、脑脊髓液及组织液等。在进行康复治疗操作时，要根据患者的非活动能力来设置训练强度，在进行手法操作时，要考虑到体液的循环作用，才能够获得理想的治疗效果。

（二）肌骨系统运动

肌骨系统对于身体所具有的控制作用主要集中在节段运动上，且运动控制的实现依赖肌肉收缩活动的参与。此外，在心脏的跳动、淋巴与尿液流动、血液循环、肠道内的食物与废物蠕动等重要生理活动中，肌肉组织的控制作用也不可或缺。运动控制是肌肉功能的集中体现，身体所处状态便是通过姿势与运动形态来得到直观呈现的。脸部肌肉收缩状态是对内心情绪与感受的反映，身体所处的健康状况以姿势和运动的形式得到了展示，且运动存在于每时每刻。聚焦骨骼系统，其同步性的实现依赖于由颅骨至骶尾骨在运动上的精准配合，学界将该连接称作核心连接。在颅骨处于运动状态时，骶尾骨的运动也随之发生。当机体处于健康状态时，核心连接运动会带动任意骨骼的运动，且后者的运动带有显著的节奏性特点。而在肌骨系统处于异常运动的状态时，对于机体的伤害不可避免。

（三）运动的生理效应

处于运动状态中时，呈升高表现的肌肉温度是人体的一个显著特征，且在引起肌细胞蛋白质黏滞性出现一定衰减的同时，肌细胞移动表现出了更高的机械效率，并最终作用于肌肉的收缩，导致其在速度与力量上得到明显提升。而在相反条件下，即当肌肉温度未达到正常体温时，肌肉的黏滞性会呈一定升高表现，并作用于肌肉的收缩，使其在速度与力量上都出现一定的衰减。值得一提的是，升高的温度还会促进神经信号的加速传导，使神经感受器在表现出更高灵敏度的同时，形成神经肌肉之间更强的协调作用。

＞　二、人体运动学研究范畴

在对人体活动科学领域的研究中，人体运动学应运而生，这个领域的研究主要是分析位置、加速度等物理量与机体和器械位置变化的运动规律，以及这种运动经过的轨迹，但是这种研究对人体和器械运动状态的改变原因不加以研究和探索。在人体运动学中，将力与生物体运动、生理、病理的关联部分称为生物力学，将运动中与人体和器械运动规律的关联部分称为运动生物力学。

回顾历史，运动学侧重研究人体结构和人体功能之间的关系。20世纪，运动学在医学领域得到广泛应用，关节力学、人体运动学、运动生理学等医学相关内容逐步融入了运动学范畴。依据人体的功能解剖和运动规律，人们把生物力学运用到康复治疗中，形成了一整套康复运动学治疗理论和运动治疗方法。运动学知识在康复医学中用于分析运动功能障碍的原因，探讨康复机制，指导康复治疗。

> ### 三、人体运动学研究方法

（一）观察法

观察法是指直接对人体运动过程的各项变化指标进行描述与分析。例如，在运动现场对运动者在运动时的某些力学参数、生理与生物化学变化指标（心率、血压、呼吸）等进行描述与分析；观察和分析不同人群、不同年龄与性别在不同运动负荷下的运动项目、训练方法与水平对人体功能的影响，为制订不同的运动处方提供依据。

（二）实验法

实验法是指在实验室内利用一定的实验装置对人体或动物进行实验。例如，对运动中骨力学、关节力学、肌力学、电生理特点、运动器官形态与生理功能各项指标的变化及影响进行验证与分析。

（三）理论法

理论法是指采用数学与力学理论对人体运动系统建立抽象的数学模型，用数学语言对人体运动规律进行描述。

> ### 四、人体运动学的学习意义

人体运动学明确了机体结构与功能相一致的关系，能够帮助我们深入理解运动障碍的实质，熟练掌握各项运动治疗的适应症和禁忌症、技巧和手法，为制订科学有效的康复训练方案提供理论基础。运动学研究的人体力量负荷的知识体系，能够为治疗师在治疗病人时防止造成误用性综合征和自身外伤的发生提供理论参考。运动学知识是正确诊断和治疗骨关节疾病的基础，也是选择合适假肢、支具及正确使用上述器具的基础。

第二节　人体运动的形式和原理

> ### 一、人体运动的形式

（一）人体简化后的运动形式

人体运动学通常把人体简化成质点或刚体的力学简化模型来进行运动参数描述。人体运动形式有以下几种。

（1）平动：指运动过程中，身体上的任意两点连线始终保持等长和平行，其运动轨迹是直线或曲线。人体平动时，身体上各点的位移、速度和加速度都相同，可简化成质点处理。

（2）转动：指运动过程中，身体上的各点都围绕同一直线（旋转轴）进行圆周运动。转动时人体各点与轴的距离不同，所以其线速度也不同，可简化为刚体处理。

（3）复合运动：人体绝大部分运动包括平动和转动，两者结合的运动称为复合运动。研究中通常把复合运动分解成平动与转动，使问题简化。

（二）人体关节的运动形式

（1）屈曲与伸展：所有沿矢状面进行的关节活动均被称为"屈曲"或"伸展"，其中，关节角度缩小的为屈曲，关节角度增加的为伸展。膝关节以上前屈后伸，膝关节以下后屈前伸。

（2）内收与外展：沿冠状面进行的关节活动多被称为"内收"或"外展"。

（3）内旋与外旋：沿水平面进行的关节活动多被称为"旋转"，旋转又包括"内旋"和"外旋"，以及"左旋"和"右旋"，足部在水平面上的活动则被称为"水平内收"和"水平外展"。

另外，前臂和小腿还有旋前和旋后运动，脊柱有侧屈、旋转、环转运动，足踝部有内翻和外翻运动。

（三）人体的基本运动形式

在运动生物力学视角下，人体是头、躯干、上肢、下肢组成的链状形式，其将诸多环节囊括其中，且在基本运动形式上主要有如下表现。

（1）上肢的基本运动形式：以推、拉、鞭打为主。其中，"推"这一动作指的是在阻力克服过程中，上肢由屈曲态恢复至伸展态的过程。"拉"这一动作指的是在阻力克服过程中，上肢由伸展态调整至屈曲态的过程。上肢在运动形式上通常为"推"动作与"拉"动作的结合。"鞭打"这一动作指的是在自体位移或阻力克服过程中，上肢各环节通过逐一的加速、制动，来形成末端环节极大速度的过程。

（2）下肢的基本运动形式：总体上，下肢运动主要集中于缓冲、蹬伸、鞭打这三种形式，且这些形式均是克服阻力的过程，其中，"缓冲"的体态变化是由伸展至屈曲，"蹬伸"的体态变化是由屈曲至伸展，而"鞭打"是通过下肢关节逐一的加速、制动来赋予末端环节一个较高速度。

（3）全身的基本运动形式：总体上，全身运动主要集中于摆动、躯干扭转、相向运动这三种形式（图3-1）。就动作的完成来看，"摆动"中，主要动作交由某一部分完成，而另一部分以加速摆动的方式来为前者提供辅助配合；"躯干扭转"中，上下肢以躯干纵轴为中心来做反向扭转；"相向运动"中，身体两个部位的距离呈拉近或远离表现。

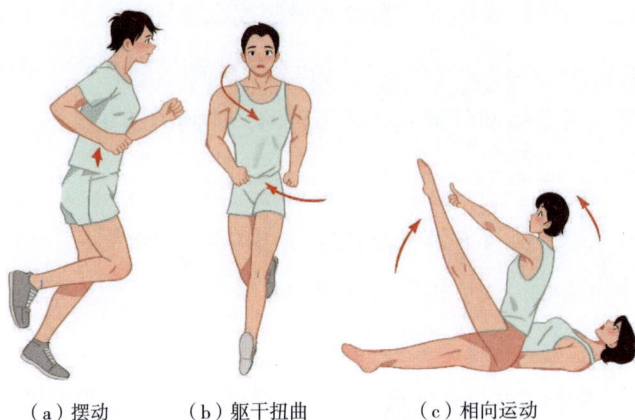

（a）摆动　　　（b）躯干扭曲　　　（c）相向运动

图 3-1　全身基本运动形式

> 二、人体基本动作的原理

（一）杠杆原理

在人体的关节肌肉当中，很多人体基本动作都可用杠杆原理来进行解释。杠杆由支点、阻力点、力点这三点组成，在运动分析中引入杠杆原理，已成为运动力学分析的一项重要方式。

1. 基本概念

杠杆的支点（F）为其围绕转动的轴心点，而在肢体杠杆中的支点便是关节运动的中心。动力作用点称为力点（E），其于骨杠杆上的所在为肌肉附着点。阻力作用点称为力点（W），指运动阶段的重力、摩擦力等。一个杠杆系统当中有且只有一个阻力作用点，即所有阻力的合力作用点。支点与动力作用线之间所具有的垂直距离被定义为力臂（d），支点和阻力作用线之间所具有的垂直距离被定义为阻力臂（dw）。肌力矩（M）指的是肌肉拉力作用下产生的力矩。阻力矩（Mw）为求阻力、阻力臂两者的积值，即 $Mw=W \times dw$。

2. 杠杆的分类

以杠杆上支点、阻力点、力点所处的不同位置为根据来进行杠杆分类（图 3-2）。

（1）第 1 类杠杆：以天平等为代表的平衡杠杆，这类杠杆中阻力点、力点的中点

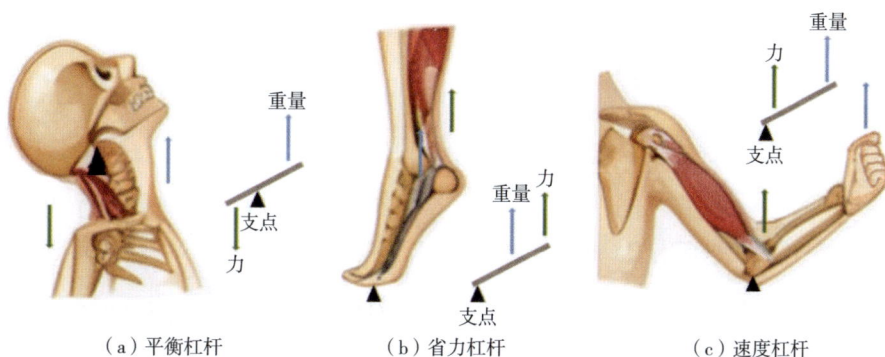

（a）平衡杠杆 （b）省力杠杆 （c）速度杠杆

图3-2 杠杆分类

位置便是支点所在，其作用集中表现为动力的传递与平衡的保持，同时支持了力与速度的产生。此类杠杆在人体中的存在较为有限。

（2）第2类杠杆：省力杠杆，这类杠杆中支点、力点的中点位置便是阻力点所在，其特点是力臂自始至终都要比阻力臂大，即借助较小的力来实现对较大阻力的克服，如站立位提足跟的动作等。此类杠杆在人体中的存在十分鲜见。

（3）第3类杠杆：速度杠杆，这类杠杆中阻力点、支点的中间位置便是力点所在，由于力臂始终比阻力臂要小，故运动的必要条件便是动力要超过阻力，但能够形成阻力点较快的运动速度与较大的运动幅度。此类杠杆在人体中的存在最为常见。

3.杠杆原理在康复医学中的应用

杠杆原理在康复医学中主要起到省力、获得速度和防止损伤的作用。

（1）省力：在对较大的阻力进行克服的情况下，还只能用较小的力的时候，就要缩短阻力臂，或是增加力臂长度。人体杠杆中肌肉力的力臂都较短，都要依靠肌肉在骨头上的附着隆起点来使力臂得到延长。如果机体活动多，且肌肉强壮，则其骨骼上有较明显的粗隆、结节，依靠对力臂的增大来使力矩增加，比如股骨大转子就能够使臀中肌、臀小肌的力臂增大。在机体提重物的时候，将重物靠近身体，这样可以更加省力，因为阻力臂被缩短了。

（2）获得速度：许多动作要求的是获得更大的运动幅度、更快的运动速度，而不是要求省力，这时为了能够增加阻力点移动的幅度和速度，就要使阻力臂的力臂有所缩短，或增加阻力臂长度。人体杠杆中有很多速度杠杆，但是为了能够在运动中得到更快的速度，还是要使阻力臂延长。

（3）防止损伤：从杠杆原理中可知一般的速度杠杆是不会省力的，当阻力过大时，则会引起运动杠杆各个环节的损伤，尤其是杠杆的支点和力点，也就是肌止点、关节和肌腱等的损伤。当然除了要增强肌力外，还要对阻力和阻力矩加以适当的控制，才能更好地对肌肉杠杆起到保护作用。

（二）关节活动顺序性原理

运动中要对大的阻力加以克服，就要表现出更快的速度，这时虽然运动链中各个关节都在用力，但是最先产生运动的总是大关节，然后根据关节大小一层层地先后产生运动。其意义在于主动增强关节，发挥其潜力，促进训练的完成。小关节是人体动作的支撑点，对动作完成后保持身体平衡有重要作用，还可影响动作时间，提高速度。

第三节　人体运动的描述

＞　一、人体姿势

在康复医学中，人体运动的始发姿势即身体直立、面向前、双目平视、双足并立、足尖向前、双上肢下垂于体侧、掌心贴于体侧。其中手的姿势（又名中立位）是指手的掌心贴于躯干两侧，是唯一有别于解剖学的人体基本姿势，值得注意。

基本解剖位是分析和解释人体各结构部位位置关系时所采用的体位，即身体直立、双目平视、双足并立、足尖向前、双手下垂于身体两侧、掌心向前（图3-3）。

＞　二、运动平面

因为人体在空间内的运动不易描述，为了方便起见，通常用运动平面来表示，运动平面包含了水平面（横断面）、冠状面（额状面）和矢状面，上述三个面之间相互构成垂直关系后发生作用（图3-4）。水平面是与地面平行的面，把人体分为上下两部分；冠状面是与身体前或后面平行的面，把人体分成前后两部分；矢状面是与身体侧面平行的面，把人体分成左右两部分。

每两个面相交出的线称为轴，冠状轴是与矢状面垂直的轴，垂直轴是与水平面垂直的轴，矢状轴是与冠状面垂直的轴。

描述一个人前进可以说其在矢状面内运动，描述一个人转身可以说其在水平面内运动。通常情况下，把关节在矢状面内的运动定义为屈伸运动，把关节在冠状面内的运动定义为内收、外展运动，把关节在水平面内的运动定义为旋转运动。

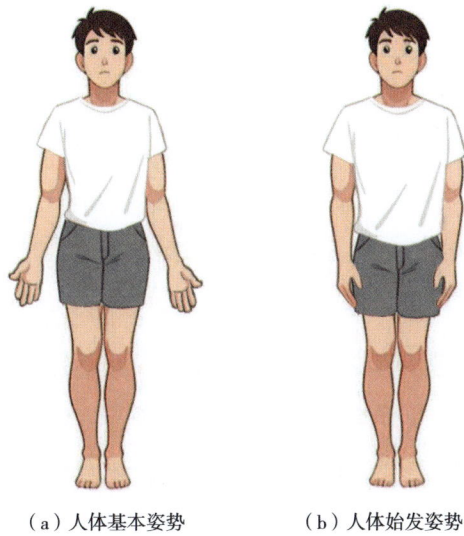

（a）人体基本姿势　　　（b）人体始发姿势

图 3-3　人体姿势

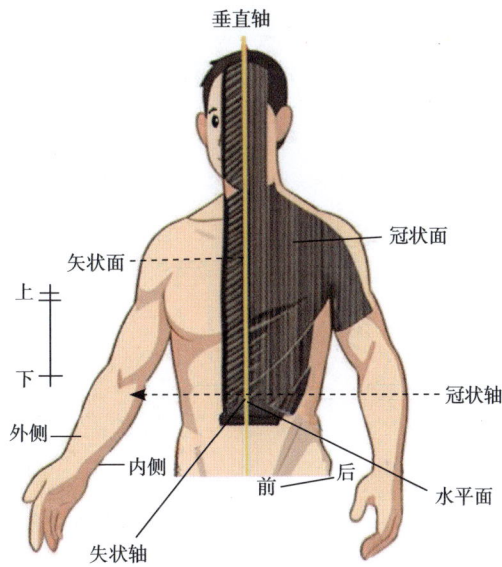

图 3-4　人体的面与轴

> ## 三、运动轴

与运动面相对应，运动轴也被用于描述运动的状态，通常用矢状轴、冠状轴和垂直轴表示，三个轴也相互垂直。如人体在矢状轴内的前进可以描述为沿矢状轴运动，人体横向移动可以描述为沿冠状轴运动。

对于关节运动的描述一般通过关节轴线进行，由于关节结构不同，运动轴可以有一个、两个或多个。根据运动轴的多少，关节运动分为以下三种情况。

（一）单轴运动

关节只能围绕一个运动轴做一组运动。如指骨间关节，在标准体位下，它只能围绕冠状轴做屈伸运动，只有一个运动轴。单轴运动的关节，其骨上任何一点能沿着一个弧线进行运动（图3-5）。

（二）双轴运动

可围绕两个彼此垂直的运动轴做两组运动，环转运动也可实现。这类关节属于鞍状关节的一种，具有代表性的有掌指关节、腕关节等。在标准体位下，它不仅能够围绕冠状轴进行屈伸运动，还可以围绕矢状轴进行内收、外展运动，这种运动的基础是两个互相垂直的运动主轴，并且双轴运动的关节除了主轴运动还有无数的次轴，产生和两个主轴不同方向的运动（图3-6）。

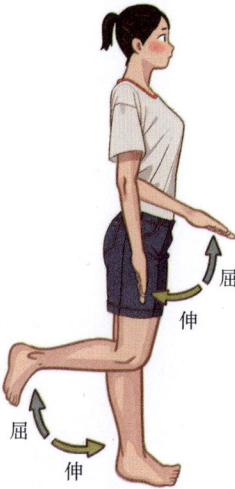

图 3-5 单轴运动

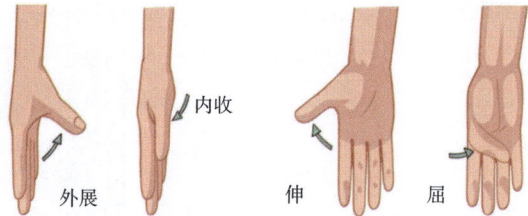

图 3-6 双轴运动

（三）三轴运动

关节所具有的运动轴数量超过两个。该类关节属于球窝关节，具有的运动主轴数量为三个，具有代表性的有肩肱关节，能够旋转、屈、伸、外展和内收。在主轴之外，还有数量众多的次轴，后者依靠关节中心做出一系列的复合运动。由此看来，在运动范围方面，三轴关节远超双轴关节。人体有最广运动范围的关节便是以髋关节、肩肱关节等为代表的三轴关节（图3-7）。

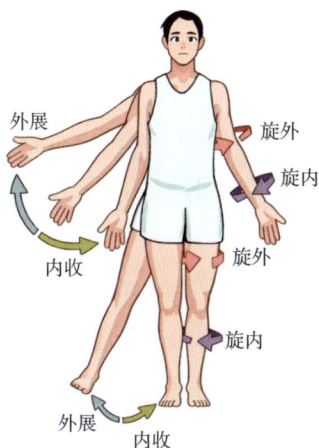

图 3-7 三轴运动

> 四、运动链

运动链指的是以关节为纽带，支持人体若干环节依照一定顺序进行衔接的表现。关节运动链是对人体运动进行研究的基础所在，并在生物力学和运动学的层面上支持了关节康复治疗。就人体而言，其上肢运动链的形成涉及手、腕关节、肘关节、前臂、上臂、肩关节和肩带等，其下肢运动链的形成涉及足、小腿、膝关节、大腿、髋关节和骨盆等。关节、骨骼及关联肌肉的组合，便形成了完整的运动链。运动链有开链与闭链之分（表3-1）。

表 3-1 开链运动和闭链运动的区别

开链运动	闭链运动
空间中的远端肢体在不断运动	远端肢体要保持固定
单一关节运动，但是没有附近的关节活动	发生多关节运动，而且有附近关节活动
身体重量较少的被作为负重部分参与运动	身体重量较多的被作为负重部分参与运动
在运动肢体远端有阻力的应用	在多个运动关键都有阻力在同时应用
只有主动肌收缩	运动关节的远端和近端多肌群收缩
只有运动关节远端的身体活动	运动关节的近端和远端的身体都有活动
孤立性地对目标肌肉加以针对性训练和刺激	参与活动关节和目标肌肉较多
有相对简单的动作，容易被初学者掌握	动作因为不容易被掌握而常常应用在早期康复和功能训练中

（一）闭链

当运动链的两端均处于被固定状态，或当中所有环节和其他环节相连的数量均达到两个及以上时，该运动链便属于闭链。弓步压腿这一动作就很有代表性，其中由骨盆和两腿组成的运动链便属于典型的闭链。闭链当中，关节无法独立运动，而是依赖彼此间的耦合运动。

生物力学视角下，闭链运动是肢体远端固定而近端可于一定范围内自由活动的一种运动方式，具有代表性的闭链运动有负重蹲起、踏车运动等。一般来说，闭链运动属于功能位下的动作，其和日常生理负荷下的膝关节有着基本相似的状态，从而将负荷的承受交由关节囊、骨骼、肌腱、韧带、肌肉等相关部位。闭链运动与开链运动训练相比，运动状态中会带给关节及关节周围组织的机械性感受器更加显著的刺激，并在增强关节平衡能力、恢复膝关节周围组织协调性与敏感性、提升关节稳定性方面发挥显著效果。闭链运动具有鲜明的线性运动属性，借助该训练方式，多关节的动作能够在同一时间进行，且不论是肢体运动，还是保护性反射弧活动，均是通过对关节本位感受器的刺激作用来实现的。进行闭链运动的过程中，在运动形式方面依靠加速、减速、多平面等运动，所能达到的肌力训练程度可接近于专业水平，从而在肌力的加强上实现对协同肌与对抗肌的兼顾，由此，不只训练了关节的协调性，还作用于关节本位感受器，促进其进入加速恢复状态，从而获得更好的关节稳定性。由此，学界便达成了一个普遍的共识，即训练中与采取开链运动的方式相比，对于闭链运动的应用可促进关节功能更好地康复。

（二）开链

若运动链末端环节处于自由运动状态，或运动链中存在一个环节只连接其他一个环节时，该运动链便属于开链。人体运动当中，开链占据了大部分，四肢的运动就属于典型代表。

所谓开链运动，指的是运动状态下躯干远端或肢体处于一种游离的状态。其特点为各关节链的运动范围都是特定的，经运动范围比较，远端要超过近端；经速度比较，远端也要更快。通过等速测试评估发现，开链运动与闭链运动相比能够更快到达峰力矩，由此，肌力强化训练当中，更适宜通过开链运动来达到训练肌肉爆发力的目的。在针对神经疾病给予康复治疗时，通常会采用闭链运动，这不仅是出于其与开链运动相比有着更高安全性的考虑，也是因为其对多关节之间协同运动有着明显倾向。但若只是针对单一肌肉的独立训练，则适宜采用开链运动。在康复各个阶段对于开链运动或闭链运动的选择性使用，能够在组织修复、关节稳定和功能恢复上发挥重要的促进作用。

> 五、自由度

关节面的形态及结构决定了关节可能活动的轴，自由度与关节活动轴有关，关节轴有几个活动方向，就有几个自由度。如髋关节可做屈伸、内收外展、内旋外旋三个轴的运动，有三个自由度。凡具备两个以上自由度的关节均可产生环绕动作。肢体一般环绕关节轴来进行旋转活动。

> 六、关节角度

关节角度常用于描述身体节段的运动状态。从运动学角度，可以把人体运动过程分为若干节段的运动，比如躯干、上臂、前臂、手、大腿、小腿、足等。这些节段在关节作用下，通过不同运动范围下不同关节角度上的变化，可以帮助人们了解人体全身和各个节段在运动过程中呈现的运动状态。如描述某人从高处跳下的整个过程中肩关节、肘关节、髋关节、膝关节、踝关节等的角度变化，即可知道其跳下的运动状态。在临床步态分析报告中，也是用整个步行周期中每一个关节角度在各个运动平面内的变化来描述被检查者步态表现的。

> 七、步态分析

步态就是人行走的姿态，与一系列因素有关，比如心理状态、运动控制能力、生理功能和解剖结构等。步态反映人体病变状态往往可以从一个或是几个层面看出，因此步态分析是有必要的，步态分析作为运动生物力学中最关键的组成部分之一，在人类疾病诊断和康复过程中得到广泛的重视。步态分析可以帮助医生科学地进行病因分析和病情诊断、疗效评定，指导病人行走训练。

（一）步态分析的生物力学参数

运动学参数、能量参数、肌电活动参数和动力学参数均囊括其中。就步态而言，其基本运动学参数包括步频、步长和步态周期。主流的动力学参数为足底压力分布和地反力；肌电活动参数多指的是步行状态下下肢各肌肉的电活动，借助表面电极、线电极、针电极等来对步行状态下的肌肉电活动进行记录，临床上以对表面电极的应用较为常见。能量参数涉及两个方面：一方面是能量代谢参数，其指的是步行状态中的能量代谢，虽借助该参数可支持对步行效率的衡量，但无法明确行走异常的具体机制；另一方面为机械能消耗参数，该参数能够支持对高耗能具体部位和时期的明确，从而为步态异常机制的研究和适宜治疗手段的选择提供帮助和支持。

（二）步态测试方法

步态测试方法分为定性分析法（目测步态分析法）和定量分析法（仪器分析法）。现在多用定量分析方法，即借助器械或专门设备来观察行走步态。

步态分析系统有二维系统与三维系统之分。现阶段，国际前沿的三维步态分析系统主要由如下四个部分组成：①一组红外线摄像机和红外反光标记点，用于对运动过程中空间位置所发生的改变进行测量；②测力台，用于对行走过程中地反力所发生的改变进行测量；③肌电遥测系统，用于对动态肌电图进行观察；④计算机及其外围设备，可支持对以上装置的运行进行调控，使之同步并完成对观察结果的分析处理。该系统涉及丰富的参数和图形，为进一步深入研究和全面评价提供了有力保障。

第四节　人体运动的动力学

人体运动的动力学是对于人体运动状态改变及其相关作用力间存在的关系进行研究的学科，即对引起机体运动出现状态改变的具体原因进行揭示。人体运动有相当高的复杂程度，人体的精神、机能等因素都会在较大程度上影响到动作质量。现阶段，由于关于人体神经系统对动作的调控尚未做到定量描述，因此，应依托力学研究法，对人体进行简化，使之成为刚体或质点，引入力学原理并与人体生物学特点相结合，对所获得的力学参数进行分析，以保证最终结论的真实性与客观性。

> ## 一、人体运动中的力

人体的运动都是人和周围环境相互作用、相互影响的结果，这种相互作用、相互影响就会产生力。从力对人体作用产生的效果来看，可以把力分为动力与阻力；以人体作为研究对象，可以把力分为内力与外力。

（一）动力与阻力

如果作用于人体的力与其运动方向一致，且产生正加速度运动，则此时的力称为人体运动的动力；反之，若作用力与其运动方向相反，使人体产生负加速度运动，则称为阻力。

人体的运动一定要有动力。比如人从静止到进入运动状态，是支撑腿向后下方用力蹬地，获得地面对人的向前上方的蹬地反力作为动力来推动的。同时，由于人体的运动是在空气或者水中进行，又要与支撑面发生接触，不可避免地要受到这些阻碍人体运动力的影响。所以在康复实践中，不仅要分清动力和阻力，还要尽可能地利用阻力帮助人体达到更好的康复效果。

（二）内力与外力

1. 内力

人体内各组织器官之间彼此作用的力即称为内力。各种内力在彼此适应以后可以通过协调来维持运动以保持最佳状态，同时再通过不断抗衡外力来与人体生活需求相适应。人体运动的内力主要涉及：①肌肉拉力属于人体内力当中的核心主动力，依赖该力作用在骨骼附着点上的力来维持基本的人体姿势，并且发挥一种能够协调人体各个部分、各个环节的平衡作用；②各组织器官之间存在着被动阻力，形成一种在肢体屈曲或是伸展过程中的一定牵拉，这种牵拉可能向组织的反方向进行，特别是拮抗肌张力，因此在进行运动前要进行肌肉的松弛，这是运动的必要条件之一，同时，该阻力又赋予了松弛以一定的限度，为适时、适度运动的实现提供了保证；③各内脏器官之间因运动产生的摩擦力，如胃肠蠕动状态下，肠壁间产生的摩擦力；④内脏器官与固定装置之间产生的阻力，如胃肠蠕动状态下和肠系膜、腹膜、大血管之间产生的阻力；⑤管道内淋巴液、血液的流动所带来的流动阻力，如分流过程中所带来的湍流等。

2. 外力

外界物体面向人体的作用力即称为外力。运动过程中人体所受外力集中如下。

（1）重力，即人体所受到的地心引力，人体活动中对于该负荷的克服是必要环节，且重力竖直向下作用，和人体及负荷的质量在大小上保持一致。

（2）对反作用力加以支撑，在人体给支撑点施加力的过程中，这种支撑点也会对人体形成反作用，后者的"力"就是所谓的支撑反作用力。人体在支撑点上保持静止状态的时候，与体重相同但方向相反的力，称作静支撑反作用力。支撑点上人体做加速运动时，支撑反作用力超过体重，将其称作动支撑反作用力。

（3）摩擦力，即器械或地面上人体运动或呈运动趋势表现时所受到的阻力。摩擦力的大小因人体不同的重量和器械表面或地面不同的粗糙程度而表现出一定的差异，且为运动的相反方向。摩擦力有滑动摩擦力、静摩擦力、滚动摩擦力之分，且前两者对于人体有更加显著的意义。

（4）流动阻力，即流体当中人体在运动状态下所受到的阻力。运动速度、流体密度、人体正面面积均影响着流体阻力的大小，且呈正相关。理论上，与在空气中运动相比，在水中运动需要克服更大的阻力，但由于浮力作用将多半体重抵消，故而在水中运动要相对更加省力。

将各种外力用作康复治疗或训练的负荷是一种常见的做法，在选择负荷方面，为保证训练效果，需要适应肢体肌群及这些肌群的收缩强度，而这对于肌力增强训练而言，恰恰是方法学基础所在。

3.内力与外力的关系

人体的运动既取决于内力，也取决于外力。人体更多的运动是通过一种相互作用而产生的不同外力产生的，这种相互作用力来源于机体的内力，也就是肌力和周围环境之间的作用，并通过这些外部环境对人体产生作用力，从而使得人体产生不同形式的运动。如人的走、跑、跳等动作，都是人体以不同的蹬地动作施力于地面，引起不同的蹬地反力作用于人体，从而产生不同形式的运动。

人体的肌力（内力）作为影响人体运动的原动力，是在内力和周围环境发生相互作用时才产生的。如果内力不和外界相互作用，就不会产生外力，人体运动状态也不会发生改变。人体的运动永远是内力和外力相互作用、相互影响的结果。

机体的外力和内力的概念则是相对的，确定外力和内力的基础其实是对研究对象的选择，在不同的研究对象形成同一个力的情况下，可以将这种力看成内力，也可以看成外力。如果将人体整体看成一个完整的生物力学系统，那么机体内的肌肉力、关节约束和韧带的张力等一系列的力都是内力。如果是对人体某个环节而言，则上述几种力应该被看成外力。

> 二、人体运动动力学理论

人体在运动过程中其质量的分布形态、形状都会随运动条件的改变而产生变化，但人体的运动基本上遵循力学的规律。力学运动规律的核心是牛顿运动定律，同样适用于人体的运动。

（一）牛顿第一运动定律

牛顿第一运动定律，简称牛顿第一定律，又称惯性定律。在运动中利用惯性主要表现为保持动作的连贯性，其本质是不同动作之间的衔接要平稳，以及后一个动作尽量利用前一个运动所获得的速度。人体或物体无论是由静止到运动，还是由运动到静止，均需要克服惯性，这就需要额外用力。如在偏瘫患者的康复治疗中，其由仰卧位翻身至侧卧位，这一体位上的转换能够借助肢体摆动所产生的惯性来完成。在人体活动中，保持动作连贯性及动作间的连续性，均能够达到一定的省力效果。

所谓骨骼肌活动顺序原理，指的是人体运动过程中，大肌群的活动在先，之后向中小肌群的人体活动进行逐步的过渡。分析其原因，是由于大肌群可支持较大力或力矩的产生，对于阻力物体惯性的克服作用更加明显，从而能够使小肌群损伤的情况在一定程度上被有效避免。比如搬运重物时，应该采用下蹲动作来使大腿肌群发力，这样可以克服重物惯性，而不是通过弯腰动作来对重物惯性加以克服。这种任务会转交给腰部肌群，这是出于腰部肌群相对比较弱而进行的考虑。

（二）牛顿第二运动定律

牛顿第二运动定律，简称牛顿第二定律——当物体所受的合外力不为零时，物体的运动状态就会发生改变。牛顿第二定律确定的是力与加速度之间的瞬时关系，即加速度和力是同一时刻的瞬时量，有力就有加速度，有加速度就有力的存在。

（三）牛顿第三运动定律

牛顿第三运动定律，简称牛顿第三定律，又称作用力与反作用力定律。在竞技运动和康复运动中，要加快或是减缓人体运动速度，应该先减小外界对人体的作用力。根据作用力和反作用力的定理，外界对人体作用力增加或是减小的先决条件就是人体对外界作用力的改变。例如，人要跑得快需要人体下肢肌快速收缩，用力蹬地，同时手臂和腿快速摆动，这样可以增加人体对地面的作用力，而地面将以等值反向的反作用力作用于人体。要实现这一过程，需要地面足够坚硬，如果地面松软，则力的反向传递会大大减弱，从而导致在松软的地面上很难跑得快。

第五节　人体运动的静力学

＞　一、定义

人体静力学是对在外力作用下人体达到平衡状态时所表现出的性质与行为进行的研究，其讨论的内容主要集中在人体姿势处在相对静止状态下的受力情况，以及维持或实现平衡所需的力学条件。

康复治疗主要面向的是运动功能障碍，平衡功能的恢复对于目标对象身体姿势的保持、意外摔伤的预防和运动功能的恢复有十分重要的现实意义，且在平衡功能的恢复中，要做到对静态平衡与活动中动态平衡的兼顾。

> ## 二、相关概念

（一）力矩

人体运动的实现大多是通过肌肉拉力矩对相应环节的作用，来使其以关节轴为轴心进行转动。因此，测定与训练便主要面向肌力矩展开。

考虑到受力情况的差异性，在对人体运动进行研究的过程当中，力矩的称呼也存在区别，具有代表性的有重力矩、阻力矩等。

（二）力偶

所谓力偶，指的是两个同等大小、方向相反、作用线保持平行，但未处在相同直线上的一对力，如拧钥匙开锁便属于力偶作用的典型代表。

（三）力偶矩

当力偶作用施加于刚体上时，可使其转动状态发生改变。就力偶而言，其在转动效应上的表现是由力偶矩所决定的，且对于力偶矩的计算为求力、力偶臂两者的积值。支持物体呈逆时针转动的力偶矩和呈顺时针转动的力偶矩，分别取正值和负值。用符号 M 表示力偶矩是一种普遍做法，即 $M=\pm Fd$。

（四）力的平移定理

作用于刚体上的力能够平行移动至任一点（图 3-8），但需要以对力偶的添加为条件，其力偶矩和原力对新作用点的力矩保持一致。由此，便能够将力平移至重心，再进行分析，且不会引起力对人体作用效果的变化。但附加一力偶属于必要条件，该力偶和原力对重心之距保持一致。此方法有助于明显简化受力分析。设存在一力 F 施加在 A 点，那么在发生力的平移后，如何与原来的力保持等效呢？

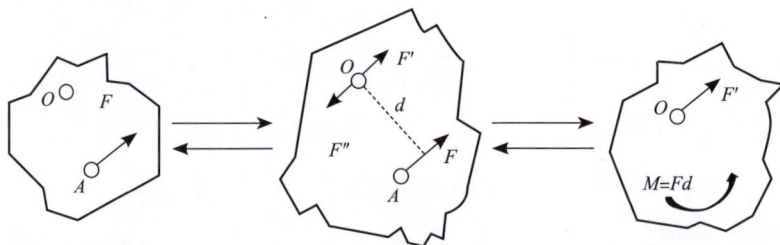

图 3-8 力的平移

选择任意一点 O，于该点施加两个反向且大小与 F 相同的力 F' 和 F''，作用线平行于 F。因 F'、F'' 属于平衡力系，故 F 的单独作用和 F、F'、F'' 的作用呈等效表现。但可将 F、F'' 构成一力偶，故而便能够用施加在 O 点的 F' 和力偶矩来替代施加在 A 点的力 F。

> 三、人体平衡的条件

人体平衡的实现，需要同时满足两个基本力学条件，分别是合外力等于零与合外力矩等于零。运动中人体平衡姿势表现出的稳定性，对于完成各项动作的效果有直接且重要的影响。

平衡稳定性具体表现为物体抵抗倾倒和维持原状的能力。就康复治疗的受众而言，在物体受力关系之外的平衡相关因素还包括以下几种。

（一）支撑面积

支撑部位表面和支撑点所围成的面积组成了支撑面积，当支撑部位为多个的时候，支撑点的距离会变大，随之也会增大支撑面积。总体而言，支撑面积和稳定性之间成正比。比如，双臂手倒立相比单臂手倒立要简单很多，就是这个道理。

（二）重心高低

重心对稳定性也有影响，一般情况下，重心越高稳定性越差，重心越低稳定性越好。

以上两方面只能在一般意义上说明物体稳定性的好坏，而不能对不同方向上的稳定性差异有所反映。例如，人体下蹲时，在前后方向上的稳定性，相比于左右方向上的稳定性更弱，前后方向上受到的力更加不平衡，所以在支撑面的位置上，重力作用线也决定了平衡稳定性。如果重力作用线大约在支撑面边缘附近，则物体在这侧的稳定性就很差。

（三）稳定角

重心垂直投影线和重心至支撑面边缘相应点连线之间的夹角称为稳定角（图 3-9）。稳定角属于力学因素的一种，可对人体平衡稳定性产生影响，某方向上表现出越小的稳定角，意味着这一方向上的稳定性越差；反之，某方向上表现出越大的稳定角，意味着这一方向上的稳定性越好。由此来看，稳定角综合反映了重心高低、支撑面积和重心垂直投影线在支撑面内的相对位置对平衡稳定性所产生的影响。

（四）平衡角

平衡角等于某方位平面上稳定角的总和（图3-10）。平衡角在不同方位的平面上可能是不同的。它可以说明物体在某方位上总的稳定程度，通常被称为稳度，即物体失去平衡的难易程度。

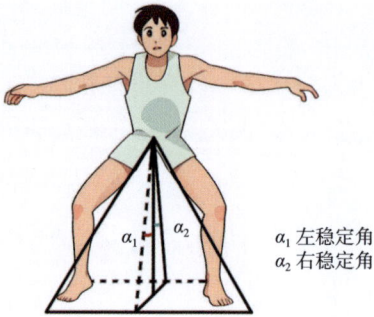

α_1 左稳定角
α_2 右稳定角

图 3-9　稳定角　　　　　　　图 3-10　平衡角

（五）稳定系数

就一个物体而言，其平衡失去与否，是由自身重心垂直投影线落于支撑面的内或外决定的（图3-11）。在落于支撑面内时，意味着处在平衡状态；在落于支撑面外时，意味着处在不平衡状态。

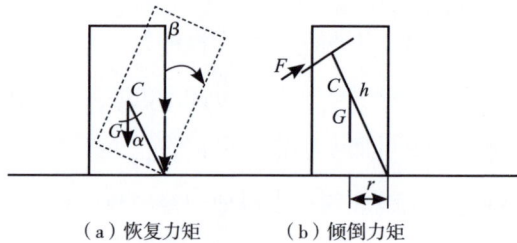

（a）恢复力矩　　　　　（b）倾倒力矩

图 3-11　稳定系数

平衡状态能够借助稳定系数来支持判断。在物体发生倾斜的过程中，伴随着倾斜角度的增加，重力作用下会引起一个恢复力矩的产生，用以支持物体向平衡位置的恢复，对恢复力矩的计算为重力与力臂的乘积。倾倒动作中，恢复力矩超过倾倒力矩的情况，意味着重力作用线落于支撑面内，即恢复力矩作用下可实现物体向原本位置的恢复。如果重力对支点的力臂呈持续缩短表现，则倾斜程度增加，恢复力矩所具有的重力作用也将逐渐衰减。在重力作用线已通过支点的情况下，恢复力矩将瞬间降至零，此时，重力矩的作用便是增加倾斜程度。

一倾倒力作用于物体，其所产生的倾倒力矩便是倾倒力与力臂的积值。

稳定系数是指倾倒力作用状态下，稳定力矩、倾倒力矩两者的比值。在该系数超过1的情况下，物体重力作用下的恢复力矩可以达到对抗倾斜的程度；在该系数不足1的情况下，恢复力矩无法对抗倾倒力矩，平衡被打破，最终表现为物体倾倒的结局。这一视角下，越重的物体，便意味着越大的稳定力矩和越显著的抗倾倒能力。稳定系数的组成视角下，支撑稳定平衡状态的影响因素主要包括稳定角和重量。稳定角一致的条件下，越大的体重，即意味着越好的稳定性。

> 四、人体平衡的特点

（一）人体不可能处于绝对静止状态

人体在维持平衡的过程中，不可能是绝对静止的。呼吸系统和循环系统的存在使人体重心在一定的范围内波动，肌肉的张力在任何时候都不可能恒定，因此身体姿势不可能保持严格不变。当维持平衡的时间较长，肌肉出现疲劳时，这种不稳定性就更加明显。因此这种平衡是一种相对的静态平衡。

（二）人体内力在维持平衡中的作用

在某些静力性姿势中，维持平衡的不仅仅是重力和支撑反作用力，而且还有重力矩与肌肉和韧带的拉力矩，如燕式平衡。

（三）人体的补偿动作

人体在维持静力姿态时，如果失去平衡，发生重心偏倚，就会导致机体产生一些补偿动作，这些补偿动作在一定范围内会对不适宜移动加以"中和"或"抵消"，使重心得到一定的纠正。比如，在提重物的时候用左手，人的重心就会向左边移动，而人的身体此时就会自动地向右边倾斜，或是将右臂伸向右侧，这样身体和重物之间才能维持一种新的平衡。补偿动作与破坏平衡的动作会同时发生，从而避免重心向不适宜方向更多移动。当补偿动作不足以维持平衡时，则需借助恢复动作维持原有的平衡或获得新的平衡。

（四）人体的自我调节、控制和恢复平衡

这是人体所具有的一项重要能力，即在人体呈失衡趋势的情况下，其也能够借助视觉与本体感觉，通过肌肉收缩来满足平衡所需的力学条件。经针对训练，可实现对该平衡能力的持续强化，且一些力学视角下极具难度的平衡动作也可完成。经过训练的人和未经训练的人在平衡的保持上表现出了显著的能力差异。

（五）人体的平衡受心理因素的影响

对患者进行平衡训练时，除了注意适宜技术的使用，还要进行鼓励，消除患者平衡训练时心理上的恐惧。比如，走玻璃栈道、高空桥。

（六）人体的平衡动作消耗肌肉的生理能

人体处于静止状态时，从力学角度来看，是不会发生机械功的，然而人体平衡的基础是肌肉收缩作用，此项作用会大量消耗生理能，因此长时间保持一种平衡状态，会持续不断消耗生理能，从而产生肌肉疲劳，使人体失去控制平衡的能力。

＞ 五、重心的定义及确定方法

（一）人体的重心

在研究人体运动时，总是首先对人体进行简化，把人体看成一个点或一组点，用这些点代表整个人体或人体的部分。通常选取最能代表人体或各个部分的点，即重心，它是人体运动中重要的基本参数，整个人体所受重力的合理作用点就是人的重心。人体的组成部分包含躯干、头部、手臂和手、腿部和足等，各个环节都会受到重力作用，因此其重心也不同，这些部分的重心是每一个更微小部分的重力合力的作用点，如头部有头部的重心、躯干有躯干的重心等。在一个物体上重心仅仅是一个集合点，在几何形状固定的物体上，重心位置是固定不变的，而人体因为一直在动，重心不可能固定在一个点上。

（二）人体重心的位置

人体重心并不特指身体上某一个固定点，固定点的位置随着呼吸、血液循环和消化等生理活动，变成了一种随机的变量，并且在一定区域内移动，人体重心变化在性别、年龄和体型前提下有不同的差异，但一般情况下在人体正中面上的第三骶椎上缘前面7厘米的地方。一般情况下，女性的重心位置出于身高原因普遍低于男性的重心，在自然站立的时候，大约在身高55%的位置（而男性重心在身高的56%处），还有研究认为这可能与女性盆骨较大有相关性。儿童因为其头和躯干的质量相对大一些，所以身体重心位置比成人略高。由于体型不同，重心的位置也略有不同，如下肢骨骼和肌肉发达的足球运动员比上肢发达的体操运动员的重心位置低。上、下肢的长短，身体的胖瘦都影响重心的位置。

在人体运动中，由于身体姿势的变化，重心位置也随之变化。例如，手臂上举、重心升高；体后伸，重心后移；下蹲，重心下降；向左侧屈体，重心左移。做大幅度的体位前屈，人体重心可以移出体外，重心移动的方向总是与环节移动方向一致，并且重心移动的幅度取决于环节移动的幅度，环节移动的幅度大，重心移动的幅度也大；此外，其环节质量越大，重心移动幅度越大。

为了能够在康复治疗中对平衡功能较差的患者进行针对性训练，在开始训练的时候，可以先让患者练习坐位平衡，也就是重心位置低、支撑面较大的平衡；然后在练习立位平衡的时候，先将双腿分开，使得支撑面加大以后，降低人体重心位置，在达到一定的静态和动态平衡练习效果后，再进行并足训练的尝试，逐步过渡。总之，在人体运动中，重心问题是普遍存在的。

第六节　人体运动的转动力学

人体各个部位的运动都是围绕关节轴的转动，走、跑、跳等动作是通过关节的转动来实现的，转动是人体运动的基础。在分析人体的转动动作时，必须将人体简化成刚体。刚体转动是指刚体上的各点都围绕同一条直线做圆周运动，这条直线叫作转动轴。转动轴固定不动的转动叫作定轴转动。

人体转动的运动学是研究人体转动规律的学科，是通过位置、角速度、角加速度等物理量描述和研究人体和部位随时间绕固定轴转动的规律，或者在转动过程中所经过的轨迹。常用的描述刚体转动运动学的物理量如下。

（一）角位移

角位移，是描述人体或身体环节围绕某一轴转动时转过的角度的物理量。它不仅直观地反映了转动的幅度，而且还是评定关节活动度（ROM）的重要参数。关节活动度，即关节在一定范围内运动的能力，是评估人体运动功能的关键指标。

角位移的测量在康复医学中至关重要。例如，在评估膝关节的屈曲角度时，治疗师会使用量角器或电子角度测量仪等工具，精确测量患者在不同体位下膝关节的屈曲角度。通过对比正常值和患者的实际测量值，可以判断患者的膝关节活动度是否受限。对于存在关节僵硬、肌肉痉挛等问题的患者，角位移的测量结果可以为制订个性化的康复计划提供重要依据。

假设一位膝关节手术后的患者，其膝关节在术后初期只能屈曲到30°。治疗师通过定期测量患者的膝关节屈曲角度，发现随着康复训练的推进，患者的膝关节屈曲角度逐渐增加，最终恢复到接近正常水平的120°。这一过程中，角位移的测量为评估康复效果提供了直接而客观的依据。

（二）角速度

角速度，是描述人体或肢体在单位时间内转过的角度的物理量。它反映了转动的快慢，是分析人体动态运动特征的重要参数。

角速度在运动科学中有着广泛的应用。例如，在评估短跑运动员的起跑速度时，研究人员会使用高速摄像机或运动捕捉系统记录运动员起跑瞬间的角速度。通过对比不同运动员的角速度数据，可以分析他们的起跑技术优劣，并为提高起跑速度提供科学依据。

在康复医学中，角速度的变化也可以反映患者的康复进展。例如，在肩关节康复训练中，治疗师会观察并记录患者在不同训练阶段下的肩关节外展角速度。随着训练的深入，患者的肩关节外展角速度可能会逐渐提高，表明其肩部肌肉力量和关节灵活性正在逐渐恢复。

一位肩关节脱臼的患者，在康复初期进行肩关节外展训练时，角速度较慢且不稳定。经过数周的针对性训练后，患者的肩关节外展角速度明显提高，且变得更加稳定。这一变化表明患者的肩部肌肉力量和关节灵活性得到了有效改善。

（三）角加速度

角加速度，是描述单位时间内角速度变化量的物理量。它反映了转动角速度变化的快慢，是分析人体运动变化特征和预测运动趋势的重要工具。

角加速度在运动控制和稳定性方面发挥着重要作用。例如，在体操运动员完成空翻动作时，他们需要精确控制身体的角加速度，以确保动作的稳定性和准确性。如果角加速度控制不当，就可能导致动作失败或受伤。

在康复医学中，角加速度的变化也可以反映患者的运动控制能力和适应性。例如，在脑卒中患者的康复训练中，治疗师会观察并记录患者在不同训练任务下的上肢运动角加速度。通过分析角加速度的变化趋势，可以评估患者的运动控制能力和康复进展。

一位脑卒中患者在康复初期进行上肢伸展训练时，其角加速度变化较大且不稳定。经过数月的系统康复训练后，患者的上肢伸展角加速度变得更加平稳和可控。这一变化表明患者的运动控制能力和上肢功能得到了显著改善。

第七节　人体运动的效果评价

人体运动效果评价对临床康复有重要意义，它可以科学地调整运动量及合理地安排运动内容，为确立有效的康复训练方案提供依据。对于不同的人体运动，其效果评价方法各异。康复治疗学较多涉及以下一些运动功能的运动效果评价。

＞　一、关节活动范围的评价

关节活动范围，也被称为关节活动度，指的是运动状态下关节转动可达的角度，即在关节移动骨和固定骨的靠近或远离运动中，前者可达新位置和起点位置的夹角。其具有主动转动和被动转动的区别。

所谓关节活动度评定，指的是依托一定的工具，来对关节活动度进行测量，测量过程需于特定体位下完成，测量结果是对关节功能进行判断的依据。这一评定方式在关节功能的确定上有着十分重要的现实意义，并能够为临床的康复治疗提供指导。

（一）关节活动度的分类

关节活动度可被简单理解为关节可达到的活动范围，关节活动在现实中的表现包括主动与被动两类，这在很大程度上决定了其在活动度上的差异，被动关节活动度稍大。

生物力学视角下，一些关节疾病的发生可导致关节活动的受限状态，且关节周围软组织粘连等的发生也能够在一定程度上限制关节活动度。与之相区别的是，在关节周围肌肉、神经受损的影响下，往往只会形成对主动关节活动度的一定限制，而被动关节不在被影响之列。正是出于对这一方面的考虑，实际评定中，在主动关节活动度呈异常表现时，对被动关节活动度进行更为深入的检查就有着积极的现实意义，以解释所存在功能障碍的具体成因。

（二）影响关节活动度的因素

1.生理因素

（1）构成关节的两个关节面的弧度差：该弧度差和关节活动度呈正相关，即越大的弧度差对应着越大的活动度；反之亦然。

（2）关节囊的厚薄、松紧：关节囊厚而紧，对应着小的关节活动度；关节囊薄而松，对应着大的关节活动度。

（3）关节韧带的强弱、多少：关节韧带强而多，对应着小的关节活动度；关节韧带弱而少，对应着大的关节活动度。

（4）主动肌、拮抗肌的力量：该力量和关节活动度呈正相关，即主动肌增大的收缩力量与拮抗肌增大的伸展力量，对应着越大的关节活动度；反之亦然。

2. 病理因素

一系列病理因素可作用于关节活动度，引起其呈增大或减小的表现，且临床上以活动度的减小情况居多。存在诸多可导致关节活动度异常的因素，梳理这些因素，又有关节内、外之分。

（1）关节内异常：关节内骨折、骨关节炎、软骨损伤等关节自身疾病或损伤都可导致疼痛，并引起软组织粘连或肌肉痉挛情况的发生，从而降低关节的活动度。

（2）关节外异常：韧带、肌腱等关节周围软组织损伤粘连、肌肉痉挛等关节外疾病的发生可减小关节的活动度；周围神经损伤的发生也会减小关节的活动度，中枢神经系统损伤对于关节活动度的影响则要具体情况具体分析，即处于损伤早期时，后者呈增大表现，处于痉挛期时，又会使后者呈显著的减小表现。

（三）关节活动度评定目的

康复评定过程中，一项重要的基本内容便是关节活动度评定，且评定目的主要集中在如下方面。

1. 掌握关节功能情况

借助该评定方式，能够对关节活动情况作出判断，对活动异常部位进行精准锁定，并通过对其异常表现的量化，实现对关节功能情况的整体掌握。

2. 确定引起关节活动异常表现的原因

神经、肌肉、骨骼等相关损伤或疾病的发生可导致关节活动的紊乱状态，关节活动度评定联合相关功能评定能够支持对异常原因的判断，特别是主动关节、被动关节两者在活动度上的差异表现，在很大程度上影响了对关节内外疾病的明确。

3. 为临床康复治疗提供指导

与评定结果相结合，能够使康复治疗方案的制订更具针对性，为合理治疗方法的选择提供依据，特别是在运动疗法的选择上有着十分重要的意义。与此同时，可借助动态评定来实现对康复疗效的深层次检验。

（四）关节活动度测量的主流工具

对关节活动度的测量，多依靠应用关节角度尺来实现，该工具由移动臂、固定臂组成，前者标有指针，后者带有刻度盘。此外，在一些情况下，还可将软尺、直尺用于对相关解剖标志间所存在距离的测量，进而支持对关节活动状态作出判断。

> ## 二、肌力的评价

肌力指肌肉收缩的力量。肌力的定量评价可以反映骨骼肌肉系统及周围神经系统受损的程度和范围。

（一）肌力评定的目的

1.判断有无肌力下降及肌力下降的程度与原因

通过对比健康肢体和正常参考值，就可以对相关肌肉、肌群是否存在肌力下降和下降的程度加以判断和分析。诊断软组织损伤的过程中评定者会通过主动运动和抗阻运动来进行肌力评定，还能据此对软组织损伤的性质加以区分和判断，并对疼痛的原因加以判断（收缩组织引起的／非收缩组织引起的）。因为支配及肌肉的收缩过程是由神经控制的，所以脑神经损伤、周围神经损伤或是脊髓损伤平面也可以通过肌力评定来进行判断。

2.检验神经肌肉病变的恢复程度和速度

在病变的不同时期进行肌力评定，根据检查结果的变化可对疾病的进展情况作出判断，掌握功能变化规律。

3.指导康复治疗

初次进行肌力评定，判断肌力下降的程度和原因，并根据评定结果制订近期治疗方案和远期治疗计划。经过一段时间的治疗后，对肌力进行再次评定，通过与上次评定结果的比较，并参考其正常范围，可以判断此治疗方案的优劣，并为制订下一步治疗计划提供依据。

（二）肌力评定的分类

肌力评定可根据其使用器械与否、应用肌肉收缩的形式、评定部位和评定目的进行分类。

1.以是否应用器械作为分类依据

以是否应用器械作为分类依据，有徒手肌力评定、器械肌力评定之分；器械肌力评定方面又有简单仪器、大型仪器之分。

2.以肌肉收缩形式作为分类依据

以肌肉收缩形式作为分类依据，涉及等长肌力、等速肌力、等张肌力三种评定方式。其中，等长肌力、等张肌力这两种评定方式是于肌肉生理性收缩条件下完成的；而等速肌力评定则是于肌肉的人为条件下完成的，且涉及对等速测力器械的应用。等速肌力评定过程也具备应用等速向心收缩肌力评定、等长收缩肌力评定和等速离心收缩肌力评定的可行性。

3. 以评定部位作为分类依据

以评定部位作为分类依据，可细分成头面部肌力评定、躯干肌力评定、四肢肌力评定、足部肌力评定等。

4. 以评定目的作为分类依据

以评定目的作为分类依据，可细分成爆发力评定、局部肌肉耐力评定等。

> 三、平衡功能评价

平衡能力的维持需要良好的肌力、正常的感觉、本体感觉的输入与正常的运动模式。平衡功能评价包括上田敏平衡反应试验法、佐直平衡试验法、平衡姿势图等。

（一）平衡功能的评定目的

（1）对是否存在影响患者行走或其他功能性活动的平衡障碍加以明确。

（2）支持对平衡功能障碍程度的确定。

（3）支持对平衡功能障碍成因的确定。

（4）支持对跌倒风险的预测。

（5）以此为依据支持对平衡训练方案的制订。

（二）平衡功能的评定内容

在评定平衡功能方面，主要涉及如下内容：

1. 静止状态下的平衡功能

不同体位状态下，身体因受外力作用而呈一定的移动表现，应观察该过程中新平衡建立的反应与运动时间。

2. 运动状态下的平衡功能

对患者运动的完成情况进行观察，包括加速或减速运动的完成、运动后可否回归初始位置等。

3. 动态支撑面的平衡功能

观察在支撑面处于移动状态时的平衡保持表现。

4. 姿势反射

不同体位状态下，身体因受外力作用而呈一定的移动表现，应观察该过程中新平衡建立的反应与运动时间。

> **四、步态分析**

步态分析在患者行走功能的评定中有广泛的应用，其依靠观察、测量获得步态相关资料，并经定量与定性分析，来对步态异常与否及异常的程度、成因等加以明确。

（一）步态分析的目的

步态分析不仅可支持对康复治疗计划的制订，还能够据此进行康复疗效的评定，归结其目的，主要包括如下方面。

1.分析肢体功能

经步态分析，可支持对肢体伤残情况进行鉴别与评定，掌握肢体功能状况，并据此来支持康复计划的制订。

2.制订治疗方案

结合步态分析所掌握的信息，来支持对行走功能与致残机制的深度研究，使所形成的治疗方案更具针对性。

3.评价步态训练效果

康复训练前后的步态对比检查，有助于评价康复训练的效果。

4.评定假肢或支具的可行性

对穿戴假肢或支具前后的步态进行评定，评定其作用程度并做出必要的调整。

（二）步态分析的注意事项

1.选择适当的测试场地和观察位置

观察场地面积至少6米×8米，场地内光线要充足。观察的位置应能看到患者全貌，包括下肢、头和躯干，同时可从矢状面和冠状面观察患者。一般而言，与患者成45°角较合适。

2.采取正确的观察顺序

避免在观察部位和观察步行周期时进行跳跃式观察。如观察踝关节在行走周期中的表现，应从首次着地开始，先观察踝关节在站立相和迈步相各个环节中的表现，然后依次按膝、髋、骨盆、躯干等部位顺序逐一进行观察。

3.注意两侧对比

鉴于患侧下肢运动异常可能对健侧下肢的运动产生影响，在矢状面观察患者步态时，应分别从两侧（左侧和右侧）进行观察，注意双侧的对比。

4. 正确选择检查参数

采用定量分析时应熟悉评定参数的含义、测量方法，在因人而异地选择一种测量方法前，应正确理解针对这个问题的参数和这些参数与患者步态的关系。准确记录测量所得数据，以便分析比较。

> 五、心肺功能评价

心肺功能作为人体生理功能的重要组成部分，是维持人体生命所必需的功能。随着康复医学的发展，除了神经系统疾病康复、骨关节疾病康复等传统康复医学领域，心肺康复等内脏功能康复也逐渐得到发展。对患者的心肺功能作出客观、准确的评价，有助于明确患者的心肺功能状况，制订切实可行的心肺康复计划和措施，并检测康复治疗的效果，从而对患者进行恰当的心肺康复治疗或其他多方位的全面康复治疗，给广大心肺功能障碍患者带来福音。因此，心肺功能评定是康复评定中的重要内容。

（一）心功能评定

心脏功能损害的病因是多方面的，常见的有心肌细胞减少（心肌梗死、心肌炎）、应力负荷过重（机械和容量负荷）、心室重塑（心肌肥厚和心室扩大）等，均可在不同程度上影响心功能。为了了解患者的心脏功能状况，应制订具有针对性的心脏康复计划和措施。在对患者进行心脏康复前和康复治疗过程中，需要多次地从不同方面、不同角度对患者进行心功能评定，检验康复治疗的效果。心功能评定的目的主要包括以下几方面。

1. 辅助临床诊断

心功能评定对冠心病、心律失常等心脏疾病有辅助诊断作用。运动中诱发的典型心绞痛、收缩压下降和心肌缺血的 ST-T 变化都可以辅助诊断冠心病。运动中诱发或加剧的心律失常提示患有器质性心脏病，而心律失常症状在运动中减轻甚至消失提示心功能明显改善。

2. 确定功能状态

临床上依据心功能评定的结果，能够对冠状动脉病变进展及预后作出较为准确的判断，运动状态下引发心肌缺血越低的运动负荷、越少的心肌耗氧量、越明显的 ST 段下移表现，便意味着冠状动脉越加严重的病变，且预后表现也随之越差。心功能评定还能够为体力活动能力与残疾程度的判定提供帮助，且代谢当量作为残疾判断的一个重要指标，也可经心功能评定获得。

3. 指导康复治疗

心功能评定可确定患者运动的安全性，心电运动试验中诱发的各种异常均提示患者运动危险性增大，如低运动负荷时出现心肌缺血、运动诱发严重心律失常、运动诱发循环不良症状或心力衰竭症状等，从而为康复治疗制订运动处方提供依据，以提升运动训练的效果和安全性。心功能评定还能使患者感受实际活动能力，解除顾虑，增强参加日常活动的信心。

4. 评价康复效果

在心功能评定过程中，除了心率、运动量、心肌耗氧量、血压、心肌缺血症状等指标可支持对康复效果的定量评价外，患者主观感受也能够作为评判的依据。

（二）肺功能评定

肺功能障碍会对人体生命活动、新陈代谢产生不利影响，轻则造成人体组织缺氧，严则危及生命。肺功能损害的病因是多方面的，如肺、胸膜、胸廓疾病和神经肌肉疾病等。在患者进行肺功能康复前及治疗过程中，应了解其肺功能状况，进行肺功能评定，从而制订有针对性的康复计划和措施。肺功能评定的目的主要包括以下几方面。

1. 辅助诊断肺疾患

通过相应检查和评定，不仅可检查出肺和气管的某些早期病变，协助判断肺功能损害的病因，进行定性诊断，还可以鉴别通气障碍的类型，对上呼吸道阻塞进行部位诊断。

2. 确定肺功能状态

通过呼吸功能检查获得定量数据，可了解肺功能是否受损，判断呼吸功能不全的性质、严重程度及预后，预计耐受呼吸康复训练的能力，并可评定患者的劳动力及指导其日常生活活动。

3. 指导肺功能康复治疗

肺功能评定的结果可作为施行康复治疗的依据，从而据此拟定相应的康复方案及呼吸康复处方，进行相应的呼吸训练、呼吸肌训练、胸廓活动度训练、运动疗法等，以改善患者呼吸困难症状，提升呼吸肌的运动能力、运动耐力和日常生活活动能力。还可进行放松训练和心理治疗，使患者放松紧张情绪，去除顾虑，提升实际活动能力，增强参加日常活动的信心。

4. 评价肺功能康复效果

肺容积、肺容量、肺通气量、动脉血气分析等均可作为康复治疗效果定量评判依据，据此既可评定已开展的康复治疗疗效，又可指导今后进一步的治疗。

（三）心电运动负荷试验

心功能评定主要通过详细的病史询问、系统的体格检查，借助仪器、设备的针对性指标检测，将从不同角度、不同侧面得到的资料相互补充并综合，从而对心功能进行全面评定。运动负荷试验是目前心功能评定的主要方法。

运动负荷试验是指在一定运动量的负荷下，使心脏储备力全部动员进入最大或失代偿状态，诱发一定的生理或病理反应，从而判断心功能情况。运动负荷试验包括心电运动负荷试验、呼吸及代谢运动试验、心脏核素运动试验和超声心动图运动试验，其中心电运动负荷试验是应用最早和最广泛的运动负荷试验。心血管系统具有巨大的储备能力，某些心脏功能的异常在安静时常常难以被检出，但在运动时会因负荷增加而诱发心血管异常反应，这可通过运动心电图的检测、记录来发现。因此，心电运动负荷试验能敏感而准确地评定心功能状态。

第四章
骨与关节的基本结构与功能

　　骨是人体内的一种器官，主要由骨组织（骨细胞、胶原纤维和基质）构成，具有一定的形态和功能，并且可以进行新陈代谢活动和生长发育，具有改建、修复和再生能力。经常运动锻炼可促进骨骼系统的生长发育，功能活动加强时，骨可变得结实粗壮；如果长期废用则可能导致骨质疏松。骨作为运动系统的重要组成部分，在运动中发挥着杠杆的作用。骨骼还通过骨连结构建成坚硬的支架以保持机体的形态，并起到载荷重量、支撑体重、保护内脏器官等的作用。

第一节　骨的运动学基础

＞　一、骨的形态、构造与代谢

　　正常成人共有 206 块骨，按部位可分为颅骨、躯干骨和四肢骨三部分，前两者统称为中轴骨，四肢骨包括上肢骨和下肢骨（图 4-1）。人体的骨依照其不同的功能，按一定方式和力学结构，借助多种形式的骨连结，构成完整的骨骼系统。

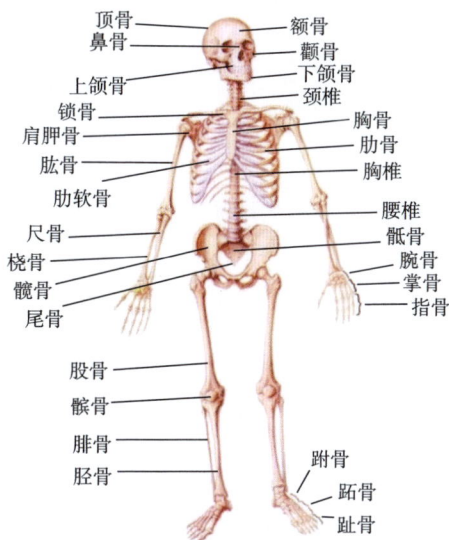

图 4-1　全身骨骼

（一）骨的形态

骨的形态因其功能不同而各不相同，可以分为四类：长骨、短骨、扁骨和不规则骨（图4-2）。

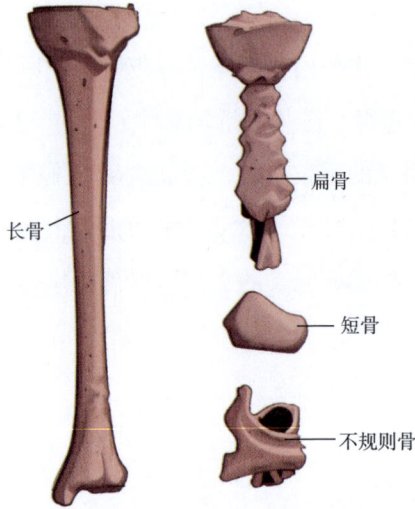

图4-2 骨的形态

1. 长骨

长骨一般呈长管状，分布于四肢，分为一体两端。体又称骨干，为长骨中部较细部分，呈中空性。长骨的中空性管状结构符合其生理需要，可作为骨髓的贮存库并为长骨供血。从力学角度进行分析，中空管状结构的长骨还体现出机体的最佳工程设计，可使长骨在冠状面和矢状面上有效抗弯曲及在骨的长轴上有效抗扭曲。骨的两端膨大称为骺，其顶端光滑面为关节面，活体上骺为关节软骨所覆盖。骨关节面的摩擦系数极低，约为0.002 6，是所有固体材料中摩擦系数最低者。因此，被软骨覆盖所构成的关节面具有高效率的关节功能。骨干与骨骺的相邻部分称干骺端。幼年时期干骺端处有一骺软骨，其软骨细胞通过分裂、增殖和骨化参与骨的增长，使骨不断加长；成年后，骺软骨板骨化，骺与骨干相互愈合后遗留成骺线，骨的增长也随之停止。骨骺损伤可致骨骼生长障碍，严重影响幼儿生长发育。骺板分离、骨折或骨软骨炎是儿童少年时期特有的骨损伤。间接外力可致骺板分离，最常见的外力是剪力、劈力、撕脱力和挤压力。

2. 短骨

短骨多呈立方形，表面为密质骨，内部为松质骨。短骨常有多个关节面，可与相邻的数块骨构成多个关节。常以多个短骨集群存在，当承受压力时，各骨紧密聚集，形成拱桥结构。因此，多分布在承受压力较大、连接牢固、运动形式复杂而运动又灵活的部位，如踝部和腕部。

3. 扁骨

扁骨形状宽扁，呈板状结构。多分布于头部、胸部及四肢带部。常围成腔，支持、保护内部器官，如构成颅腔的头颅骨、构成胸廓的胸骨和肋骨、构成盆腔的盆带骨等。

4. 不规则骨

不规则骨的外形极不规则，如椎骨、髋骨等。

除上述四种类型的骨外，机体还有含气骨和籽骨。其中含气骨位于头颅，共有4块，分别是上颌骨、额骨、蝶骨和筛骨。含气骨中间的空腔，既有利于减轻头颅的重量，又可形成与鼻腔相通的骨性气窦。籽骨一般体积较小，存在于某些肌腱内，在运动中起到减少摩擦、转变骨骼肌牵引方向的作用。髌骨是人体内最大的籽骨。

（二）骨的构造

骨由骨质、骨膜、骨髓及血管、神经等构成（图4-3）。

1. 骨质

在骨的组成中，骨质属于十分重要的部分，且骨质在结构致密性上表现出的程度差异，使得其存在骨密质与骨松质之分。

（1）骨密质。骨密质有着较为复杂的结构。长骨骨密质具有三层结构，外环骨板层居于外表层，内环骨板层居于最内层，骨单位居于两者之间。其中，内、外环骨板层均是多层骨板以骨干为中心所进行的同心圆排列，前者骨板靠近表面，后者靠近骨髓腔面。外表层连接骨膜，其间存在的穿通管为垂直于骨干并横穿骨板层的管道，其作用是作为营养血管向骨内的进入通道。最内层连接骨内膜，其间也存在穿通管。

（2）骨单位。骨单位属于骨干骨密质的主体和基本结构单位。观察骨单位横断面，可见呈同心分布的骨板，即逐层套在一起的封闭圆柱，其在排列上和骨干长轴保持平行，该结构形式也被称作哈弗氏系统（图4-4）。存在于该系统中心的管道为哈弗氏管，其和福尔克曼管相互垂直，并保持互通，走行于这些管系当中的有血管、神经和淋巴管。骨板内纤维以一定角度进行交错分布。这样的骨密质结构，在很大程度上保证了骨的坚固性。由于骨密质本身致密的结构，和在抗压与抗拉上的强力表现，其分布主要集中在长骨骨干与骨表面。

骨松质的构成为片状或针状的骨板，结构呈网状，形成骨小梁。后者按照压（张）力方向进行排列，来发挥力学上的支撑作用。依托于骨松质本身的疏松结构和骨小梁所表现出的力学特性，在骨重量大幅减轻的同时，骨实现了力学性能的最优化。

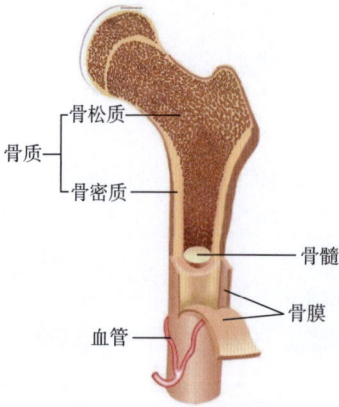

图 4-3　骨的构造

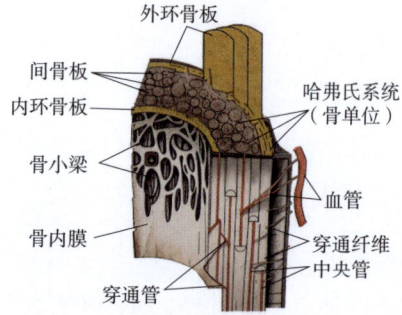

图 4-4　骨骼哈弗氏系统

2. 骨膜

骨膜根据所处位置的不同又有内膜、外膜之分，其中，覆盖于骨外表面的致密结缔组织膜便是骨外膜，当中分布着较为丰富的血管、神经和淋巴管，从而在骨的营养供给、骨的感觉传递及骨的新生方面发挥着重要作用。骨外膜呈两层结构，外层结构致密，当中存在的细胞成分数量较为有限，且由穿过骨质的粗大胶原纤维来达到固定骨膜的效果。内层结构疏松，其中存在着较为丰富的细胞，在处于幼年期时，这些细胞表现高度活跃，由其分化产生的成骨细胞在很大程度上支持了骨生成的进行。而在迈入成年期之后，内层细胞虽然已趋于静止，但其本身所具有的分化能力仍将伴随终生，只是暂时进入潜伏期。之后一旦发生骨损伤，便会重新激活对成骨细胞的分化，并通过形成骨痂，来支持骨折端最终愈合目标的实现。所以，在对骨外膜做剥离处理之后，必将大幅增加骨坏死的发生风险，且修复起来有着极大的难度。附着于骨髓腔及松质骨表面上的薄层结构便是骨内膜，处于幼年期时，该膜依托破骨细胞的作用来支持骨的长粗，且其所具有的生骨潜能也将伴随终生。

3. 骨髓

骨髓有红骨髓、黄骨髓之分，且二者在功能上存在差异。造血为红骨髓所特有的一项功能，在处于胎儿、幼儿阶段时，骨髓统一为红骨髓，而成年期后，在短骨和扁平骨的松质骨网眼当中依旧存在着红骨髓。正因如此，临床上对于骨髓穿刺部位的选择明显倾向于这些部位，即通过对骨髓象的检测，来为相关疾病的临床诊断提供帮助。临床发现，长骨骨髓腔中所存在的红骨髓向黄骨髓的转化，约在 5 岁之后开始。黄骨髓含有丰富的脂肪组织，虽不具备造血能力，但在因外伤大出血等而陷入应急状态时，便会通过向红骨髓的转化来重新参与造血。

（三）骨的代谢

骨代谢的实现依赖骨形成与骨吸收中成骨细胞、破骨细胞的参与，这一代谢过程具有动态平衡的特征表现。在处于生长期时，骨形成作用大过骨吸收作用，骨量的增长呈一种显著的线性模式，且以增厚的骨皮质和更密集的松质为集中表现，因此将该过程称作骨塑形或骨构建。进入成年期之后，骨虽然停止了生长，但骨形成与骨吸收依旧持续，两个过程的平衡状态被称作骨重建。

骨重建过程是以骨吸收为开端的，且骨形成随之相伴，二者交替进行的同时保证了骨重建过程在整体上的持续性表现，并最终达到新应力的要求。统观骨重建这一过程，可细分成如下五个阶段。

第一阶段：此时尚处于休止期或静止期，骨的吸收与形成均不存在。

第二阶段：进入激活期之后，破骨细胞的前驱细胞会向破骨前细胞进行不断分化，且分化产物会于骨表面附着。

第三阶段：进入吸收期之后，破骨前细胞与暴露表面发生接触，经过融合、分化，破骨细胞随之生成，骨吸收随之相伴，且当破骨细胞对于骨质的吸收达到一定数量之后便会消失，这段时间便被称作吸收期。正常人的吸收期约持续 1 个月时间，过程中骨表面会呈陷窝状，即吸收陷窝。

第四阶段：进入转换期之后，破骨细胞面向不同的目标部位进行转移。

第五阶段：进入形成期之后，相继出现的成骨细胞是陷窝表面的一个突出表现，且这些细胞经分化、增殖，最终转化为类骨，待这些类骨成熟之后在骨化作用下便形成了骨。在陷窝处于基本填平的状态时，成骨细胞的活性便会随之丧失，从而沦为衬托细胞。

一个骨重建周期约需要历经 3 个月时间。一个骨重建周期中形成的结构被定义为一个骨重建单位（BRU）。骨重建过程当中，虽然骨吸收与形成的始点并不同步，但两者表现为基本一致的骨量。

骨重建有调节骨矿盐平衡、维持骨强度等作用。每年中骨表面 BRU 的出现数量被定义为 BRU 的激活率。在激活率处于越高水平的情况下，则骨表面 BRU 的数量和更新骨量越多，呈正相关，这一表现也被称作高转换，而与此截然相反的表现则称为低转换。

在骨的整个生长发育过程当中，骨的成分、结构、形状会受到年龄、外界环境等方面的影响。

（四）骨的化学成分

从化学成分上来看，骨是由有机质、无机质组成的，其中，有机质以骨胶原纤维为主，赋予了骨以弹性与韧性；无机质以骨盐为主，赋予了骨以脆性和坚硬属性。在营养状况、年龄等诸多因素的影响下可引起骨化学成分发生改变。青年和壮年的骨中有约 1/3 的有机质和约 2/3 的无机质；幼儿的骨中有着较多含量的有机质，这决定了其较好的韧性，不易发生骨折，但变形或弯曲的风险较高；老年人的骨当中有着较多含量的无机质，这决定了其较大的脆性，骨折风险较高。

骨在生长发育过程中，受年龄和外界环境的影响，其成分、结构和形状都可发生一定的变化。例如，经常进行劳动和体育锻炼的人，骨粗壮坚实。营养缺乏的人，特别是小儿缺钙，可产生佝偻病、"O"形或"X"形腿、鸡胸等。

> ### 二、骨的血管、淋巴与神经

新鲜骨具有丰富的血管、淋巴和神经，其对骨的营养、再生和感觉有重要作用。

（一）骨的血管

骨骼是一个具有生命的器官，在其生长、发育和代谢的过程中，需要有足够血液供应。成熟骨具有丰富的血管，并形成了精巧的血液供应管道系统，为骨组织、骨膜提供血液来源。即使在致密的皮质骨组织内，仍有骨血管系统保证血液的供应。

骨骼的血液供应是通过骨骼自身的血液循环系统来完成的。以长骨为例，骨骼的血液供应来自三个不同的但又紧密关联的方面。

1. 滋养动脉

在骨骼周围的肌肉中，有大量血管。这些血管有的直接进入骨干，称为滋养血管或滋养动脉。滋养动脉是营养骨的主要血管，它通过骨骼表面存在的滋养血管孔进入骨干。每根骨所含滋养血管的数量不等。在髓腔内每支滋养血管分为升支和降支，又称上髓动脉和下髓动脉，并进一步分成更细小的动脉，然后直接进入骨内膜，为骨干区提供血液。

2. 骨端、骨骺和干骺端血管

这套血管是长骨的第二套供血系统，由关节周围的血管丛分支进入薄层骨皮质供应干骺端区。当生长板闭合后，这些血管就与髓动脉及骺动脉相互吻合。以股骨为例，来自骨端的血管有小凹动脉。位于骨骺和干骺端的血管有骺外侧动脉、干骺端上、下侧动脉等。

3. 骨膜血管

骨膜本身有一套完整的供血系统，是长骨的第三套供血系统。在骨膜表面，纤维层和肌肉血管广泛吻合形成血管丛和骨膜血管网。骨膜血管网再发出血管分支进入骨，供应有肌肉附着的密质骨的外层。

幼儿骨膜生长层血管特别发达，随着年龄增长，骨膜血管的营养作用逐渐减退，骨的供血也随之减少，但仍是一生中骨供血的重要部分。

骨血管的三个系统相互之间有紧密的联系。当骨受伤时，相互连接的供血系统在骨的愈合中起重要作用。当髓血管系统受损时，骨外膜供血系统和骨端血管系统会通过血管再生和吻合，为受损区域提供额外的血液供应。这种血管再生和吻合的过程有助于促进骨折的愈合，为骨折端的骨痂形成和骨重建提供必要的营养和生长因子。

（二）骨的淋巴管

骨膜具有丰富的淋巴管，但骨内是否有淋巴管，目前尚存在争论。

（三）骨的神经

骨的神经分布最丰富的部位是长骨的关节端、较大的扁骨、椎骨及骨膜。骨的神经常与滋养血管伴行而进入骨内，分布于哈弗氏管的血管周围。骨的神经纤维分为两类：一类是骨内脏传出神经纤维，大多分布于血管壁及骨髓；另一类是躯体传入神经纤维，主要分布于骨膜及关节软骨的深面。

＞　三、骨的功能

骨的力学构造及骨的理化成分等因素使骨具有力学及生理学上的功能。

（一）力学功能

骨的力学涉及支撑、杠杆、保护三方面的功能。

1. 支撑功能

骨属于人体当中最坚硬的组织，在骨连接作用下，形成了机体一定的姿势与形态，除了支撑机体，还承担着身体自重与附加重量。

2. 杠杆功能

运动系统的各种机械运动均是在神经系统的支配下，通过骨骼肌的收缩、牵拉骨围绕关节而产生的。骨在各种运动中发挥着承重作用和杠杆功能。

3. 保护功能

体腔或腔隙是某些骨以一定连结形成的，如众多椎骨连接而成的椎管，便对脊髓起容纳和保护作用。且由骨骼形成的某些结构，不仅维持了正常血管状态，也起到了保护神经的作用，如足部骨形成的足弓结构就在很大程度上减轻了足底血管、神经受到的压力。

总的来说，骨兼具强度与刚度，在提供支撑和发挥保护作用之外，还在韧性、弹性方面有良好表现，由此便在很大程度上支持了其运动状态下杠杆功能的完成。

（二）生理学功能

骨有诸多的生理学功能，主要涉及钙磷贮存与物质代谢功能、造血与免疫功能等多个方面。

1. 钙磷贮存与物质代谢功能

骨在人体中不仅是最大的钙库，也是最大的磷库，其和机体钙代谢、磷代谢之间存在着紧密的关联，骨的参与在很大程度上保证了钙、磷在血液当中基本恒定的含量。在血液中的钙、磷含量呈增多表现的情况下，骨内所存在的钙、磷会继续贮存于骨当中；在血液中的钙、磷含量呈下降表现的情况下，钙、磷会由骨内向血液中进行一定量的释放。

2. 造血与免疫功能

一个人在呱呱坠地后，只有红骨髓这一个造血器官。当生理状态维持在正常水平时，血液中一系列血细胞的分子活动的动态平衡便随之形成，并具有多方面的生理功能，比如气体的运送、免疫、防御等。而这些功能的实现均建立在红骨髓造血功能处于正常状态这一基础上。

第二节　骨的运动适应性

骨的运动适应性是骨十分重要的特性。在骨骼生物力学中，人们通常认为骨的功能适应性是指骨对其所担负工作的适应性，其内容包含骨的形态、结构与应力。本节主要从骨生物力学的角度来介绍骨的运动适应性。

＞　一、骨的生物力学特性

骨的生物力学是以骨骼为主要对象，研究骨的机械运动规律的科学。它由力学、生物学、生理学、解剖学等有关学科结合而成，其研究目的在于剖析骨关节系统的力学性质及力的传导，揭示骨骼生长、发育、退化、病变、死亡过程与力作用之间的关系。为预防、诊断及治疗骨疾病，以及在骨移植、骨矫形、控制骨生长、促进骨愈合和研制与应用骨假体等方面提供理论依据。

（一）骨的承载能力

骨骼是身体运动的轴柱和身体的坚强支柱。在日常生活、劳动和运动中要求骨有足够的承载能力。对骨承载能力的衡量主要涉及骨的强度、骨的刚度及骨的稳定性三个方面。

1.骨的强度

骨的强度指骨在承载负荷情况下抵抗外界破坏的能力。在日常生活与运动中，保证骨的正常功能，首先要保证其具有足够的强度，即能在载荷下不发生破坏。如四肢骨在进行剧烈运动和大强度劳动时不应该发生骨折。

2.骨的刚度

骨的刚度指骨在外力作用下抵抗变形的能力。在日常生活与运动中，骨的形状和尺寸因承载负荷的作用可能变形，但变形不应超过正常生活所允许的限度，如脊柱在弯曲时不应该发生损伤或侧凸。

3.骨的稳定性

骨的稳定性指骨保持原有平衡形态的能力。比如，长骨在压力作用下有被压弯的可能性，但为了保证正常的生活和运动，要求它始终保持原有的直线平衡形态不变。

（二）骨的载荷及变形

人体在日常生活与运动中机体的每块骨都会承受复杂的力，即骨会承受来自多方的不同形式的载荷。如人在跑步时受到体重、迎面风力及地面的反作用力等，均是骨承受的载荷。

1.骨的载荷

载荷指的是外力，属于一物体对另一物体的作用力。对作用于骨骼上的外力进行分类，则有体积力、表面力两种。其中，典型的体积力有惯性力、重力等，是向物体内部各点的直接作用；典型的表面力有撞击力、挤压力等，是向物体表面的作用。在有较大作用面积的情况下，便称其为分布载荷或分布力，且在力的分布上又有均匀和不均匀的区别，经简化能够将该外力聚于一点，便称其为集中载荷或集中力。运动过程中，骨所承受载荷的形式往往很丰富。在力及力矩通过不同方式作用于骨时，骨便会受到拉伸、压缩、弯曲、剪切、扭转、复合等诸多形式的载荷（图4-5）。

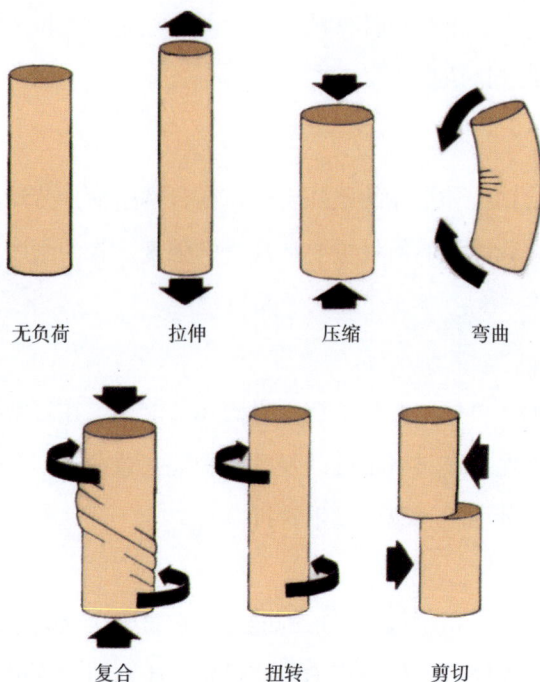

图 4-5 骨的载荷

（1）拉伸载荷：一对施加于骨两端的力，其均沿轴线方向作用，且大小一致，方向相反。骨受力状态下，会引起骨骼内一定拉应力与拉应变的产生，使骨呈伸长、变细的表现。

（2）压缩载荷：拉伸载荷中一对力的方向转变为相对时，即形成了压载负荷。该载荷作用下，可引起压应力和压应变在骨组织内部的产生。在压缩载荷超出骨组织的生理承载范围时，或许便会引起骨组织短缩形变的出现。

（3）弯曲载荷：在该载荷的作用下，骨会沿着骨轴线发生一定的弯曲形变。在骨骼受到弯曲载荷的情况下，其中性轴上并未见应力与应变的产生，而拉应力与拉应变的产生见于中性轴一侧，压应力与压应变的产生见于中性轴的另一侧。弯曲载荷作用下的应力和应变既彼此对立，又互为依存，且借助于周围附着软组织所具有的协调作用，来达成两者在状态上的相对平衡。应力距离骨骼中性轴的远近直接决定应力大小，即越近的距离，意味着越小的应力，越远的距离，意味着越大的应力。这一特征在人体长骨当中有十分显著的表现。

需加以强调的是，在弯曲载荷作用时，拉伸作用和压缩作用通常同时存在。

（4）剪切载荷：是施加于骨表面的一对力，这对力大小一致、方向相反且有较为接近的距离，在其影响下，骨内部剪切应力得以产生，且剪应变的产生随之相伴。

（5）扭转载荷：该载荷施加于骨上，可使骨沿轴线发生扭转。处于生理状态下，扭转载荷的存在主要集中于脊柱、前臂的旋转及骨关节旋转等活动。在骨受到扭转的情况下，所形成的剪切应力于骨髓结构中分布。和弯曲载荷相同，应力距离中性轴的远近直接影响着剪切应力的大小，且二者间呈正相关，即越远的距离，意味着越大的剪切应力。扭转载荷下最大剪切应力施加在和骨中性轴平行和垂直的平面上，最大拉应力与压应力则施加在与骨中性轴成一定角度的斜面上。

（6）复合载荷：运动状态下，因骨具有规则的几何结构，且往往会受到多种不定载荷的作用，由此，就在很多时候形成了骨复合载荷的状态。如骨折发生时，作用于骨折部位的力就往往属于几种力的复合作用。

此外，持续载荷也会在一定程度上影响骨，即低载荷的持续作用会使骨组织呈缓慢的蠕变或变形表现，且载荷之后的 6~8 小时，有较显著的蠕变现象，之后蠕变速率便会呈下降趋势。

通常来讲，骨的压力载荷承受能力最强，拉力、扭转力和剪切力次之，且骨所受正常生理载荷便属于这些力的综合。

2. 骨的基本变形

在外力作用下，尺寸、形状的改变适用于任意物体，且所承受载荷不同，骨骼也会表现出在变形程度上的一定差异。以骨髓受载及受载后变形的形式为依据，通常将其变形划分为五种，分别是拉伸、剪切、扭转、压缩和弯曲。

力与变形的关系，是对于完整骨所具有结构行为的反映。中等量载荷使载荷骨发生变形；而在去除载荷的情况下，骨原本的几何学机构与形状也会随之得到恢复。当骨骼系统所遭遇创伤超出其载荷承受范围时，便会导致严重的变形，并存在骨断裂的风险。骨所承受力的大小、方向及作用点等均属于对骨断裂抵抗力与变形特征有决定作用的因素。

骨所承受的力越大，引起骨的变形就越严重，并且易引起骨的断裂。骨在承受轴向力与承受弯曲或扭转力方面存在很大差异。大骨抵抗力的能力优于小骨。骨的几何结构对抵抗特殊方向的力而言具有一定的特殊性。在决定骨的变形和断裂特性中，组成骨组织的物质特性也很重要。例如，松质骨与正常骨具有同样的几何学结构，但在载荷情况下，会发生较大的变形，而在较小的力作用下，会发生骨断裂。这便与松质骨的结构特性有关。

骨在外力作用下会发生变形。当撤除外力后，变形完全消失，这种形变称弹性形变。如果撤除外力后仍有剩余形变，则称这种性质为弹塑性。钢材等工程材料在一定形变范围内可被视作弹性体，而骨则是比较典型的弹塑性体。

（三）骨的应力与应变

骨力学与一般材料力学相似，包含两个最基本的元素，即应力和应变，可用于描述骨骼受力后的内部效应。

1. 骨的应力

对骨的外力作用会使其发生形变，骨内部随之产生的阻抗（应力）用于对外力的抵抗。对于该应力的计算为求骨截面上所作用外力、骨横断面面积两者的比值，且以"牛顿/米^2"（Pa=N/m^2）作为应力单位。

骨上不同方向力的作用，会形成拉力、压力、扭转力、剪切力等多种形式的力。对于骨的改变、生长、吸收而言，应力所具有的调节作用十分重要，在缺乏应力或应力过大的情况下，都会导致骨萎缩的发生。由此，骨的应力存在一个理想的范围。

2. 骨的应变

骨的应变，指的是外力作用下引起骨发生的局部变形，骨应变为形变量、原尺度两者的比值，通常用"%"表示。在骨受到的力超出骨耐受应力与应变极限的情况下，可能会出现骨骼损伤情况，甚至导致骨折的结局。

3. 应力—应变曲线

通过这一曲线，可对应力、应变之间所存在的关联有一个直观的认识，且该曲线被划分成了弹性变形区和塑性变形区两个部分（图4-6）。首先，就弹性变形区来看，其区内载荷所引起的形变尚达不到永久性的程度。对于弹性区来讲，屈服点是其末端点；对于塑性区来讲，屈服点是其初始点。该点应力对应着弹性极限，即骨最大应力的产生所引起的弹性形变。而塑性区内所发生的材料变形或结构损坏是永久性的。该曲线弹性区的斜率被称作杨氏模量或弹性模量，其所反映的是材料本身的抗形变能力属性。弹性模量通常为常数，且越大的弹性模量，便表明一定应变的产生需要越大应力的作用。

4. 骨应变能量

骨应变能量指的是骨折情况的发生所需要达到的能量值，将其在应力—应变曲线中反映，即为极限载荷状态下所表现出的面积。一般来讲，生理载荷作用下，骨会出现一定的弹性变形，施加在骨上的应力处在弹性区范围，而在去除外力之后，由于弹性区内能量得到释放，便形成了骨的复原表现。但若骨上所施加的是一种持续外力，由于应变能量未能及时得到充分释放，待累积到一定程度便会造成材料结构的损坏，且以疲劳性骨折为临床表现。

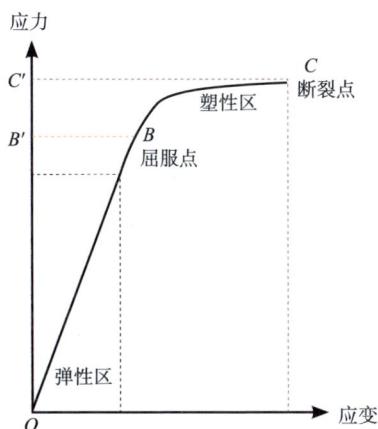

图 4-6　应力和应变关系

> ## 二、骨的功能适应性

骨生物力学认为，骨具有能够适应其载荷的最优化的形状和结构，并能随着它受到的应力和应变而进行外表再造和内部再造。骨外部形状的改变称为外表再造或表面再造，而骨的疏密度、矿物含量、X 线的暗度及密度的改变称为内部再造。在骨正常的生长发育过程中，这两种过程都会发生，当然，它们也同样发生在已长成的骨中。

（一）骨形态结构的功能适应性

骨是有生命的材料。1892 年德国医学博士沃尔夫（Wolff）认为，骨结构不仅与其载荷有关，还能适应载荷变化并遵循数学定律改变自身结构。骨随着它受到的应力和应变情况，通过自身修复来改变其性质和外形，实现外表的再造。如下肢骨在形态结构上相较于相应的上肢骨更为粗大，就是下肢骨承受载荷远大于上肢所致。

自 20 世纪 70 年代以来，不少学者大量研究了骨结构和机械力之间的关系。研究结果表明，骨的大小、体重和活动强度之间存在密切的相关性。到 20 世纪末，人们又开始研究骨形态和骨功能之间的相关性，学者将骨适应载荷的变化称为沃尔夫定律。

现已知，每块骨的潜在大小、形状是由基因组所决定的。但在骨发育的某些关键时刻，决定骨骼的精细形状的则是运动和机械力学的作用，如果缺乏这种作用，可导致骨畸形。在形态发生变化的过程中，早期机械应力的作用模式还可影响到软骨内骨化的进程，影响骨内部精细构造，包括骨密度和骨小梁的排列。在骨生长过程中，尤其是正常骨沟、骨凹、骨粗隆、骨结节、骨干的轻微弯曲及干骺端的复杂形状和骺软骨均受到机械力和运动作用的影响。

大量的研究和实践已经证实，长期、科学、系统的运动训练对骨的形态结构能产生良好的影响，使骨形态发生适应性变化。如骨周围肌的活动直接影响骨的外形。肌活动越频繁，骨在尺度上的变化越明显，出现骨径变粗、骨面肌附着处凸起明显等现象。随着骨形态结构的变化，骨骼抗折、抗压缩和抗扭转等各方面能力显著提高。

此外，不同的运动项目对骨形态结构的不同影响也能充分体现骨对应力的功能适应性。研究显示，运动可使田径运动员（如跳跃项目类）和举重运动员的胫骨均发生适应性变化，但跳跃项目类田径运动员胫骨前缘骨壁增厚非常明显，而举重运动员胫骨骨内侧壁增厚非常显著。

但值得注意的是，某些外来有害因素，如放射线或药物可干扰或改变骨形态。因此，基因表达失调，缺乏适当、适时的运动和机械力作用或有外来因素的干扰，均可导致先天性或发育性骨异常和相应的肢体畸形。

（二）骨组织结构的功能适应性

为与力学功能的丰富需要相适应，骨骼组织除了在形态结构的搭配上实现了最优，还通过优化组合实现了在组织结构上的优化。骨的基本结构包括基质、胶原纤维和骨细胞。组织结构视角下，组成骨密质的结构表现为五个层次：第一层的组成为无机晶体、生物聚合物和胶原大分子；第二层的组成为无机晶体、胶原微原纤维，两者呈间隔排列；第三层属于纤维层，由大量胶原微原纤维和与之直接紧密结合的矿物结晶立体化学键形成，骨组织坚固特性的实现便是以该组织体为基础的；第四层属于薄层，其组成为大量的胶原矿物纤维；第五层的组成为骨板，其作为形成于血管周围的结构单元，呈集中排列。这样的骨组织结构实现了在硬度和韧性上的兼顾，且能够承受较重载荷。相关试验表明，骨组织结构的支持使得骨可承受一系列形式的大应力，其中承受压力的能力最突出。

体内骨组织的形成、发展方式和其所受应力之间存在着关联，呈大应力表现的部位，有着大的骨密度；呈小应力表现的部位，有着小的骨密度。骨组织可利用尽可能少的骨量来使运动需要的骨强度得到满足，骨松质的小梁结构就很有代表性。多方实践已证实，经过长期的科学运动，除了会增加骨密质的厚度，还会形成骨小梁更加规律和清晰的排列。如长期系统的武术训练可显著影响骨的骨小梁，集中表现为其在粗度、宽度、清晰度上的一定增强，但形成了新的骨小梁线系。

除此之外，骨的功能适应性还在增龄、载荷较少这两个方面得到体现。如由于衰老造成骨量下降，小应力部位通常丢失骨量的速度更快，而大应力部位的骨量往往能得到较好的保存。骨载荷的显著减少同样会带给骨强度和骨量以负面影响，如在长期的骨牵引影响下，由于患肢长时间闲置或固定，骨吸收作用会强于骨形成。

由此来看，骨组织可结合内部应力和外界载荷，来对骨构造、内部骨量分布和骨量大小进行调整。但目前关于力载荷作用下骨组织的感受、传递和反应机制的研究尚没有非常明确，这将是未来领域研究的一个重要方面。

（三）骨塑形、骨重建和年龄相关性骨丢失

骨塑形是指骨的形状的改变，骨重建则是骨转换的一种特殊形式。骨塑形和骨重建均是由破骨细胞和成骨细胞共同完成的。在骨塑形过程中，骨吸收与骨形成在不同表面进行。在生长期，几乎所有的骨面都在进行骨吸收和骨形成，以适应骨长长和长粗的需要。当骨生长结束后，骨的形成与吸收仍在进行，为骨重建做准备。在骨重建过程中，骨的形成与吸收达到动态平衡，出现明显的偶联现象。一般在30~40岁后，骨形成的速率慢于骨吸收，最终的结果是骨量随年龄的增加而降低，骨脆性增加。

在出现年龄相关性骨丢失的情况下，松质骨、皮质骨两者呈差异表现。其中，年龄增长条件下，松质骨的表现主要是骨小梁趋于薄、细，甚至发生断裂，且整体数量有所减少；皮质骨的表现主要是趋于薄、多孔状，长骨骨干管壁的厚度不断变薄，从而大幅增加了骨折发生的风险。因人类骨髓当中皮质骨的占比达到了3/4，故在骨丢失总量方面显著多于松质骨。

（四）骨生物力学的常用指标

如前所述，骨的生物力学特性包括骨的材料特性和结构特性，其常用指标简要概括如下。骨的材料特性由组成骨组织的几何构造特点所决定，通常通过对标准的和均质的骨样本的力学测试来确定，其常用的指标有最大载荷、弹性载荷、最大挠度和弹性挠度。挠度是指骨弯曲变形时横截面中任一点在垂直方向产生位移。骨的结构特性则是对完整骨进行力学测试时所获得的,其常用的指标有最大应力、弹性应力、最大应变和弹性应变。

第三节　关节的运动学基础

＞　一、骨连结的分类

骨与骨之间凭借纤维结缔组织、软骨或骨组织相连，称骨连结。它是连接人体各部分的环节，是人体运动的枢纽，是传递载荷、保持能量，使人体正常运动的重要器官。

按连接方式的不同，骨连结分为直接连结和间接连结（图4-7）。

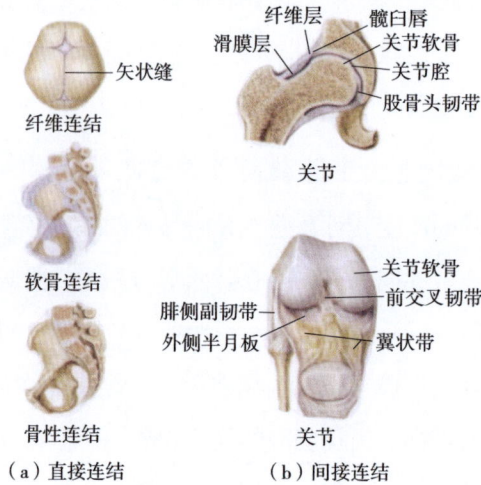

图4-7　骨连结的分类

（一）直接连结

直接连结是指两骨之间凭借纤维结缔组织、软骨或者骨直接相连，连接紧密、牢固，活动性较小或者完全不活动。直接连结又可分为纤维连结、软骨连结和骨性连结。

1. 纤维连结

骨与骨之间借纤维结缔组织相连，可分为韧带连接和缝两种。韧带连结是指两骨直接借条索状或者膜状的韧带相连，如棘间韧带、前臂骨间膜、小腿骨间膜等连结；缝是指两骨之间借助很薄的纤维结缔组织相连，见于颅骨，如矢状缝、冠状缝等。纤维连结活动性很小，而缝几乎不活动。

2. 软骨连结

骨与骨之间凭借软骨组织相连，可分为纤维软骨连结和透明软骨连结。纤维软骨连结是指两骨之间借纤维软骨相连，坚固并且弹性低，如椎骨之间的椎间盘和耻骨之间的耻骨联合；透明软骨连结是指两骨间借透明软骨相连，多见于幼年时期，如长骨的干与骺之间的骺软骨等，随年龄的增长骨化形成骨性连结。

3. 骨性连结

骨与骨之间借骨组织相连，通常是由纤维连结或者软骨连结骨化而成。如骶椎之间的骨性结合，缝的骨化等。

（二）间接连结

间接连结又称关节或者滑膜关节，由两块或者两块以上的骨构成，关节中相对骨面有间隙，内有滑液，并借周围纤维结缔组织相连，活动性大，是骨连结的主要形式。

> ## 二、关节的构成

（一）关节的基本结构

关节的基本结构包括关节面、关节囊和关节腔（图4-8），每个关节必须具有这些结构。

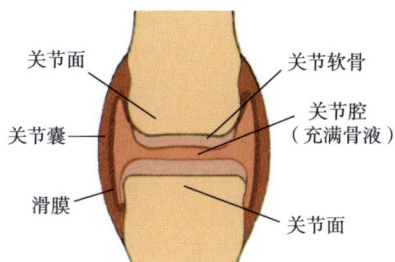

图4-8　关节的基本结构

1. 关节面

关节面是参与组成关节的骨的接触面，每个关节至少有两个关节面，一般为一凸一凹，凸面称关节头，凹面称关节窝。

关节面表面覆盖有关节软骨，关节软骨是覆盖在骨关节面上有弹性的负重组织，可减轻关节反复滑动中关节面的摩擦，具有润滑及耐磨损的特性，并且还能吸收机械性震荡，传导负重至软骨下的骨。此外，关节软骨还可以使相对两个关节面形状更加适应。关节软骨大部分为薄层透明软骨，其表层细胞较小，单个分布，深层细胞较大，排列成行，与表面垂直。靠近骨组织的软骨基质钙化，并与骨组织相连。软骨基质重要成分是由水、蛋白多糖和 Ⅱ 型胶原蛋白组成的胶原原纤维，并有少量的糖蛋白和其他蛋白。其中的胶原原纤维呈拱形走向，对关节软骨有加固作用。

2. 关节囊

由结缔组织构成的膜囊，附着于关节的周围，封闭关节腔，可分为内、外两层。

（1）外层：为纤维膜，由坚韧致密的结缔组织构成，厚而坚韧，含有丰富的神经和血管。其薄厚程度取决于关节的功能和作用，在活动范围小或负重大的关节中纤维膜致密而紧张，在运动灵活的关节中纤维膜薄而松弛。在某些部位，纤维膜可增厚形成韧带。

（2）内层：为滑膜，由疏松结缔组织构成，薄而柔润，紧衬附于纤维膜内面，边缘附于关节软骨的边缘，包被着关节内除关节软骨、关节盘和关节唇以外所有的结构。

在关节囊附着部分附近的滑膜表面可形成凸起，称滑膜绒毛。滑膜当中有非常丰富的淋巴管和血管，可支持滑液的产生。滑液本质上属于一种弱碱性蛋清样液体，在其润滑作用之下，可有效减少关节摩擦，且由其提供的液体环境，是保证关节软骨正常新陈代谢的必要保证。

3. 关节腔

关节腔是由滑膜和关节面共同围成的密闭腔隙，内有少量滑液，并且呈负压状态，对维持关节的稳定有一定的作用。

（二）关节的辅助结构

在以上基本结构之外，如下的辅助结构也存在于一些关节中。

1. 韧带

韧带由致密的纤维结缔组织构成，分布于关节周围，连接相邻两骨，对关节的稳定性有重要作用，并且能限制关节过度运动。根据其和关节囊的位置关系，可分为囊外韧带和囊内韧带，分别位于关节囊的内外。

2. 关节盘和关节唇

两者的构成统一为纤维软骨，存在于关节腔内。关节盘位于两骨关节面之间，一般多呈圆盘状，边缘厚，中间薄，其边缘附着于关节囊，可将关节腔分成上下两部分。膝关节的关节盘不完整，呈半月形，称为半月板。关节盘可使得外力对关节的震荡与冲击得到有效的缓冲，且更适合两关节面的情况。与此同时，关节腔由关节盘分成了上、下两个部分，即由单关节成为双关节，由此形成了关节明显更大的活动范围。关节唇指的是关节窝周缘所附着的纤维软骨环，在其作用下，关节窝得以加深，关节面得到增加，是关节良好稳定性的重要保证。

3. 滑膜襞和滑膜囊

在一部分关节中，关节囊的滑膜表面积大于纤维膜表面积，滑膜出现重叠褶皱并凸向关节腔内形成滑膜襞，内含丰富的疏松结缔组织和血管，如果有脂肪聚集则形成滑膜脂垫。关节运动中，在关节腔出现容积、形状、压力上的改变时，滑膜襞的作用便主要集中于调节与填充两个环节；同时，滑膜襞引起了滑膜面积的扩大，这在一定程度上支持了滑液的分泌和吸收。因部分关节的纤维膜较为薄弱，滑膜能够向关节腔外膨出，通过在骨面和肌腱间的填充，来支持滑膜囊的形成，以达到弱化运动过程中骨面和肌肉间摩擦力的作用。

> 三、关节的运动

关节运动学视角下的运动描述，面向的是关节内发生的关节面间的运动。关节表面的形态改变范围是一个由扁平到弯曲的过程，尤其是可动关节，其关节面多呈弯曲表现，即由一个相对凸面与一个相对凹面组成，这种凹面、凸面相结合的关节结合方式形成了关节更高的吻合度，且由于接触面增大，压力得到分散，使关节更具稳定性的同时，为骨与骨间的运动提供了引导轨迹。

关节面间的基本运动主要有三种，即滚动、滑动和转动。滚动是指一个旋转关节面上的多点与另一个关节面上的多点相接触，滑动是指一个旋转关节面上的单点与另一个关节面上的多点相接触，转动是指一个旋转关节面上的单点与另一关节面上的单点相接触。这些运动是凸面在凹面上的运动，或者是凹面在凸面上的运动，前者被描述为凸面—凹面的运动，反之则为凹面—凸面的运动（图4-9）。滚动和滑动在凸凹面关节间的运动遵循一个基本原则，即凸凹原则——凹面相对固定时，凸起的关节面运动表现为滚动方向与滑动方向相反；当凸面相对固定时，凹面的关节面运动表现为滚动方向与滑动方向相同。例如，肩关节外展时，近端关节面为凹面的肩胛盂，相对固定，关节面为凸面的肱骨头，向上滚动的同时，向下滑动。转动是指某骨的一点在与其构成的关节的另一骨上做围绕自身纵轴的环旋运动。例如，前臂旋前时，桡骨小头围绕肱骨进行旋转。关节旋转时能调整骨骼的空间位置，使之与其相对的骨达到一个合适的角度。

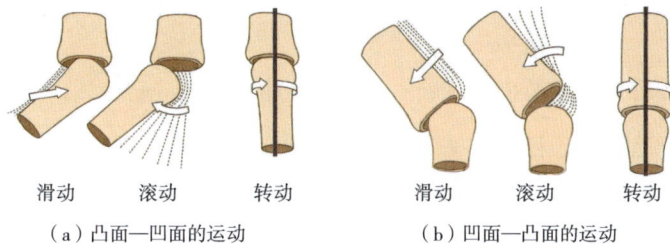

| 滑动 | 滚动 | 转动 | | 滑动 | 滚动 | 转动 |
| （a）凸面—凹面的运动 | | | | （b）凹面—凸面的运动 | | |

图4-9　关节面间的基本运动

关节可沿三个相互垂直的轴做以下的运动。

（一）屈和伸

关节沿冠状轴运动时，关节的两骨之间角度减小，即两骨相互靠近，称为屈；反之，角度增大称为伸。一般情况下，关节的屈指的是向腹侧面成角，但是膝关节相反。由于在拇指的腕掌关节中，第一掌骨的位置向内旋转了近90°，所以拇指的屈伸是围绕矢状轴进行的。踝关节中，足尖上抬，足背向小腿前面靠近为踝关节的伸，习惯称作背屈，足尖下垂为踝关节的屈，又称为跖屈。

（二）收和展

关节沿矢状轴运动，使运动骨向正中面靠拢称为收，远离正中面称为展。但是对于手指和脚趾，则以中指和第二趾为基准，靠近称为收；反之，称为展。拇指的收展运动是围绕冠状轴进行的。

（三）旋转（回旋）

关节沿垂直轴或者自身纵轴进行旋转，如寰枢关节和肩关节运动。使骨的前面转向内侧称为旋内，转向外侧称为旋外。在前臂，将手背转向前方称为旋前，手背向后转称为旋后。

（四）环转

骨的近端在原位转动，远端做圆周运动，凡是能沿两轴以上运动的关节都可做环转运动，如肩关节。环转运动实际上是屈、展、伸、收的依次连续运动。

自由度是指关节所允许的自主运动方向的数量。一个关节对于三个基本运动平面，最多可以有三个自由度。例如，肩关节有三个自由度，每一个平面有一个；腕掌关节有两个自由度，而肘关节只有一个自由度。因为关节中的结构有一定的松紧度，因此无论是肌肉主动或者其他被动引起的动作，关节都至少发生一些位移。发生于大多数关节的轻微的被动位移被称为附属运动，附属运动是关节在正常解剖活动范围之内、生理活动范围之外完成的一种被动运动，无法主动完成。

大多数关节成对的关节面之间有一个最合适的位置，通常是在动作的最末端或者接近末端的位置，这个位置被称为关节锁定位。在这个位置，多数韧带与关节囊被拉紧，附属运动一般很少，是提供关节稳定度的一个因素。关节锁定位以外的位置均为关节解锁位，在这些位置，韧带和关节囊是相对松弛的，因而附属运动增加。

> 四、关节的分类

一般按构成关节的骨数、运动的形式、运动轴的数目及关节面的形状对关节进行分类。按构成关节的骨数分类，仅由两块骨构成的关节为单关节，一个为关节头，另一个为关节窝，如肩关节。由两块骨以上构成的关节为复关节，共同存在于一个关节囊中，如肘关节。按关节的运动形式分类，能单独运动的称为单动关节，如肩关节。两个或者两个以上关节同时运动的关节称为联动关节，如两侧的颞下颌关节。按关节运动轴的数目和关节面的形状，可分为以下三类。

（一）单轴关节

关节只有一个运动轴，只能向一个方向运动。包括屈戌关节，又称滑车关节，关节头为滑车状，有与之形状相适应的关节窝，一般只能在冠状轴上做屈伸运动，如指间关节；车轴关节，关节头为圆柱状，关节窝为凹面状，可沿垂直轴做旋转运动，如桡尺近侧关节。

（二）双轴关节

关节有两个相互垂直的运动轴，可以有两个运动方向，也可以做环转运动。包括椭圆关节，其关节头和关节窝均为椭圆形，可沿冠状轴做屈、伸运动，沿矢状轴做内收、外展运动，并可做环转运动，如桡腕关节；鞍状关节，两骨关节面均为鞍状，十字交叉，互为关节头和关节窝。可沿两轴做屈、伸、收、展和环转运动，如拇指的腕掌关节。

（三）多轴关节

关节有两个以上的运动轴，可做多方向运动。包括球窝关节，关节头较大，呈球形，关节窝较浅，如肩关节，可做屈、伸、收、展、旋内、旋外和环转运动；杵臼关节，关节窝比较深，活动受限；平面关节，指两骨的关节面较平坦光滑，可做轻微的滑动和转动，如腕骨间关节。

> 五、关节的血管、淋巴管和神经

关节的动脉丰富，主要来自附近动脉分支，这些动脉彼此吻合，在关节周围形成动脉网，动脉网发出的分支可以进入关节囊，分布于纤维膜和滑膜，并与附近的骨膜动脉吻合。关节软骨没有动脉，关节盘的动脉只分布在其周缘的位置。关节的静脉汇到附近的静脉中。关节囊的纤维膜和滑膜中均有淋巴管网，借助小淋巴管吻合。同时与附近骨膜淋巴管也有吻合，并借助输出淋巴管汇入附近的深部淋巴结。关节软骨内也没有淋巴管。关节的神经主要来自该关节的肌肉神经，主要为感觉纤维，有可以感受关节的位置和运动的本体感觉纤维，也有感知关节痛觉的痛觉纤维。关节软骨则没有神经分布。

> 六、关节的活动度与稳定性

关节活动度指运动时关节转动的角度，也称关节活动范围，有主动与被动之分。测定关节活动度是评定运动系统功能状态的重要手段。各关节活动度大小不同，每个人的关节活动度也各异，故应熟知各关节的正常活动度。关节活动度的检查可以在活体或者照片上进行，应用一些常用的测量器械，比如，通用量角器、指关节量角器、方盘量角器等进行测量。先在活体或者照片上点出关节中心，然后连接相邻两关节点作一条直线，用关节量角器测量动作开始和结束时的角度，求其差数，即得该关节的活动范围。关节的形态结构和其生理功能相适应，一般情况下，活动度小的关节稳固性大，活动度大的关节稳固性小，两者对立统一。决定关节活动度和稳定性的因素主要有关节面的形态、关节面的弧度差、关节囊的厚薄和松紧度，关节周围韧带的多少和强弱、有无关节盘的加入、关节周围的骨凸起大小、关节周围肌群的强弱和收缩幅度，以及年龄和性别等。如肩关节的关节头大、关节盂浅、关节面弧度差大、关节囊薄而松弛，所以其活动度很大，但关节周围的骨骼肌静力收缩又使关节面能够紧密贴合在一起而不脱位。在髋关节中，关节头大、髋臼深、弧度差小，关节囊厚而致密，韧带多而强，周围又有强大的骨骼肌，所以其活动度小，稳定性好。

第五章
肌肉的基本结构与功能

人体骨骼肌有 600 余块（图 5-1），在人体中分布极为广泛，多数呈对称性分布，是人体内数量最多的组织，成人肌肉重量约占体重 40%。骨骼肌是运动系统的动力部分，

枕额肌额部
眼轮匝肌
口轮匝肌
胸锁乳突肌
斜方肌
颊肌
肩胛提肌
斜前角肌
三角肌
三角肌
胸大肌
胸小肌
前锯肌
肱二头肌
前锯肌
腹直肌
肋间外肌
肱肌
腹外斜肌
前臂浅层伸肌
腹股沟韧带
阔筋膜张肌
大腿收肌群
鱼际肌
腹内斜肌
前臂深层伸肌
小鱼际肌
缝匠肌
股直肌
股胫束
股外侧肌
股内侧肌
腹直肌鞘(后壁)
腰大肌髂肌
大收肌
髌韧带
腓骨肌
腓肠肌
姆长屈肌
小腿伸肌
比目鱼肌

（a）正面

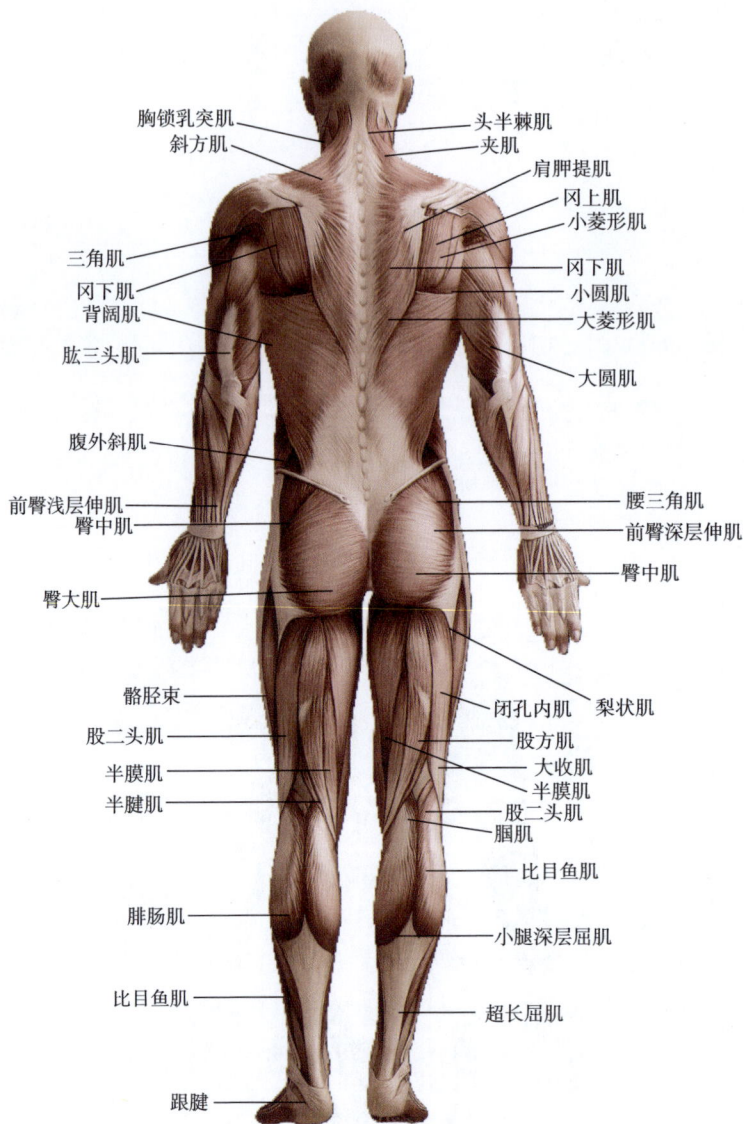

胸锁乳突肌
斜方肌
头半棘肌
夹肌
肩胛提肌
冈上肌
小菱形肌
三角肌
冈下肌
背阔肌
肱三头肌
冈下肌
小圆肌
大菱形肌
大圆肌
腹外斜肌
腰三角肌
前臀浅层伸肌
臀中肌
前臀深层伸肌
臀中肌
臀大肌
髂胫束
闭孔内肌
梨状肌
股二头肌
股方肌
半膜肌
大收肌
半腱肌
半膜肌
股二头肌
腘肌
比目鱼肌
腓肠肌
小腿深层屈肌
比目鱼肌
超长屈肌
跟腱

（b）反面

图5-1　人体主要肌肉分布

在神经系统的支配与调节下，骨骼肌依靠收缩牵引骨绕关节运动，可完成日常生活、工作中的各种动作。

第一节 肌肉的组成、类型及特性

> ## 一、肌肉的组成

肌肉的组成（图5-2）单位由大到小依次是肌束、肌纤维、肌小节和肌丝，肌丝有粗、细之分，前者的构成以肌球蛋白为主，后者的构成以收缩和调节蛋白为主。

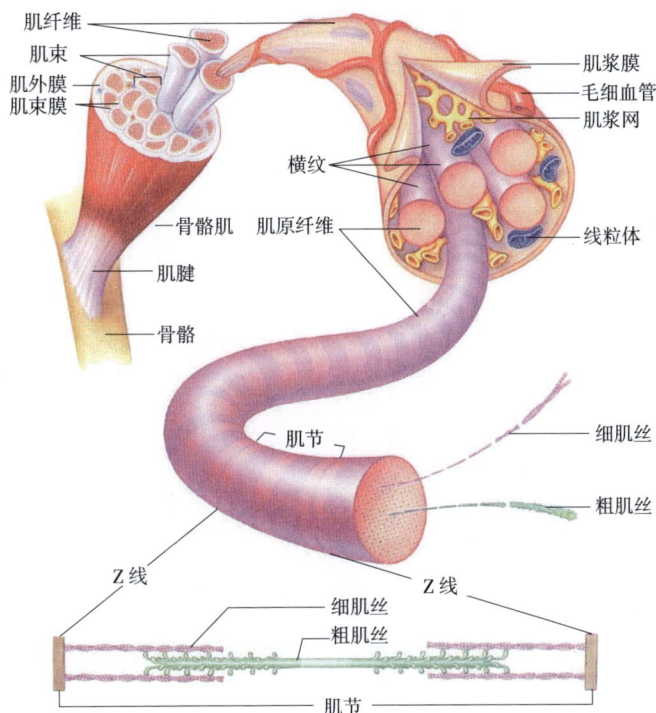

图 5-2 肌肉组成

作为肌力产生的基本功能单位，肌小节以串联、并联的方式进行排列，且肌纤维内含有丰富的肌管系统。对于肌纤维的收缩功能的实现而言，肌管系统这一结构的参与必不可少，其包括了肌膜组成的横管系统和肌质网组成的纵管系统。

肌膜、肌腱和韧带等均属于肌肉周围结缔组织的重要组成部分。肌膜有肌内膜、肌外膜和肌束膜之分。由结缔组织构成的肌膜包含丰富的弹性纤维和胶原纤维，其将肌肉收缩成分包裹其中，并在大体上和收缩成分之间表现为并联关系，故将其称作肌肉的并联弹性成分。肌腱位于肌肉两端，带有一定弹性，其由弹性纤维平行排列而成，和肌肉之间表现为一种串联关系，故将其称作肌肉的串联弹性成分。其与韧带彼此融合，共同支持了骨上肌肉的固定。在肌肉收缩和被动伸展时，串联和并联弹性成分产生张力，储存能量，在肌肉舒张和收缩时释放能量。

肌腱、肌膜的作用主要在于支持肌肉自由收缩，并赋予其一定肌张力；支持完成收缩之后收缩成分得以复原；在收缩成分处于松弛状态下，避免过度牵伸情况的出现，从而降低肌肉损伤风险。

对于肌肉而言，筋膜只归属于其辅助装置，但却散布全身，且有浅筋膜、深筋膜之分。浅筋膜的构成为疏松结缔组织，其位于真皮之下，含有丰富的脂肪组织，且不同的部位、性别、营养状态等决定了其在脂肪含量上的差异表现；深筋膜的构成为致密结缔组织，其位于浅筋膜深层，和肌肉之间存在着紧密关系。在四肢，由深筋膜参与构成的筋膜鞘，为其单独活动提供了保证。深筋膜还包绕血管、神经形成血管神经鞘。

> 二、肌肉的类型

（一）红肌纤维

红肌纤维又称慢肌纤维、慢缩纤维，对刺激产生较缓慢的收缩反应，富含血液供应，能够承受长时间的连续活动。慢缩纤维也称Ⅰ型肌纤维或缓慢 - 氧化型（SO），其收缩速度仅为Ⅱ型纤维的一半。慢缩纤维具有较多的线粒体和高浓度的氧化酶，可以持续地进行有氧代谢。

（二）白肌纤维

白肌纤维又称快肌纤维、快缩纤维，对刺激常产生快速的收缩反应，能在短时间内产生巨大张力（即爆发力），但随后极易陷入疲劳状态。快缩纤维也称Ⅱ型肌纤维，其特点是具有较高的糖酵解能力和收缩速率，快缩纤维又分Ⅱa型即快速氧化 - 糖原分解型（FOG）和Ⅱb型即快速 - 糖原分解型（FG）两类。

肌纤维的特性与功能关系密切（表5-1）。不同特性的肌纤维，因在不同功能肌群中的组成成分和比例不尽相同，所以表现出的各肌群的运动特性也不同。例如，以静力性工作为主姿势控制肌中，红肌纤维的比例较高，以动力性工作为主的肌中红肌纤维的比例较低；快缩纤维适用于需急停、急动等的力量性运动，如举重、篮球、足球、羽毛球等，因而在这些运动个体的肌中，快缩纤维比例相对占优势；而慢缩纤维在中长跑、游泳等耐力性运动项目中表现更显著。

表5-1　骨骼肌纤维类型与特性

特性	Ⅱb 型纤维 FG	Ⅱa 型纤维 FOG	红肌纤维 SO
肌纤维类型	快	快	慢

特性	Ⅱb 型纤维 FG	Ⅱa 型纤维 FOG	红肌纤维 SO
肌纤维大小	大	大	小
肌球蛋白 ATP 酶活性	高	高	低
肌质网发达程度	发达	发达	差
对 Ca^{2+} 亲和力	高	高	低
线粒体数量	少	少	多
线粒体酶活性	低	高	高
毛细血管数量	少	中等	多
糖原贮量	多	多	少
糖酵解能力	强	强	弱
有氧氧化能力	弱	强	强
神经支配	大 α 运动神经元	大 α 运动神经元	小 α 运动神经元
收缩速度	快	快	慢
收缩力量	大	大	小
抗疲劳性	弱	弱	强

> ## 三、肌肉的特性

（一）物理特性

（1）伸展性：肌肉在外力作用下被拉长的特性称为肌肉的伸展性。

（2）弹性：当外力解除后，肌肉又恢复到原来长度称为肌肉的弹性。

（3）黏滞性：肌肉活动因肌浆内部各分子间相互摩擦产生的阻力称为肌肉的黏滞性。

肌肉的物理特性受温度的影响，当肌肉温度升高时，肌肉的黏滞性下降，伸展性和弹性增加，因此在冬天运动应充分做好热身准备，防止肌肉受损。

（二）生理特性

（1）兴奋性：骨骼肌属于可兴奋组织，对刺激具有产生兴奋的能力。

（2）传导性：当骨骼肌细胞肌膜的一处产生兴奋后，兴奋以动作电位（局部电流）形式沿着肌膜传至整个细胞膜，并迅速传导到肌细胞深处，从而引起肌细胞的收缩。

（3）收缩性：肌肉受到刺激产生兴奋后，即产生肌细胞的收缩反应。

第二节　肌肉的功能及运动形式

＞　一、肌肉的功能

肌肉是人体运动的发动机，其基本功能是产生运动，同时，肌肉还具有支撑骨、维持姿势、保护身体和产热的功能。

运动肌肉是具有黏弹性的可收缩组织，通过肌腱或韧带等与骨连接。肌肉两端附着处分别称为肌肉的起点和止点。肌肉的起点是骨上的附着点，使得肌肉收缩时保持相对固定的位置；肌肉的止点通常是在肌的远端，是肌肉移动最大时的附着点（图5-3）。肌肉的起止点是固定不变的，当肌肉收缩产生张力时，肌肉的起、止点既可进行等长收缩也可进行等张收缩，即保持相对静止以维持姿势和发生位移而引发骨关节运动。

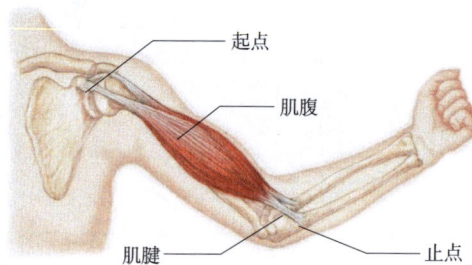

图5-3　肌肉的起止点

肌肉可通过对抗重力保持身体直立，通过稳定关节来发挥支撑和保持各种姿势的作用。即使在静止状态，不同肌群仍保持有序的舒缩活动，以支撑骨和脏器，具有保护作用。肌肉在收缩过程中产生热量，以保持体温处于相对稳定状态，寒冷时，非随意肌的收缩增加形成寒颤，可使产热增加，从而起到调节体温的作用。

＞　二、肌肉的运动形式

运动属于肌肉内力、外力彼此作用的结果表现，且肌肉运动状态下支持了静力性运动、动力性运动这两种运动形式的产生。

（一）静力性运动

静力性运动也被称作等长收缩或等长运动。静力性运动过程中，肌肉应力或张力施加于附着点上，有固定的起点与止点，未见位移情况的发生；这时肌肉收缩与肌肉阻力处于同一水平，不会影响肌肉的长度，只表现为增加的张力，未见关节运动的发生，由此来看，静力性运动不会引起运动动作的产生，也不会做功。该类运动过程中，外力和肌肉最大张力保持一致，大小则由主观用力、固定阻力或抗重力的程度所决定。该类运动的作用主要是姿势的维持与体位的固定。肌紧张也属于肌肉静力性运动的一种。静力性运动过程中肌肉呈部分收缩是一种常态，该状态下，神经系统约十分之一的肌细胞通过持续发送信号，来维持肌肉收缩，且在肌细胞的轮流收缩下大大降低了疲劳度。但极度完全的肌静力性运动能够导致肌肉强直。

（二）动力性运动

动力性运动指的是引起运动动作的肌肉所具有的运动形式，在形式上有离心运动、向心运动之分（图 5-4）。

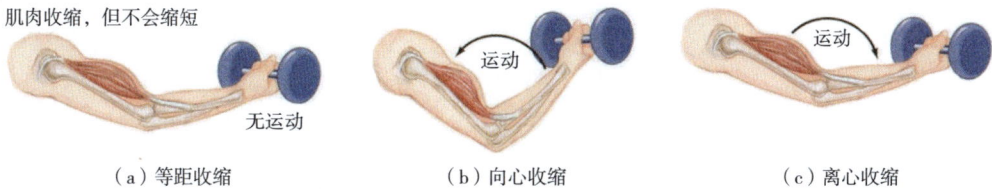

（a）等距收缩　　　　　　　（b）向心收缩　　　　　　　（c）离心收缩

图 5-4　肌肉的运动形式

1. 离心运动

离心运动也被称作离心收缩，指的是肌肉收缩状态下阻力超过肌力，迫使原本缩短的肌肉被缓慢地拉长。肌肉离心运动的主要作用是通过促发拮抗肌的收缩，来达到稳定关节和控制肢体动作的目的。离心收缩的应用多见于重力对抗或减缓某种运动时，如在将某一物体缓慢放于地面时，需通过肌肉收缩并握持物体来形成与重力的对抗，以保证物体放下动作的缓慢进行与稳定性。

2. 向心运动

向心运动也被称作向心收缩，指的是肌肉收缩状态下，其一定缩短的长度拉近了两端附着点的距离。肌肉向心运动的主要作用是支持肌肉收缩的主动发生，如爬楼梯过程中的屈膝、股四头肌的收缩等。

肌肉的运动形式比较见表 5-2。

表 5-2　肌肉的运动形式比较

运动形式	肌纤维长度	肌力与阻力关系	关节活动	肌做功
向心运动	缩短	肌力>阻力	明显	有
离心运动	拉长	肌力<阻力	明显	有
静力性运动	不变	肌力=阻力	无	无

人体运动很少是单一的向心、离心或等长运动。肌肉不同运动形式的组合需要身体承受不同压力，如跑和跳的运动动作组合。某些外力如重力也会使肌肉被拉长。在许多情况下，肌肉先做离心运动，紧接着做向心运动。离心运动与向心运动结合在一起形成了自然的肌肉功能活动，称为牵拉—缩短周期。

牵拉—缩短周期的作用使离心运动后的向心运动比单纯的向心运动更加有力。大量科学研究表明，肌肉在缩短（向心运动）前先主动伸长（离心运动），可增加弹性势能，使肌肉做功增加，这是牵拉—缩短周期中力量和爆发力弹性势能增强的机制。

静力性运动和动力性运动在日常生活、康复训练和竞技体育中常结合运用，这是肌力训练的有效运动方式，它可以预防肌萎缩、增强肌力并提高运动的技能和水平。

> 三、肌肉功能状态指标

肌肉必须有完好的神经支配才能进行收缩。一个脊髓 α – 运动神经元或脑干运动神经元和受其支配的全部肌纤维所组成的肌肉收缩的最基本单位称为运动单位。一个运动单位所含肌纤维数量不定，可含有很少几个肌纤维，如眼外肌有 6~12 条，也可达数百条，如臀大肌可高达 150~1 600 条。运动单位是肌收缩的最小单位，当一块肌肉进行收缩时，可能仅有部分运动单位发挥作用。肢体不运动时，少数运动单位轮流收缩，使肌肉处于轻度持续收缩状态，保持一定的肌张力，以维持躯体姿势。

肌肉是产生力的器官，肌肉的力学性质复杂，与组成肌肉各成分的力学特性及肌肉的兴奋和疲劳状态有关，因此必须了解肌肉产生力的基本特征和规律。

运动通过不同肌群协调有序的延长与缩短来实现。良好的肌肉功能状态是运动的基础。反映肌肉功能状态的指标包括肌力、快速力量、肌耐力和肌张力。

（一）肌力

肌力即肌肉收缩时表现出的能力，以肌肉最大兴奋时所能负荷的重量来表示。肌力体现肌肉主动收缩或对抗阻力的能力，反映肌肉最大收缩水平。

影响肌力的因素主要包括以下几种。

1. 肌肉横断面

肌肉由肌纤维组成，垂直于肌纤维的横断面的总和称为肌肉的横断面。单位生理横断面能产生的最大肌力称绝对肌力。在研究离体肌肉时，把每根垂直横切的肌纤维切面加起来，再将总和乘以肌肉的平均厚度，就得到生理横断面。平行排列纤维的肌肉如缝匠肌，生理横断面即为肌腹的横断面。此类肌肉生理横断面较小，肌纤维较长，其肌力较小，但收缩幅度较大。肌纤维呈立体的半羽状或羽状排列的肌，其生理横断面大于肌腹的横断面，肌纤维相对较短，此类肌肌力大，但收缩幅度较小（图5-5）。

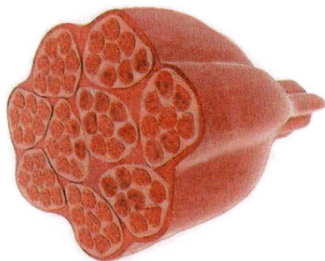

图 5-5　肌肉的横断面

2. 肌肉的初长度

肌肉的初长度是指肌肉收缩前的长度（即前负荷）。在生理范围内，肌力与肌肉初长度密切相关。一定范围内初长度越长收缩力越大，当肌肉被牵拉至静息长度的1.2倍时肌力最大。比如，在投掷铅球时，必须充分屈曲肘关节，以尽可能牵张肱三头肌，然后利用肱三头肌急剧收缩时产生的力量将铅球抛出，因此在运动前一定要进行热身运动。

3. 肌肉募集

肌肉收缩时被同时激活的运动单位数量，反映肌肉的募集状态。肌肉募集受中枢神经系统功能状态的影响，当运动神经发出的冲动强度增大或频率增加时，被动员或激活的运动单位也增多。参与收缩的运动单位数量越多，肌力越大。

4. 肌纤维走向与肌腱长轴的关系

通常肌纤维走向与肌腱长轴一致，但在一些较大的肌肉中，部分肌纤维可与肌腱长轴成角，形成羽状连接。这种羽状连接成角越大，可募集的肌纤维越多，产生的肌力也越大。比如，腓肠肌等快肌，具有较强大的收缩力；比目鱼肌等慢肌的肌纤维与肌腱的连接很少成角，因而可募集的肌纤维相对较少，肌力相对较低，但肌肉收缩时间则较为持久。

5. 杠杆效率

肌肉收缩产生的实际力矩输出，受运动节段杠杆效率的影响。有学者报道髌骨切除后股四头肌力臂缩短，使伸膝力矩减小约30%。

6. 性别和年龄

女性肌力约为男性的2/3，20岁前肌力呈增加趋势，之后逐渐下降，55岁后衰退加快。肌力异常主要表现为肌力减退。

（二）快速力量

快速力量是指肌肉或肌群在一定速度下能产生的最大力量。可以通过单一身体运动、多个身体运动或有氧运动重复测得。快速力量由启动力量、爆发力量（爆发力）和制动力量组成。爆发力是指在最短的时间内发挥肌力量的能力，采用最大力量与达到最大力量的时间之比来评定。

爆发力 = 力量 / 时间。爆发力由肌力和肌肉收缩速度两个因素决定，肌力是基础，肌肉收缩速度是爆发力的关键。

（三）肌耐力

其又称力量耐力，是指肌肉在一定负荷条件下保持收缩或持续重复收缩的能力，反映肌肉持续工作的能力，同时体现肌肉对抗疲劳的水平。

（四）肌张力

肌张力是指肌肉在安静时所保持的紧张度。肌张力与脊髓牵张反射有关，受中枢神经系统的调控。肌张力常通过被动运动感知处于放松状态的肌肉的阻力程度来进行评测，以评判主动肌群与拮抗肌群间（或互为拮抗肌）的收缩与舒张活动有无失衡，或者是否协调。

肌张力异常是肌肉失神经支配（如脊髓损伤）和 / 或调节功能障碍（如脑损伤）的结果。肌张力异常有两种，即肌张力增强和肌张力减退。肌痉挛及肌强直是肌张力增强的典型表现，软瘫是肌张力减退的常见表现。肌力、快速力量、肌耐力和肌张力反映肌的功能状态，是影响运动能力和运动质量的重要因素（图 5-6）。

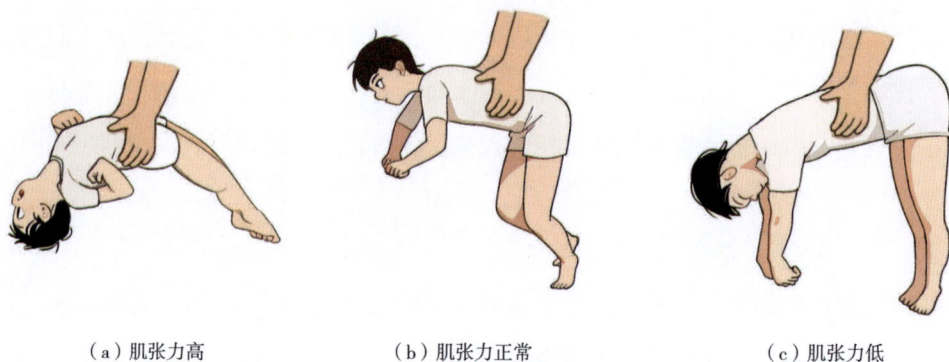

（a）肌张力高   （b）肌张力正常   （c）肌张力低

图 5-6　不同肌张力示意图

肌力、快速力量、肌耐力和肌张力反映肌的功能状态，是影响运动能力和运动质量的重要因素。

> ## 四、肌肉的协同

任何一个动作都不是由单一肌肉运动独立完成的，需要一组肌群的共同协作才能实现，这就是肌肉的协同作用。肌肉在不同的运动中的作用不尽相同，运动的本身决定其所承担的角色。

根据肌肉在某一具体运动中的功能作用，可将肌肉分为原动肌、拮抗肌、固定肌和中和肌。

（一）原动肌

直接完成动作的肌群称原动肌，其中起主要作用者称主动肌，协助完成动作或仅在动作的某一阶段起作用者称副动肌。如在屈肘运动中起作用的肌肉有肱二头肌、肱肌、肱桡肌和旋前圆肌，其中起主要作用的是肱二头肌和肱肌，称为主动肌；肱桡肌和旋前圆肌则为副动肌。又如股四头肌是完成伸膝动作的主动肌。

（二）拮抗肌

与原动肌作用相反的肌群称拮抗肌。当原动肌收缩时，拮抗肌应协调地放松或进行适当的离心收缩，以保持关节活动的稳定性及增加动作的精确性，并防止关节损伤。例如，在屈肘动作中，肱三头肌是肱二头肌的拮抗肌，肘肌则是肱肌的拮抗肌；但在伸肘动作中，肱二头肌是肱三头肌的拮抗肌，肱肌则是肘肌的拮抗肌。在膝关节伸展时，股二头肌使膝关节屈曲，成为股四头肌的拮抗肌。原动肌和拮抗肌可互为拮抗肌。

（三）固定肌

为了发挥原动肌对肢体运动的动力作用，必须将肌肉相对固定的一端（定点）所附着的骨或更近的一连串骨充分固定。参加这种固定作用的肌群，被通称为固定肌。例如，在上臂体侧下垂的屈肘位进行腕关节屈伸负重活动时，必须固定肩、肘关节，这时固定肩、肘关节的肌群均为固定肌。

（四）中和肌

中和肌的作用为抵消原动肌收缩时产生的一部分不需要的动作。如做扩胸运动时，斜方肌和菱形肌都是原动肌。斜方肌收缩除使肩外展扩胸外，还可使肩胛骨下角外旋；菱形肌收缩使肩胛骨移向脊柱以产生扩胸效应的同时，可产生肩胛骨下角的内旋。这种肩胛骨下角的内、外旋常可削弱扩胸效应。但斜方肌和菱形肌同时收缩时产生的动作可相互抵消，因此两者又互为中和肌。副动肌、固定肌和中和肌通常统称为协同肌。肌肉的协作关系随着动作的改变而变化。如作用于腕关节的桡侧腕伸肌、尺侧腕伸肌、桡侧腕屈肌和尺侧腕屈肌；在做伸腕动作时，桡侧腕伸肌和尺侧腕伸肌为原动肌，而桡、尺侧腕屈肌为拮抗肌；侧腕伸肌和尺侧腕伸肌同时收缩，使腕向桡侧和尺侧屈曲的作用相互抵消，因此又互为中和肌；在向桡侧屈曲腕关节时，桡侧腕伸肌和桡侧腕屈肌同为原动肌，尺侧腕伸肌和尺侧腕屈肌则为拮抗肌；桡侧腕伸肌和桡侧腕屈肌同时收缩使腕伸、屈的作用相互抵消，因而又互为中和肌，此时固定肘关节的肌群为固定肌。

（五）多关节肌

跨过一个关节的肌肉称为单关节肌，如肱肌。跨过两个或两个以上关节的肌肉称为多关节肌，如股直肌。多关节肌由于跨过的关节多，工作时会出现多关节肌"主动不足"和多关节肌"被动不足"。

1. 多关节肌"主动不足"

多关节肌作为原动肌工作时，其肌力充分作用于一个关节后，就不能再充分作用于其他关节，这种现象称为多关节肌"主动不足"（其实质是肌力不足）。如充分屈指后，再屈腕，则会感到屈指无力（原来握紧的物体有松脱感），这就是前臂屈肌群发生了多关节肌"主动不足"现象。

当多关节肌收缩达到一定限度时，对其中一个关节发挥作用后，就不能再产生有效的张力了，因此，对另一个（或其余）关节就不能充分发挥作用，这种现象被称为多关节肌的"主动不足"（或主动肌的"主动不足"）。如当腕处于背伸位或中立位时可以很充分屈指，而在屈腕情况下再屈指会感到力量不足，这是因为屈腕再屈指超过了肌肉牵拉的限度，因此限制了握拳动作，即前臂屈肌群的"主动不足"。

2. 多关节肌"被动不足"

多关节肌作为对抗肌出现时，已在一个关节处被拉长后，在其他的关节处再不能被拉长的现象，称为多关节肌"被动不足"（其实质是肌肉伸展不足）。如伸膝后再屈髋，即直腿前摆，腿摆得不高，这是由于股后肌群发生了多关节肌"被动不足"。

当多关节肌被拉长伸展时，在其中一个关节已经被拉长后，另一个（或其余）关节就不能充分被拉长，这种现象被称为多关节肌的"被动不足"（或拮抗肌的"被动不足"）。比如，当仰卧位膝关节屈曲时髋关节屈曲可达120°，而当膝关节伸直时髋关节屈曲幅度就小得多，这是股后肌群"被动不足"的现象。

＞ 五、肌肉在平衡与协调中的作用

人体能够在各种情况下保持平衡，有赖于中枢神经系统控制下的感觉系统和运动系

统的参与、相互作用及合作。

（一）肌肉对脊柱稳定及其功能的影响

人体姿势及运动状态的保持，依赖于脊柱的稳定。维持脊柱稳定的结构有骨关节、韧带和肌肉。骨关节和韧带被认为是脊柱的内部稳定结构，肌肉被视为脊柱外部稳定结构。

1.骨关节对脊柱稳定性的影响

椎体和关节突的形状限制着脊柱的活动范围，椎间盘连接椎体可避免彼此过度滑移。椎骨间韧带也控制着脊柱的活动，如椎弓间韧带、棘间韧带和后纵韧带可限制脊柱的过度前屈；前纵韧带防止过伸，横突间韧带防止脊柱的过度侧屈等。

2.肌肉对脊柱的作用

与骨关节和韧带不同，肌肉对脊柱具有保持脊柱稳定和协同脊柱运动的双重作用，并发挥主动调节功能，这是调节脊柱平衡的关键要素。相关功能肌群主要是腰肌和背肌。背肌主要包括浅层的背阔肌和深层的骶棘肌。腰肌主要包括腰方肌和腰大肌，此外间接作用于腰背部限制脊柱的肌有腰前外侧壁肌、臀大肌、臀中肌、臀小肌、股二头肌、半腱肌及半膜肌等。这些肌群的协调配合能实现脊柱对身体的支撑、负重、减震、保护和运动等功能。

（二）肌肉的协同作用

多个肌群在一起工作产生的合作性动作被称为协同动作。协同动作中肌肉的运动以固定的空间和时间关系模式进行。正常的协调性运动就是将多种不同的协同动作组织和编排在一起的结果。姿势协同动作通过下肢和躯干肌以固定的组合、固定的时间顺序和强度进行收缩的运动模式，从而达到维持站立平衡的目的。

姿势协同动作通过三种运动模式应对外力或支撑面的变化以维护站立平衡，即踝关节协同动作模式、髋关节协同动作模式及跨步动作模式。踝关节协同动作指身体重心以踝关节为轴心，进行前后转动或摆动，类似钟摆运动。髋关节协同动作模式是通过髋关节屈伸来调整身体重心和保持平衡。跨步动作模式是通过向作用力方向快速跨步来重新建立重心的支撑点或站立支撑面以建立新的平衡。当身体重心达到稳定极限时，上肢、头和躯干运动建立反应性平衡，以防止跌倒或失去平衡。

此外，在许多不稳定的随意运动开始之前，身体的某些部位就已预先出现肌肉的收缩活动和人体重心的转移，这种预备性姿势调整在快速协调运动中保持平衡是非常重要的。

需要强调的是，机体的平衡和协调功能可在反复训练中逐步提高，肌肉的结构和功能是基础，神级系统对运动的控制是关键。静态平衡需要肌肉的等长收缩，动态平衡需要肌肉的等张收缩。

第三节 肌肉的运动适应性

> 一、肌肉训练的结构基础

（一）肌肉训练的结构基础

研究表明，在一定的神经兴奋状态下，肌力的大小与所能形成的横桥总数成正比。肌力的大小与肌肉横断面积紧密相关，肌肉横断面积由肌原纤维总量及每个肌原纤维的横断面积的大小决定。由于每条肌原纤维的 ATP 含量基本相同，所以增加肌原纤维的总量和肌的横断面积是增加肌力的有效途径。

肌原纤维的增生与萎缩随着其所受应力的变化而变化。有研究认为，在结构水平上，增强肌力训练可以增加肌原纤维的量和每条肌原纤维横断面的面积，从而使整块肌肉肥大，肌力增强。

肌力训练还可以使肌肉的功能得到提高。肌肉相关功能蛋白的合成增加，糖酵解功能增强，对乳酸的耐受能力增强；肌肉毛细血管和线粒体的数量增加，肌肉对氧的利用能力增强，ATP 生成和利用能力也显著增强；肌肉的反应时间缩短，弹性改善，力量与耐力增强；肌肉自我调节能力增强，恢复时间缩短。

肌肉的结构和功能变化受运动强度和运动方式的影响，这是康复运动训练的基础。肌肉训练伴随的心肺功能的适应性变化，为肌肉的结构和功能变化提供支持和保障。

（二）肌肉的应力—应变特性

骨骼肌运动的力学特征主要表现在肌收缩时长度与张力、张力与速度的变化上。

1. 肌肉收缩的长度与张力关系

骨骼肌收缩的长度—张力关系是指前负荷（肌肉收缩前所承受的负荷）对肌肉收缩时张力的影响。如果在后负荷固定的条件下改变前负荷，即改变肌肉的初长度（肌肉在收缩前被拉长的长度）后，观察肌肉收缩所产生的张力变化，可以看到随着前负荷的增大，肌肉的初长度逐渐增加，肌肉收缩的张力也增大。当肌肉的初长度增加到一定程度时，肌肉产生张力达到最大，如果此时再继续增加肌肉的初长度，肌肉产生的张力会减小，由此得到骨骼肌的长度—张力关系曲线［图5-7（a）］。使肌张力达到最大时的初长度被称为最适初长度，其负荷称最适前负荷。

肌肉在最适初长度时能产生最大张力的原因是粗细肌丝处于最理想的重叠状态，即此时起作用的横桥数目达到最大，而初长度小于或超过最适初长度时，改变了粗细肌丝最理想的重叠状态［图5-7（b）］，起作用的横桥数目减少，因此，肌肉的初长度超过或明显小于最适初长度时，肌肉产生的张力（主动张力）都会减小。实验表明，肌小节的最适初长度应在2.0~2.2 μm。

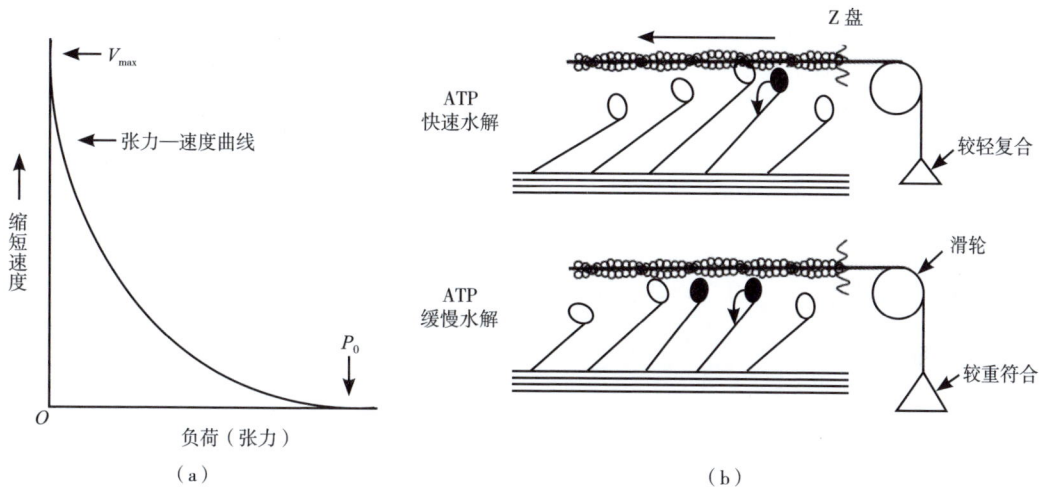

图5-7　骨骼肌的长度—张力曲线

一般认为，骨骼肌的最适初长度要稍长于自然长度，因此预先增加肌肉的初长度可增大肌肉收缩的力量。对于某些运动项目，如投掷与跳跃等，在运动开始时预先增加骨骼肌的初长度，可以使收缩力量增强。

2. 肌肉收缩的张力与速度关系

骨骼肌收缩的张力与速度关系是指后负荷对肌肉收缩速度的影响。当肌肉开始收缩时，由于后负荷（肌肉开始收缩时遇到的负荷或阻力）的存在，肌肉不能立即缩短，而首先表现为张力增加以克服负荷或阻力。当张力增加到与负荷相等或稍超过负荷的瞬间，负荷不再能阻止肌肉的缩短，于是肌肉以一定的速度缩短，并移动负荷，直至收缩结束，然后再逐渐舒张。肌肉在有负荷的条件下进行收缩，总是首先出现张力变化，然后才发生肌肉长度的缩短，并且从收缩开始到结束，肌张力维持不变。

在实验中，如果逐渐增加肌肉的后负荷，肌肉收缩产生的张力逐渐增大，但肌肉收缩的速度却逐渐减缓，缩短的长度逐渐减小。当负荷增加到超过某一数值时，肌肉已不能再缩短，此时肌肉缩短的速度等于零，但肌肉产生的张力达到最大（肌肉的最大张力，简称Po）。由于肌肉缩短的距离为零，故从理论上说，肌肉是没有做功的，反之，逐渐减小肌的后负荷，肌肉收缩的速度逐渐加快，缩短的长度逐渐增大，但张力则逐渐减小。当负荷减小到零时，肌肉缩短速度达到最大，简称最大缩短速度。肌肉在后负荷作用下表现的张力和速度的关系描绘在坐标中可得到张力—速度关系曲线（图5-8）。

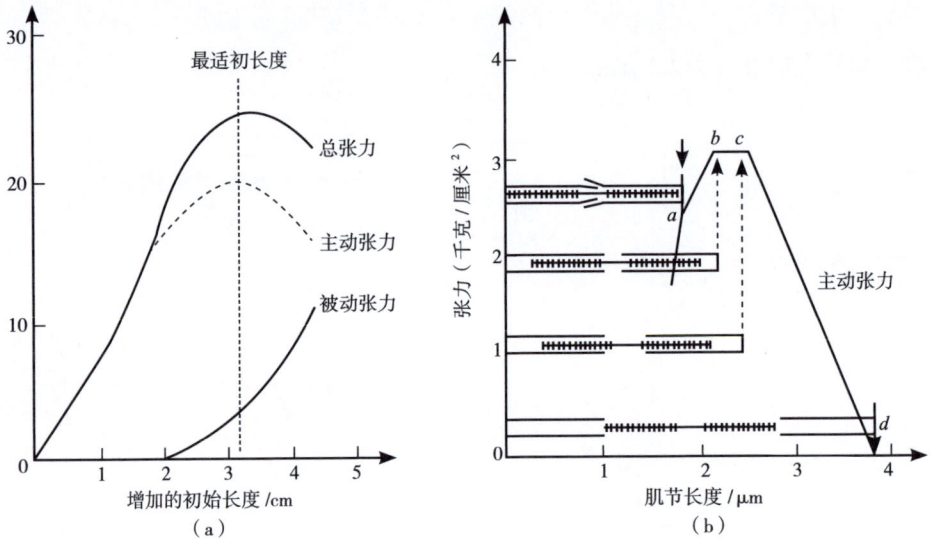

图5-8　骨骼肌的张力—速度关系曲线

以上所述的肌肉收缩的张力与速度关系是由肌肉本身的物理性质决定的，反映了肌肉组织的黏弹性，即肌肉的收缩成分不能随长度变化而立刻变化。

运动训练可改变肌收缩的张力—速度曲线，使张力—速度曲线向右上方偏移，表现为在相同的力量下，可发挥更大的速度或在相同的速度下肌肉产生更大的力量。

肌肉的应力—应变特性可反映运动单位相互力学作用的效果。一根肌纤维或一组肌纤维产生的力越大，作用于串联排列的收缩组织的作用力也越大。串联排列组织所受作用力的大小取决于串联肌纤维的激活状态，以及运动单位产生的力的水平。

动态的应力—应变关系的重要性体现在两个方面：首先，动态的应力—应变关系能影响被激活的运动单位的力、速度和时间特征；其次，施加于组织的作用力可能会成为引起损伤的因素。一般认为，肌肉运动时会产生拉力，引起肌内结缔组织、肌纤维或肌腱连接损伤（断裂）。如半腱肌的串联排列区域可被视为两个串联的肌纤维，不同部位受到刺激可使整块肌肉表现不同应力—应变特征。肌肉一端单独受到最大刺激时产生的最大肌力与两端同时受到刺激时所产生的力是相等的；但前者的受刺激端肌肉可呈现向心运动，另一端则呈现离心运动；后者的两端均受刺激，则均呈向心运动。因此前者的肌肉两端的位移常不如后者显著。这种不同的应力—应变关系可能是不同肌肉运动损伤差异的重要原因。

（三）牵拉—缩短周期

1.牵拉—缩短周期的性质和特点

如前所述，肌肉的运动基本上被分成静力性和动力性两类。静力性的如等长收缩，动力性的如向心运动或离心运动。由于身体运动环节周期性地受到力的冲击，所以肌肉的运动很少只包括孤立的等长收缩、向心运动或离心运动形式，这种运动分类并没有表现肌肉自然的运动形态，如行走、跑、跳，或受到其他外力作用的条件状态等。

人体行走和奔跑运动不同于车轮转动。车轮的重心位置总是正好位于与地面接触点的上方，而且垂直于前进的路线，而人的行走和奔跑运动更像立方体的"滚动"，当与地面发生接触时，会产生很大的冲击负荷。与地面发生接触之前，肌肉先被激活［图5-9（a）］，准备对抗这种冲击，同时肌肉被拉长（离心运动）［图5-9（b）］，拉长后出现缩短（向心运动）［图5-9（c）］，即肌先做离心运动，紧接着做向心运动，离心和向心运动的结合构成肌功能的一个自然类型，我们称其为牵拉—缩短周期。

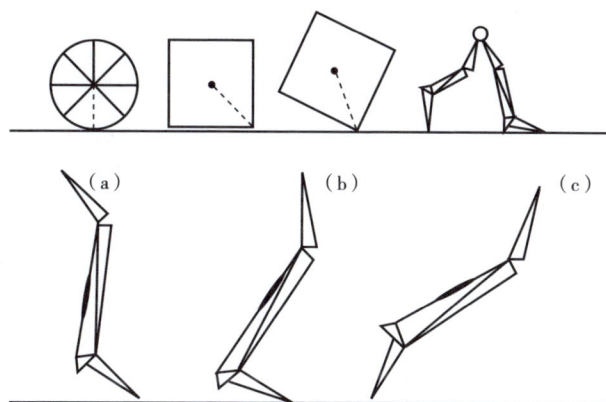

图5-9　牵拉—缩短周期

总之，机体的运动涉及多个关节和肌群，在复杂而协调自如的运动中，每块肌肉通常都以牵拉—缩短周期的运动形式实现各自的运动功能。即肌肉先做离心运动，紧接着做向心运动。在离心运动时，肌肉被拉长，这是主动运动过程。离心和向心运动的循环往复，形成肌的自然运动形式。

肌肉以牵拉—缩短周期运动为主的自然运动，包含主要由离心运动引起的高强度的力的调节性释放。这种高强度的力有利于肌—腱复合体中弹性应变能量的贮存。在随后的缩短阶段，这种贮存能量的一部分能被重新获得，并被用于提高运动效能。

牵拉—缩短周期的作用是使离心运动后的向心运动比单纯的向心运动更为有力。大量的科学研究表明，肌肉在缩短（向心运动）前先主动伸长（离心运动），可增加弹性势能，使肌肉做功增加，这是牵拉—缩短周期中力量和爆发力弹性势能增强的机制。

2. 牵拉—缩短周期运动的机械效率

肌肉的运动形式不同，机械效率也不同。肌肉缩短或拉长的速度差异，也对机械效率数值产生影响。在牵拉—缩短周期中，不同的负荷条件产生不同的机械效率。向心运动的机械效率，受向心运动的缩短速度的影响，两者并非线性关系，而是随着缩短速度的加快而减小。而在离心运动中，机械功增加时，机械效率都有所增加。离心运动的机械效率是非常高的，但并非一成不变，个体间的差异非常显著。通过提高牵拉速度，可以提高机械效率。

> 二、肌肉的运动适应性

肌肉具有适应它需要完成的各种运动的内在能力，这种适应性随着正常的生长发育及对运动的反应逐渐形成。通过肌肉结构和功能改变以适应运动环境的变化，可以表现为运动增强导致的肌增大或增生、力量增强，也可以因运动不足而呈现肌萎缩和力量衰减。

从解剖和生理方面来看，当成人肌肉以超过其最大产力的60%~70%的强度做功时，就会出现使总肌肉体积（横截面积）和力量增加的适应性结果。从理论上来说，肌肉体积的增加可能是由肌纤维体积的增加、肌纤维数量的增加和（或）间质结缔组织的增加引起的，但由于结缔组织在肌肉总体积中所占的比例很小，它对肌肉体积变化所起的作用也非常有限。肌纤维体积的增加是对抗阻力等功能性超负荷训练的反应。肌肉的运动适应受运动环境的影响，这种环境变化与运动方式有关。无论是肌肉的等长运动、向心或离心运动，还是牵拉—缩短周期运动，都包括以下基本要素：运动负荷、运动时间和运动频次。运动基本要素的变化，可产生与之适应的组织和生物化学改变。因此，肌肉的运动适应也可为短期的急性适应和长期的慢性适应。

1. 急性适应

肌肉的急性适应可被视为运动即刻、短时或运动早期肌肉的结构和功能变化。因此，肌肉的急性适应，与其说是适应，不如说是变化更贴切。通常肌肉急性适应阶段所受的负荷越小、时间越少、运动频次越低，肌肉的结构和功能变化越小；反之则越大。此外，肌肉对运动基本要素的变化的适应与肌肉自身的结构和功能状态紧密相关，否则极易导致损伤的发生。

2. 慢性适应

肌肉对力量刺激的长期适应的结果表现为肌肉形态、结构和功能变化。具体表现如下。

（1）肌原纤维的蛋白质含量增加，肌肉横截面积增加，肌力和肌肉力量技能增加。

（2）力训练可引起肌纤维类型成分发生改变，促进快肌纤维向慢肌纤维转换，力量训练可使快肌纤维 b 型（Ⅱb 型）明显转变为快肌纤维 a 型（Ⅱa 型）。

（3）毛细血管改变：研究表明，耐力训练能引起毛细血管增加，以适度高负荷、高重复率为主的大强度训练方法也可促进毛细血管的增生，而以高负荷、低重复率为主的力量训练，并不一定导致新生毛细血管的出现。受肌纤维增大程度的影响，毛细血管增加时，其密度可较运动前增加、保持或降低。

（4）线粒体密度改变：对低等哺乳类动物的研究结果显示，运动引起的肌肉增大与线粒体体积增加密切相关，但对力量训练运动员的研究表明，训练后的肌肉线粒体密度降低。进一步的研究表明，运动性肌肉增大产生的线粒体密度降低与肌肉的氧化酶含量降低具有相关关系。

（5）酶含量与活性改变：肌肉中与代谢相关的蛋白酶种类繁多，运动对酶含量与活性的影响较为复杂，不可一概而论。研究表明，进行力量训练或快速力量训练后，运动员的氧化酶活性正常或基本正常，大负荷力量训练并不能增强参与有氧代谢的酶的活性。而在快速力量或力量训练后，肌激酶的含量与活性有所增加；力量训练运动员快肌纤维酵解酶（例如乳酸脱氢酶）的活性稍高于不运动的人群。运动后，酶的含量与活性可呈现不同的特征，这些特征与表现具有重要的生理学意义。

（6）肌肉底物水平改变：肌肉底物主要包括糖原、腺苷三磷酸和磷酸肌酸、脂质和肌红蛋白。①糖原：耐力训练引起的肌肉的适应性改变使肌肉静息糖原含量增加。②腺苷三磷酸和磷酸肌酸：多回合的力量练习可使腺苷三磷酸和磷酸肌酸储备降低，这种急性的代谢反应为增加高能磷酸化合物储备能力提供适应性刺激，长期的适应结果则表现为肌肉静息磷酸盐水平提高。这种适应结果由肌纤维蛋白水平决定，通常只有在肌纤维蛋白含量增加的情况下，才能出现这样的结果。③脂质：尽管耐力训练、力量训练与未经训练人群肌的结构和功能可能存在差异，但三者肌脂质的含量无显著不同，即脂质对运动刺激呈惰性表现。④肌红蛋白：肌肉中肌红蛋白对氧的运输起重要的作用。尽管慢肌纤维通常比快肌纤维含有更多的肌红蛋白，但耐力训练不能促进人体肌肉中肌红蛋白含量的增加。力量训练后肌纤维体积虽然增大,但肌肉中肌红蛋白含量相应降低,以适应氧化酶含量降低的肌环境。这说明,长期的力量训练可能会降低肌的摄氧潜力,并可能降低有氧工作能力。

3. 牵拉—缩短周期运动的训练

肌肉的训练适应与肌肉内环境的变化和肌肉的运动方式有关。肌肉运动后代谢产物的刺激是导致肌肉结构和功能变化的重要原因,这从一个层面阐述了肌肉训练适应机制,这些已有的运动生物化学知识可以给出较好解释。采用牵拉—缩短周期的跳跃练习,可通过改善肌肉强度,提高肌肉的爆发力,对肌肉的力量和快速力量产生较好的训练效果。运动训练具有增加肌梭长度的作用,这种作用在牵拉—缩短周期运动中不断加强,这样可以改善牵拉—缩短周期牵拉阶段的肌肉强度;当具有抑制作用的高尔基氏腱器官功能同步减弱时,肌肉的强度进一步提高。这样就使肌肉可以承受更大的牵拉负荷,贮存更多的弹性势能,从而改善快速力量和机械效率。

> 三、肌肉对物理因子刺激的适应与反应

(一)温度

肌肉在不同的温度条件下的兴奋性不同,面对不同的温度刺激呈现不同的刺激反应,这些反应可能受到神经系统功能的影响。

通常,短暂的冷刺激或热刺激均可使肌的兴奋性和收缩功能增强,随着刺激时间的延长,则表现为肌肉对环境温度变化的适应。长时间的冷刺激或温热刺激有利于痉挛肌的松弛。

(二)电刺激

长期以来,经皮肤肌电刺激(EMS)一直被临床医生用于治疗运动功能受限的患者,应用方面主要包括促进反射、止痛、延缓肌萎缩和功能退化。这在预防肌功能退减、促进功能恢复方面发挥了积极作用。

肌电刺激后肌肉的收缩性能增强,力量显著增加,肌电刺激作用的主要原理如下。

1. 肌肉对电刺激的适应性反应

肌肉电刺激对肌收缩力的影响受神经因素影响,遵循负荷大小原则,依此原则肌肉产生与之适应的兴奋激发与力量变化,并随负荷的增大产生更大的适应性反应。

2. 激发运动神经元，动员运动单位

肌肉电刺激不是直接引起肌肉兴奋，而是刺激电流沿着肌肉内较易兴奋的神经末梢传导。肌电刺激对外周神经的激发与运动神经元的电兴奋阈值有关，阈值低则兴奋度高。由于较低的刺激强度有可能激发较大的运动神经元，动员更多的运动单位。肌电刺激优先使大的快收缩运动单位兴奋。快肌纤维的优先增大是力量训练中常见的适应性反应，这与肌肉经过训练的表现结果一致。

3. 增加氧化酶和糖原合成酶，提高肌耐力

长时间、低频率的肌肉电刺激能够引起低等哺乳动物快肌纤维氧化酶和糖原合成酶的显著增加，使快肌纤维退化和萎缩，并向慢肌纤维转变；对慢肌纤维的影响主要表现为线粒体含量增加。这有利于提高肌肉耐力，增强运动个体抗疲劳的能力。

第四节　影响骨骼肌运动的因素

肌肉运动能力是指决定肌肉收缩效能的内在特性。影响肌肉收缩效能的内在特性与许多因素有关，主要包括肌肉自身的形态结构、运动中枢功能状态、理化因素与运动形式等。

＞　一、自身因素

1. 肌肉结构的完整性

任何因素导致肌肉结构的完整性发生变化，都会影响肌肉的收缩功能，如运动过程中肌肉的拉伤与撕裂。

2. 肌肉的生理横断面

肌肉的生理横断面是指横切某块肌肉所有肌纤维的横断面面积。肌肉的生理横断面越大，包含的肌纤维越多，肌肉收缩产生的力量就越大。力量训练可以使肌肉的体积增大，横断面增大。因某些原因使肢体制动，可导致肌肉萎缩，肌肉的生理横断面减小，肌力就会下降。

3. 肌纤维类型

慢肌纤维收缩速度慢，产生的力量小，然而慢肌纤维有很强的抗疲劳性。快肌纤维收缩速度快，产生力量大，但容易疲劳。

> 二、运动中枢

1. 神经冲动频率

当运动神经元发放的冲动频率增高时，募集的运动单位增多，肌肉的收缩力量就会增加；反之，发放的冲动频率降低，肌肉的收缩力量下降。生理情况下，支配骨骼肌的运动神经总是发放连续的冲动，因此，骨骼肌的收缩都是强直收缩，即便在静息状态下，运动中枢仍发放低频冲动，维持轻度持续的收缩状态，即肌紧张。

运用物理因子的电刺激方法刺激骨骼肌，可以促进神经兴奋的传导与运动单位的募集，有延缓肌萎，增强肌力的作用。治疗时应掌握刺激强度、时间和频率，以免使肌肉收缩，影响治疗效果。

2. 运动中枢调控作用

运动中枢通过神经传导准确传达中枢对骨骼肌产生兴奋或抑制的指令，使主动肌、拮抗肌与协同肌之间的工作更加协调。如果运动中枢损伤，则这种调节能力明显下降，影响肌肉收缩，使运动功能发生障碍。力量训练可以使运动中枢的调控功能得到改善，产生强而集中的兴奋过程，发放同步的高频兴奋冲动，使肌收缩力量增强。

> 三、理化因素

肌肉的内在功能状态与能量、氧供应、离子、激素、温度及其内环境因素有关。

1. 离子浓度

肌肉收缩产生张力的大小，取决于起作用的横桥的数目，而横桥数量又与细胞内 Ca^{2+} 浓度呈正相关。Ca^{2+} 浓度增加使肌收缩增强，反之则减弱。

2. 缺氧与酸中毒

体内酸性代谢产物（乳酸）生成过多会引起 pH 值下降，导致肌张力下降，其主要原因一方面是肌钙蛋白与 Ca^{2+} 结合力降低，肌动蛋白反应数目减少，另一方面是由于 pH 值下降，抑制糖酵解限速酶、磷酸果糖激酶活性，使机体无氧供能途径受阻。

缺氧影响神经—肌肉接头处的兴奋传递与兴奋收缩耦联，导致肌收缩蛋白与横桥功能特性改变而影响肌肉收缩。

3. 药物与激素

（1）药物：药物对肌肉收缩作用主要通过影响神经突触传递来实现。对严重肌痉挛患者，可选择性地使用肉毒素类（乙酰胆碱受体阻断剂）制剂阻断神经—肌接头处的神经递质（乙酰胆碱）传递，达到解除肌痉挛的目的。

（2）激素：雄性激素及其衍生物具有促进肌蛋白质合成的作用，可以提高肌力与耐力。竞技体育比赛中违规使用的兴奋剂，其中一部分是睾酮及其衍生物（合成类固醇）。

4. 温度

在低温状态下，神经兴奋性下降，神经传导速度减慢，肌张力降低，可以缓解肌痉挛，但短暂冷刺激可以加强肌的兴奋性和收缩功能。温热刺激可使肌的黏滞性下降、伸展性和弹性增加，肌结缔组织松弛延长变软，缓解疼痛。

康复治疗中常采用冷刺激（冰水）或温热疗法（蜡疗、砂疗）等物理方法缓解肌痉挛、松解黏连与减少疼痛。

> 四、运动形式对肌肉结构的影响

不同运动形式对骨骼肌的影响表现为对肌肉的形态结构、特性、代谢和功能的影响。力量与耐力训练使骨骼肌纤维横断面积增大，肌红蛋白增加，线粒体体积增大与数量增多、ATP 酶活性增加、肌结缔组织增厚、毛细血管增多与肌中脂肪减少等。

第六章
关节运动与肌肉

与关节运动学对应的是骨运动学，骨运动学描述的运动是骨骼以关节为轴心，在矢状面、水平面和冠状面三个主要平面上的运动。一般来说，关节是由两个部分所构成的，即关节的近端和远端。因此，一个关节的运动可以从两个构成部分的角度来考虑：①远端固定，近端部分以关节远端为轴心的运动，即近端—远端的运动（近—远运动）；②近端固定，远端部分以关节近端为轴心的运动，即远端—近端的运动（远—近运动）。比如，骨之间的相对运动，可以描述为胫骨—股骨运动或股骨—胫骨运动。比如，构成膝关节的股骨远端和胫骨近端。膝关节屈伸运动，即描述大腿与小腿或股骨与胫骨之间的相对运动，可以描述为胫骨—股骨运动或股骨—胫骨运动。

第一节　上肢关节运动与肌肉

> ### 一、肩

肩是把上肢连接到胸或躯干的一组结构，在人类的生活、生产劳动和体育运动中占有重要的位置。广义的肩关节由盂肱关节、肩锁关节、肩胛胸壁关节和胸锁关节四个关节共同组成。此外，一些学者还将肩峰下关节和喙突锁骨间关节包括在广义的肩关节内。这些关节提供并增加了上肢的活动范围，锁骨、肋骨、肩胛骨和肱骨近端及它们之间连接的关节构成了肩关节复合体。同时这些关节的任何病变都会限制肩关节的活动，进而引起整个上肢的活动功能障碍。因此，由胸骨、锁骨、肩胛骨和肱骨近端及它们之间连接的关节构成了肩关节复合体（图6-1）。

肩关节复合体的运动是由肩部肌群和关节的协作共同完成的，肩部肌群的协同运动提升了肩关节的关节活动度和稳定性，因此肩部任何肌肉无力或瘫痪都将影响整个肩关节的运动链。

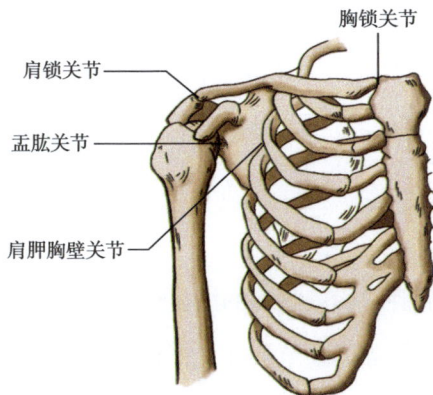

胸锁关节

肩锁关节

盂肱关节

肩胛胸壁关节

图6-1 肩关节复合体

（一）骨学

1. 胸骨

胸骨包括柄、体和剑突三部分。在胸骨柄处有一对椭圆形的锁骨关节面。在胸骨柄的边缘末端有肋骨面，它连接双侧的第一肋。在胸骨柄的顶部，即双侧锁骨关节面之间有颈静脉切迹。

2. 锁骨

锁骨的形状呈内侧凸外侧凹的曲线形，并与冠状面形成向后20°的倾斜角。当上肢处于解剖位时，锁骨的长轴稍微高于水平面（内低外高）。锁骨的肋骨面面对第一肋，其外侧稍后方有一肋骨结节，上有肋锁韧带附着；锁骨末端与肩峰形成肩锁关节，外侧锁骨的下方有个锥形结节。

3. 肩胛骨

肩胛骨也叫胛骨、琵琶骨。位于胸廓的后面，是倒置的三角形扁骨，介于第2~7肋之间。分为两个面、三个角和三个缘。前面为肩胛下窝，是一大而浅的窝。后面有一横行的骨嵴，称肩胛冈；冈上、下的浅窝，分别称冈上窝和冈下窝。肩胛冈的外侧扁平，称肩峰。外侧角肥厚，有梨形关节面，称关节盂，关节盂的上、下方各有一小的粗糙隆起，分别称盂上结节和盂下结节。上角和下角位于内侧缘的上端和下端，分别平对第2肋和第7肋，可作为肋计数的标志。肩胛骨上缘的外侧有肩胛切迹，肩胛切迹外侧的指状突起，因外形酷似鸟嘴，故称喙突；内侧缘长而薄，对向脊柱，称脊柱缘。外侧缘肥厚，对向腋窝，称腋缘。肩胛骨、锁骨和肱骨构成肩关节。肩胛骨位于背部的外上方。肩胛骨前面微凹，后面有一向外上的高嵴，称肩甲冈，其外侧端称肩峰，是肩部的最高点。肩胛骨在体表可触及。

4. 肱骨

肱骨位于上臂，又叫上臂骨。上端有半球形的肱骨头与肩胛骨的关节盂组成肩关节；下端与尺、桡骨的上端构成肘关节。它是典型的长骨，可分为一体二端。

（二）关节

1. 盂肱关节

盂肱关节是肱骨头与肩胛骨盂臼之间的滑膜性接联，包括半球形肱骨关节面和骨与软组织的臼。在解剖位，肩胛盂的关节面在肩胛骨平面朝向前外方向。盂肱关节是一个活动度很大的关节，它的运动可发生在三个自由度上。盂肱关节重要的运动是：①屈曲和后伸；②外展和内收；③内旋和外旋。

2. 肩锁关节

肩锁关节由肩胛骨肩峰关节面与锁骨肩峰端关节面构成。关节囊较松弛，附着于关节面的周缘。另有连接于肩胛骨喙突与锁骨下面的喙锁韧带（斜方韧带、锥状韧带）加固。肩锁关节属平面关节，可做各方向的微动运动。在肩锁关节的运动中，肩胛骨的运动有三个自由度。肩胛骨基础的运动是上旋和下旋，上下旋转运动增加了肩胛骨相对离开胸壁的距离；此外，还有内旋与外旋运动和前倾与后倾运动形式。肩锁关节的活动范围是很难测量的，因为这个关节的位置不是一个典型的关节位置。

3. 肩胛胸壁关节

肩胛胸壁关节不是一个真正解剖学意义上的关节，是肩胛骨的前面和胸廓的后外侧面间的一个衔接面。肩胛胸壁间隙被前锯肌分为两个部分，在肩胛下肌和前锯肌之间的前间隙为腋窝的延续部分，含有疏松结缔组织，肩胛下动静脉、肩胛下神经及胸背神经干均在此间隙通过。前锯肌与胸廓外部筋膜之间为后间隙，充满蜂窝组织。在解剖位，肩胛骨的位置在第 2~7 肋骨间，肩胛骨的内缘到脊柱距离约 6 厘米。肩胛胸壁关节的运动在肩关节的运动学中有非常重要的作用，发生在肩胛骨和胸壁之间的运动是胸锁关节和肩锁关节共同运动的结果。肩胛胸壁关节的运动主要是使肩胛骨上抬与下沉、前伸与后缩及上旋与下旋。

4. 胸锁关节

胸锁关节由锁骨的胸骨关节面与胸骨柄的锁骨切迹及第一肋软骨的上面共同构成。关节囊附着于关节的周围，前后面较薄，上下面略厚，周围有韧带增强。关节面略呈鞍状，关节腔内有一近似圆形的关节盘，将关节腔分为内下和外上两部分。胸锁关节可做各个方向的微动运动，体现为锁骨外侧端的上提、下降和前后运动，此外，尚能做轻微的旋转运动。

（三）运动学特征

肩关节复合体的运动以盂肱关节活动为主。盂肱关节是一个活动度很大的关节，它的运动可发生在三个自由度上，重要的运动是前屈和后伸、外展和内收、内旋和外旋（图6-2）。

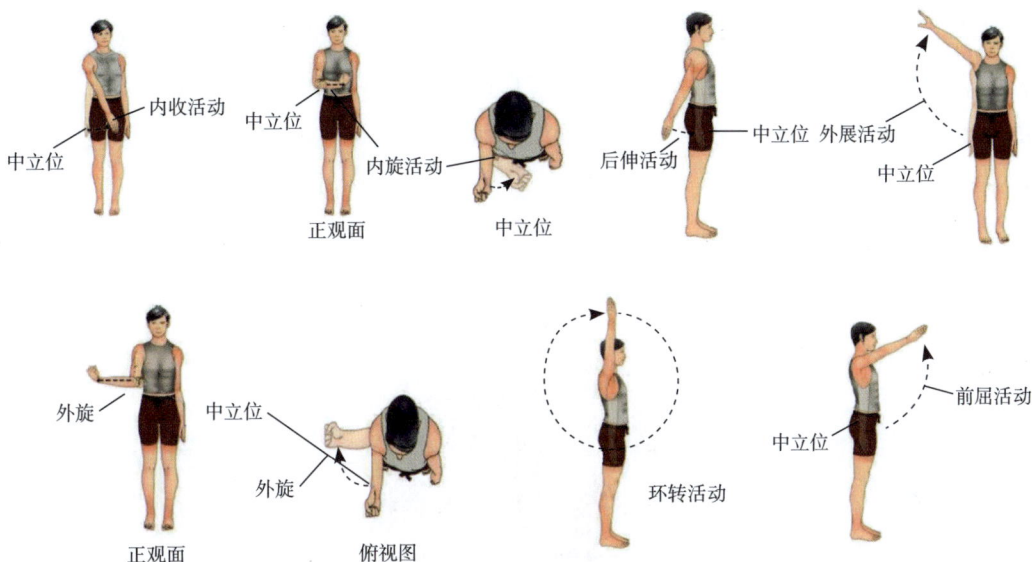

图6-2　肩关节运动形式

1.外展和内收运动

外展和内收在传统上被定义为肱骨在冠状面上的运动。在全范围的外展中肱骨头的几何中心保持在6毫米移动范围内运动。

外展的关节运动学包括肱骨头在相对向上滚动时向下滑动，这些滚动和滑动的关节运动学的发生沿着或接近盂窝的垂直轴。内收的关节运动学类似于外展，但是发生在相反的方向上。

2.前屈和后伸运动

盂肱关节的前屈和后伸被定义为肱骨在矢状面围绕内—外轴的旋转。假如运动发生在矢状面，肱骨头在盂窝内旋转，肱骨头的旋转运动则会增加周围关节囊结构的张力，在屈曲的末端，后部关节囊牵拉所产生的张力可以导致肱骨轻度地向前移位。

3.内旋和外旋运动

在解剖位置上，盂肱关节的内外旋转被定义为肱骨在水平面上的旋转。这个旋转轴通过肱骨干发生在垂直轴上，通过肱骨头和关节盂的横径。在外旋的同时，肱骨头在关节盂内发生向后滚动和向前滑动。内旋的关节运动学和外旋的关节运动学相似，但是滚动和滑动的运动方向和外旋相反。

（四）肩关节肌肉分布与功能

参与肩关节运动的肌肉主要为肩部肌肉，而且肩关节运动需在上臂肌肉协助下共同进行。肩关节的运动必须具备两个条件：①要有良好的肩胛部肌肉使肩部保持相当的稳定；②肱骨头和关节盂之间须保持密切相接（主要由肩袖来完成）。因此，参与肩关节运动的骨骼肌并不单纯地只供给关节动力，在稳定肩关节方面也起很大作用。参与肩关节运动的骨骼肌很多（有肩肌、臂肌、胸肌和背肌等），具体来说主要有三角肌、冈上肌、冈下肌、小圆肌、大圆肌、肩胛下肌、肱二头肌、肱三头肌等（图6-3、表6-1）。

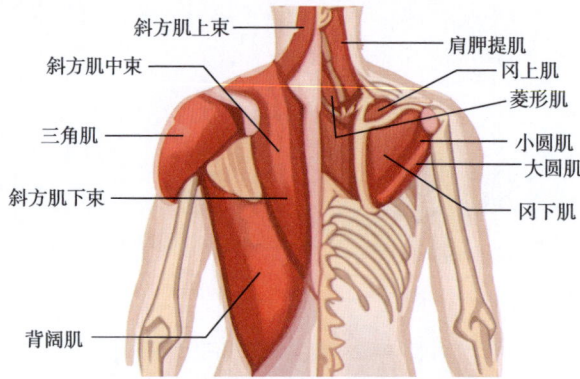

图6-3　肩部肌肉分布

表6-1　肩部肌肉与运动

运动的形式	参与运动的肌
前屈	胸大肌、三角肌前束、肱二头肌、喙肱肌
后伸	背阔肌、三角肌后束、肱三头肌长头、大圆肌、小圆肌、冈下肌
内收	三角肌后束、大圆肌、小圆肌、冈下肌
外展	三角肌、冈上肌
旋内	三角肌后束、大圆肌、小圆肌、肩胛下肌、冈下肌
旋外	胸小肌、背阔肌、大圆肌、小圆肌、冈下肌、小圆肌、肩胛下肌
环转	三角肌（三个束）、胸大肌、斜方肌、菱形肌、前锯肌、背阔肌、大圆肌、小圆肌

1.三角肌

三角肌位于肩关节的外侧，从前、外、后三面包裹肩关节，使肩部呈现圆隆的外观；

起于锁骨外侧端、肩峰和肩胛冈，止于肱骨中段外侧的三角肌粗隆。其作用主要是使肩关节外展、前屈、后伸。

2. 冈上肌

冈上肌位于肩背部的肩胛骨冈上窝内，被斜方肌覆盖；起于冈上窝，肌束向外跨过肩关节之上，止于肱骨大结节。其作用是使肩关节从 0° 位外展 15°，其后与三角肌共同使肩关节外展，因此冈上肌在肩关节开始外展的过程中尤为重要。当肩关节外展无力，特别是在开始外展无力时，要考虑冈上肌腱是否断裂。

3. 冈下肌

冈下肌位于下窝中，起于冈下窝的骨面，肌束向外跨过肩关节后方，止于肱骨大结节。其作用主要是使肩关节外旋。

4. 小圆肌

小圆肌起于肩胛骨腋缘上 2/3 的背面，止于肱骨大结节的后面。其作用主要是使肩关节外旋。

5. 大圆肌

大圆肌在小圆肌之下，起自肩胛骨的腋缘下 1/3 和下角的背面，肌束向上外，绕至肱骨之前，止于肱骨小结节下方的骨嵴。其作用主要是使肩关节内收、内旋、后伸。

6. 肩胛下肌

肩胛下肌位于并起自肩胛骨前面的骨面，肌束斜向外上，过肩关节之前，止于肱骨小结节。该肌肌腱与肩关节囊前面之间有一肩胛下肌囊，常与肩关节腔相通。其作用主要是使肩关节内旋及内收。

7. 肱二头肌

肱二头肌位于上臂之前，长头起于肩胛骨关节盂的盂上结节，短头起自肩胛骨的喙突，两头相会，肌腹向下延续为肌腱，经肘关节前方，止于桡骨粗隆。其作用主要是屈肘和前臂旋前。

8. 肱三头肌

肱三头肌位于上臂之后，长头起自肩胛骨关节盂下方的粗隆，向下行于大小圆肌之间，外侧头在外侧桡神经沟的外上，内侧头被外侧头覆盖，起自桡神经沟的内下，三头合为一个肌腹，以扁腱止于尺骨鹰嘴。其作用主要是使肘关节伸直。

总之，肩关节周围 16 块肌肉共同承担着肩关节复合体的运动，其并非某一块肌肉的孤立作用，它们相互协调着这一关节复合体的运动。

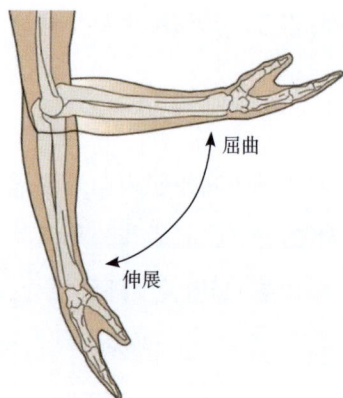

图 6-4　肘关节运动

> 二、肘

肘关节由肱尺关节、肱桡关节和桡尺近侧关节组成，而前臂复合体是由上、下尺桡关节与骨间膜构成的，尺骨与桡骨在前壁的这种连接装置允许无需肩关节运动的情况下手掌上翻（旋后）或下翻（旋前），这种旋前和旋后运动可以与肘的屈伸共同进行或独立完成。在肩关节的配合下，肘的屈伸运动和前臂复合体的旋转运动可以使前臂置于空间任意位置，也使前臂驱动其功能末端（手）按需求远离身体，肘和前臂之间的相互作用极大地增加了手在空间放置的有效范围，这些运动功能对许多重要的日常活动（如进食、取物、投掷和维持个人卫生等）具有重要意义（图 6-4）。

（一）骨学

1. 肱骨

肱骨干远端内侧是滑车和内上髁，而外侧是肱骨小头和外上髁。滑车看起来像一个圆形的、没有绕上线的线轴，在它的两边的内外侧唇，内侧唇凸出和延伸比邻近的外侧唇更明显。当从后向前看时，内外侧唇的中间是滑车沟，轻度向内旋。在滑车前面近端的是冠状窝。由肱骨滑车和小头形成的复合体构成了肘关节的屈伸轴，接在滑车外侧的是圆形肱骨小头，该结构近似一个半球体，桡窝位于肱骨小头前部近端。

滑车内侧是肱骨内上髁，该凸起的结构作为肘内侧副韧带近端附着点，也是前臂旋前肌和屈腕肌群的附着点，易于触及，是明显的骨性标志。肱骨外上髁，并不像内上髁凸起得那么明显，是肘外侧副韧带近端附着点，也是前臂旋后肌和伸腕肌群的附着点，在内外上髁两边分别是内外髁嵴。

2. 尺骨

尺骨的近端明显的突起是鹰嘴，是肘关节重要的标志点，鹰嘴后方粗隆为肱三头肌附着点，而较小的冠状突在近端尺骨前方。

在鹰嘴和冠状突前部顶端之间的是尺骨的滑车切迹，这个凹面切迹和肱骨的滑车相互紧密地连接在一起形成肱尺关节，一条细且凸起的纵嵴将滑车切迹分成左右两部分。

尺骨的桡切迹正好接近滑车切迹的关节下方，在桡切迹的背面远一点处是旋后肌嵴，是部分外侧副韧带和旋后肌群的附着点。尺骨粗隆是一个粗糙的压痕，是冠状突的延续，形成肱肌附着点。尺骨头位于尺骨的远端，圆形尺骨头大部分由一层关节软骨包裹，尖的茎突凸出于尺骨最远端的后内方。

3. 桡骨

桡骨在完全的旋后位置，桡骨与尺骨平行且位于其外侧。桡骨近端很小，是肘关节的一个结构组成部分，而它的远端变得粗大，是腕关节的主要组成部分。

桡骨头是桡骨最近端的一个圆盘状结构，大部分的桡骨头的外部边缘被一层关节软骨覆盖。桡骨头边缘与尺骨的桡切迹相接触，形成了桡尺关节的近端，即上尺桡关节。桡骨头的上表面有一个浅的、杯状的凹窝，表面覆盖关节软骨，与凸起的肱骨小头相接，形成了肱桡关节。肱二头肌粗隆是位于桡骨近端前内边缘上的一个粗糙的区域，它是肱二头肌在桡骨上的肌肉附着点。

远端桡骨和腕骨关节相连形成桡腕关节，桡骨远端尺切迹与尺骨远端相接，构成下尺桡关节。桡骨远端外侧面向下的突起称桡骨茎突。

（二）关节及运动学特征

1. 肱尺关节和肱桡关节

肘关节主要由肱桡关节和肱尺关节组成。尺骨的滑车切迹与肱骨滑车相接合，有对应匹配的形状，是肘关节稳定结构的主要因素。

早期的解剖学分类中，肘关节被认为是只能在单一平面内进行屈伸运动的屈戍关节或铰链关节。实际上肱尺关节和肱桡关节为改良铰链关节，因为尺骨在肘关节屈伸的时候可以进行一个小范围的轴向旋转和侧向的运动。这些矢状面以外的小的附属运动在肘关节运动学中具有一定的意义。

肱尺关节是由肱骨滑车与尺骨滑车切迹构成的滑车关节，可在冠状轴上做屈伸运动。肱桡关节是由肱骨小头与桡骨头关节凹构成的球窝关节，能做屈、伸和旋前、旋后运动，本应有三个方位的运动，但由于受尺骨限制，不能做内收外展运动。

2. 上、下桡尺关节

桡骨和尺骨通过骨间膜和上、下尺桡关节结合在一起。这些关节位于前臂的两端，使得前臂能够转到旋前和旋后的位置。前臂旋后时可使手掌向上或后，旋前时可使手掌向下或旋前。前臂的旋转轴从桡骨小头延伸到尺骨头，该轴连接在两端上下桡尺关节之间。旋前和旋后提供了一种可使手在尺骨和肱骨不必旋转的情况下"独立"转动的机制。旋前或旋后运动受限的人必须依靠肩部更大范围的内外旋转代偿来完成旋转活动，如在旋转螺丝钉或门把手时。由桡骨的环状关节面与尺骨的桡骨切迹构成的圆柱关节，参与前臂的旋前、旋后运动。

（三）肘关节肌肉分布与功能

肘关节和前臂周围肌肉有的可屈伸肘关节，但不能使前臂旋前或旋后；有的既可以屈曲或伸展肘关节，同时也具有旋前和（或）旋后前臂的功能。另外，主要作用于腕关节的手外肌部分也跨过肘关节，这部分肌肉也具有屈曲或伸展肘关节的能力（图6-5、表6-2）。

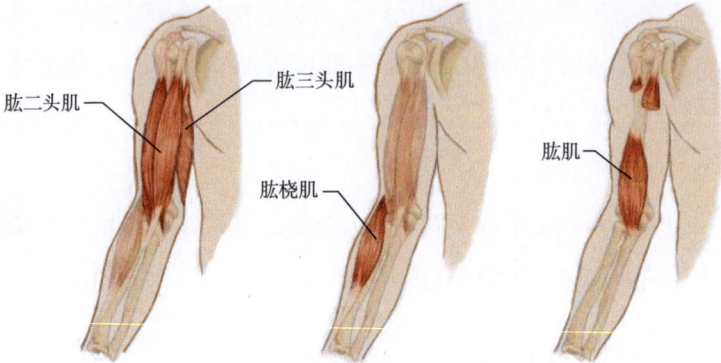

图6-5　肘部肌肉分布

表6-2　肘关节肌肉与运动

运动的形式	参与运动的肌
前屈	肱二头肌、肱肌、肱桡肌和旋前圆肌
后伸	肱三头肌、肘肌

1.肱二头肌

肱二头肌近端附着于肩胛骨，长头起自肩胛骨盂上粗隆，其腱跨过肩关节，走在肱骨结节间沟中；短头起自肩胛骨喙突的顶部。两个头位于三角肌和胸大肌下面，结合在一起形成肌腹，其腱远端附着于桡骨粗隆前部和前臂屈侧深筋膜及屈肌群的起点。

2.肱肌

肱肌位于肱二头肌的深层，起于肱骨的前侧，其远端附着于尺骨的近侧末端。肱肌的平均生理横截面积是跨越肘关节的所有肌肉中横截面积最大的肌肉，因此在所有跨越肘关节的肌肉中肱肌所产生的力量可能最大。

3.肱桡肌

肱桡肌是所有肘关节肌肉中最长的，其近端附着于肱骨外髁上嵴的外侧缘，远端位于桡骨的茎突附近。肱桡肌的最大收缩可引起肘关节的完全屈曲和前臂旋转至近中位。

4.肱三头肌

肱三头肌具有三个头端，即长头、外侧头和内侧头，它们的肌肉汇集至同一个肌腱并附着于尺骨的鹰嘴。长头的近端附着于肩胛骨的盂下结节，因此使得该肌肉能够伸展和内收肩部，长头体积较大，超过了所有的肘关节肌肉。肱三头肌的外侧头和内侧头的近端附着于肱骨的两侧并沿桡神经沟走行。内侧头在肱骨近端后方的附着点较阔，所占据的位置与肱骨前方的肱肌相似，其部分远端的纤维附着于肘后关节囊。

5. 肘肌

一块较小的三角形肌肉，跨越肘关节的后外方，该肌肉位于肱骨的外上和尺骨近端后方的条状区域之间。

> ### 三、腕

腕关节是人体大关节之一，腕的运动是手精细运动的基础，它是手取得理想抓握位置的重要环节。腕关节的活动在人们的生活、生产劳动和体育运动中占有重要位置。

腕关节又称桡腕关节，是典型的椭圆关节，注意尺骨不参与此关节的组成。腕关节由手的舟骨、月骨和三角骨的近侧关节面作为关节头，桡骨的腕关节面和尺骨头下方的关节盘作为关节窝而构成。

（一）骨学

腕关节由手的舟骨、月骨和三角骨的近侧关节面作为关节头，桡骨的腕关节面和尺骨头下方的关节盘作为关节窝而构成。

1. 尺骨头

尺骨头为腕背尺侧的隆起，旋前时尤为明显。前臂在做旋后运动时该隆起渐变小，直至消失，这是因为旋后时桡骨的远端绕尺骨头旋转。

2. 桡骨茎突

在桡骨下端的外侧即可触摸到凸向下方的桡骨茎突，它相较于尺骨茎突伸向远端，因此其连线与水平面形成约 15° 角。尺骨茎突和桡骨茎突分别有尺侧副韧带和桡侧副韧带的附着。

3. 腕骨

腕骨有 8 块，即排成两列，每列 4 块。远侧列由桡侧到尺侧依次为大多角骨、小多角骨、头状骨和钩骨，近侧列由桡侧到尺侧依次为舟骨、月骨、三角骨和豌豆骨。为了便于记忆，其排列歌诀为"大小头状钩，舟月三豌豆"。大多数的腕骨在其近侧、远侧、内侧和外侧均有关节面，而掌侧和背侧面为粗糙骨面供韧带的附着，但豌豆骨仅有一个关节面。

（二）关节

腕关节由桡腕关节、腕骨间关节、腕掌关节组成，在功能上前两个关节构成一个联合关节。

1. 桡腕关节

桡腕关节又称腕关节，是典型的椭圆关节，由桡骨的腕关节面和尺骨头下方的关节盘作为关节窝，近侧列的手舟骨、月骨、三角骨的近侧关节面作为关节头而构成。手舟骨、月骨、三角骨之间被坚韧的骨间韧带连接在一起，可将它们看成一块骨。三角形的纤维软骨关节盘附于桡骨远侧的尺侧缘，尺骨茎突之间；关节盘的远侧尖端附着于三角骨。关节盘将桡、尺骨连接在一起，并将桡腕关节与桡尺远侧关节和尺骨分开。尺骨由于被三角形关节盘隔开，不参与桡腕关节的组成，从结构上看此关节属于简单关节。

2. 腕骨间关节

腕骨间关节由近侧的3个腕骨（手舟骨、月骨、三角骨）和远侧的4个腕骨（大多角骨、小多角骨、头状骨、钩骨）组成，包括近侧列腕骨间关节、远侧列腕骨间关节、腕横关节三组关节。前两组由相邻接的腕骨间构成，均属平面关节，只能微动；腕横关节又称腕中关节，属于球窝关节，由近侧列腕骨的远侧端作为关节窝、远侧列腕骨的近侧端作为关节头构成，关节腔略呈"S"形。远侧列的四个腕骨之间也被坚韧的骨间韧带连接起来，可将它们看成一块骨，因此从结构上来看，称两列腕骨之间的关节为腕中关节，它仍是一个简单关节。由于受腕关节两侧副韧带的限制，此关节仅能做屈伸运动，且幅度很小。通常腕骨间关节和桡腕关节是一起运动的。

3. 腕掌关节

腕掌关节由远侧列腕骨与5个掌骨底构成。拇指腕掌关节是由大多角骨与第1掌骨底构成的鞍状关节。第2~4掌骨基底部相互接合，并与远侧列腕骨以不规则的形式构接。总关节腔在4块腕骨、腕掌关节和掌骨间关节之间。

（三）运动学特征

桡腕关节是典型的椭圆关节，可以绕两个运动轴运动。其关节囊松弛，关节的前、后和两侧均由韧带加强，其中掌侧韧带最坚韧，所以腕的后伸运动受限。桡腕关节可做屈、伸、外展、内收及环转运动（图6-6）。

腕中关节各关节腔彼此相通，只能做轻微的滑动和转动，属微动关节，腕的屈、伸、外展、内收也发生于此，即腕中关节和桡腕关节的运动通常是一起进行的，并受相同肌

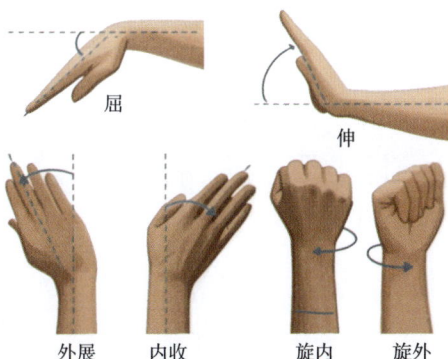

图 6-6 腕关节运动示意图

屈 伸 外展 内收 旋内 旋外

的作用。腕骨间关节可以看成三个相连续的椭圆形关节，腕骨间关节的运动幅度补充了桡腕关节。

除拇指和小指的腕掌关节外，其余各指的腕掌关节运动范围极小。

（四）腕关节肌肉分布与功能

腕关节周围肌包括桡侧腕长伸肌、桡侧腕短伸肌、尺侧腕伸肌、桡侧腕屈肌、掌长肌、尺侧腕屈肌（图 6-7、表 6-3）。

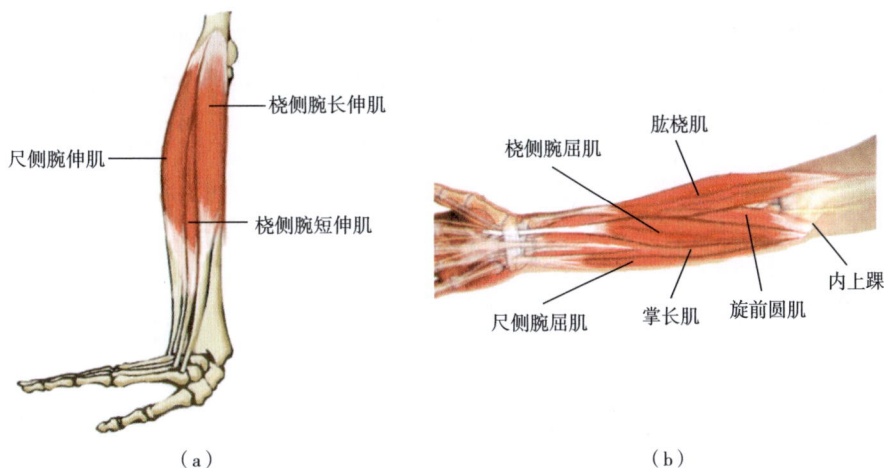

图 6-7 腕关节肌肉分布

桡侧腕长伸肌 尺侧腕伸肌 桡侧腕短伸肌 （a）

桡侧腕屈肌 肱桡肌 尺侧腕屈肌 掌长肌 旋前圆肌 内上髁 （b）

1. 屈腕肌

屈腕肌包括桡侧腕屈肌、掌长肌、尺侧腕屈肌、指浅屈肌和指深屈肌等，近固定收缩时使手在腕关节处屈曲。该肌群大多起于肱骨内上髁和前臂筋膜（深部屈肌起于尺骨和骨间膜），长短不一，分别止于掌骨、指骨掌面。

表6-3 腕关节肌肉与运动

运动的形式	参与运动的肌
屈	桡侧腕屈肌、掌长肌、尺侧腕屈肌、指浅屈肌、指深屈肌
伸	桡侧腕长伸肌、桡侧腕短伸肌、伸指总肌、尺侧腕伸肌、拇长伸肌、拇短伸肌、食指和小指固有伸肌等
外展	桡侧腕屈肌、桡侧腕长伸肌、桡侧腕短伸肌、拇长展肌、拇短伸肌、拇长伸肌
内收	尺侧腕屈肌、尺侧腕伸肌
环转	略

2. 伸腕肌

伸腕肌包括桡侧腕长伸肌、桡侧腕短伸肌、尺侧腕伸肌、指伸肌和示指伸肌等。伸腕肌（尺侧腕伸肌、桡侧腕长伸肌、桡侧腕短伸肌）起于外上髁附近，近固定时使手在腕关节处伸。

3. 桡偏和尺偏腕关节的肌

解剖位外展腕关节，也叫桡偏；解剖位内收腕关节，也叫尺偏。屈腕肌和伸腕肌成对的收缩产生尺偏和桡偏。尺偏是由尺侧腕屈肌和尺侧腕伸肌共同收缩产生的。桡偏是由桡侧腕屈肌、桡侧腕长伸肌、桡侧腕短伸肌和示指伸肌等共同收缩产生的。虽然桡偏的运动范围约有屈曲的一半，但是它在许多持拍的运动中是重要的，因为它使腕关节处于紧的位置以使手得以固定。

> 四、手

手是人体上最有特色的器官之一。它由五个手指和手掌组成，根据不同需要，能够很快产生不同的动作，主要用于抓取和握住物体。

（一）骨

1. 掌骨

掌骨共5块，由桡侧向尺侧依次为第1~5掌骨。掌骨属于长骨，近侧端称掌骨底，邻腕骨，远侧端称掌骨头，与指骨相接。握拳时，掌骨头显露于皮下。

2. 指骨

指骨共14块。指骨也是小型长骨，指骨的近侧端为底，中部为体，远侧端为滑车。拇指有2节指骨，分别为近节、远节指骨；其余指均为3节，由近侧至远侧依次为近节指骨、中节指骨和远节指骨。近节指骨底为卵圆形凹陷的关节面，与掌骨小头相接，远侧的头呈双状，其间有髁间凹陷。中节指骨和远节指骨基底具有的关节面类似于近节指骨。远节指骨远侧端无滑车，其掌面有粗糙隆起，称远节指骨粗隆（甲粗隆）。

（二）关节及运动学特征

手关节是由手部骨与骨之间的间接连结形成的。主要包括掌指关节和指间关节（图6-8）。掌指关节由掌骨小头与第1节指骨底构成，共5个。拇指掌指关节属于滑车关节，主要做屈伸运动，微屈时，也可做轻微的侧方运动，但运动幅度均较小。其余四指为球窝关节，可做屈、伸、收、展运动。指间关节由各指相邻的两节指骨的底和滑车构成，属滑车关节，关节面近似球窝状关节，关节囊松弛，没有回旋活动的肌，加之受两侧韧带的限制，只能做屈、伸运动。

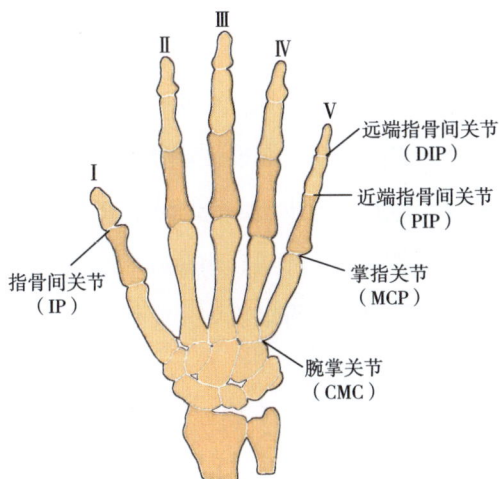

图6-8　手关节

（三）手关节肌肉分布

1.外来肌

手的外来肌均起自前臂或肱骨，包括指伸肌、示指伸肌、小指伸肌、拇长伸肌、拇短伸肌、拇长展浅屈肌、拇长屈肌。因为外来肌的起点在前臂或者肱骨，所以它们收缩时均可作用于腕从而产生伸腕或屈腕。假如肌缺乏正常的长度，它们就会影响到指和腕的运动范围。指伸肌和小指伸肌以总腱起自外，它们除了作用于手指和腕，还能屈肘。

2.固有肌

手的固有肌均为短肌，都集中配布于手的掌侧面，由3个骨筋膜格分隔并包绕，将其分为外侧群和内侧群。

（1）外侧群：名为鱼际，由4块运动拇指的肌组成，分别是拇短展肌、拇短屈肌、拇对掌肌、拇收肌；各肌主要起自屈肌支持带。除拇短屈肌由正中神经和尺神经双重支配，拇收肌由尺神经支配外，其余两肌均由正中神经支配。这群肌可以使拇指屈、内收、外展和做对掌运动。

（2）中间群：包括蚓状肌、掌侧骨间肌和背侧骨间肌。蚓状肌为4条细长的小肌。其在手掌起于指深屈肌腱，因此，当指深屈肌松弛时，蚓状肌将指深屈肌腱拉向远侧。蚓状肌除第1、第2蚓状肌由正中神经支配外，其余各肌均由尺神经支配。它们屈掌指关节，伸指骨间关节。掌侧骨间肌共3块，除屈掌指关节、伸指骨间关节外，主要作用是内收第2、第4、第5指（示指、环指和小指向中指靠拢）。背侧骨间肌共4块，可使第2、第4指外展（离开中指），还有屈掌指关节和伸指骨间关节的作用。掌侧或背侧骨间肌起自掌骨骨干的侧面。中间群在手掌中部凹陷处形成掌心，这群肌能使手指屈伸及向中指靠拢和分开。

（3）内侧群：又称小鱼际，由运动小指的肌形成，包括小指展肌、小指短屈肌和小指对掌肌，并由尺神经深支支配。小鱼际能使小指屈、外展和做对掌运动。掌短肌位于小鱼际近侧部的浅筋膜内，为退化的皮肌，起固定浅筋膜、保护深面的尺神经和尺血管的作用，由尺神经支配。大多数的鱼际肌和小鱼际肌起自屈肌支持带和腕骨，而屈肌支持带可由掌长肌和尺侧腕屈肌的收缩得以巩固。它们可通过豌豆骨的放射状筋膜发挥其作用。

第二节　躯干运动与肌肉

人体是由许多器官和系统共同组成的完整的统一体。躯干是人体结构的主体部分，头部和四肢与之依附，中间由脊柱连接。人体重心的转移及一切动作都可能通过躯干影响全身，因此，躯干是全身运动的关键要素。脊柱是头部与躯干的连接主体，在结构和功能上紧密联系，已成为有机整体。

> ### 一、概论

（一）脊柱的结构

脊柱由形态特殊的椎骨和椎间盘连接而成，自上而下可分为颈椎、胸椎、腰椎、骶椎及尾椎五段，即脊柱是由24块椎骨（颈椎7块、胸椎12块、腰椎5块）、1块骶骨和1块尾骨借韧带、关节和椎间盘连接而成。每个椎骨包括椎体、椎弓根、椎板、上下关节突、横突和棘突。椎骨与前构，使脊柱产生有限的三维运动。脊柱是身体的支柱，位于背部正纵韧带、后纵韧带、黄韧带、棘间韧带和棘上韧带，以及椎间盘和关节囊连成运动节段。这些连接的结构，使脊柱产生有限的三维运动。脊柱是身体的支柱，位于背部正中，上端接颅骨，中部与肋骨相连，下端和髋骨组成骨盆。脊柱复杂的解剖和生物力学特性，使脊柱能够耐受正常的载荷。

脊柱从侧面观呈"S"形，有4个生理弯曲，即颈椎前凸、胸椎后凸、腰椎前凸和骶尾椎后凸（图6-9）。这些弯曲是在重力作用影响下，随着人体的活动，由于发育和生理需要而形成的。当婴儿开始抬头时，颈段脊柱形成一个向前凸的曲度，开始行走时，髋关节开始伸直，由于髂腰肌向前牵拉，形成脊柱腰段向前凸的曲度。曲度虽大小不同，但重力线应该通过各曲度的交界处。从功能上来看，相邻椎体间的活动可能有限，但其链柱状的整体结构，使得脊柱在运动中保持稳定的同时，又可随着身体姿位调整及运动载荷变化，呈现较大的形变，以适应运动的需求。脊柱的运动依赖椎间盘的完整和相关脊椎骨关节突间的精准对合。

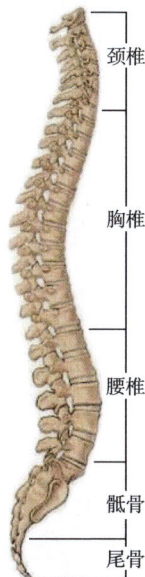

图6-9　脊柱生理弯曲（侧面观）

（二）脊柱的肌肉

肌肉动力系统使脊柱产生运动并维持脊柱的稳定，既灵活又坚固。维持脊柱稳定性的肌群称为核心肌群，依其功能和属性，可分为以下两大群。

1. 整体稳定肌

这类肌肉为较表层的肌群，颈部有胸锁乳突肌、斜角肌、头夹肌、头最长肌、斜方肌上部、肩胛提肌、髂肋肌，腰部包括腹直肌、腹内斜肌、腹外斜肌、竖脊肌、腰方肌及臀部肌群等，其收缩时主要功能为控制脊柱的运动方向，产生较大的力及较大范围的动作，可对抗施加在躯干上的外来载荷，主要用于产生运动及辅助维持脊柱稳定性。

2. 局部稳定肌

这类肌肉为较深层的肌群，有多裂肌，颈部包括头长肌、颈长肌、头后大直肌、头后小直肌、头后上斜肌、头后下斜肌，腰部包括腹横肌、横突棘肌、棘突间肌等，它们有的维持各椎体间的稳定，产生较小的力及轻微运动或无运动。深层核心肌群主要用于维持身体姿势和脊柱稳定性。

局部稳定肌直接与椎体连接，通过肌肉的收缩直接固定相邻椎体，有的则是通过各肌肉的协同收缩调节腹内压来维持各椎体间的稳定。椎旁肌在维持脊柱直立姿势中发挥作用，对脊柱稳定性产生影响。躯体重心在前、后、侧方的移位分别需要背肌、腹肌和腰大肌的活动来保持平衡。腹肌和腰肌可使脊柱的屈曲开始启动，随着屈曲力矩的增加，骶棘肌的活动逐渐增强，以控制这种屈曲活动，而髋部肌可有效地控制骨盆前倾。骶棘肌产生运动，同侧和对侧肌产生协同作用。及腹肌是脊柱侧屈的动力，对侧肌参与运动调节。在腰椎完成轴向旋转活动时两侧的背肌和腹肌均产生活动，同侧和对侧肌产生协同作用。

（三）脊柱的功能

脊柱为人体运动的中轴，具有支持躯干、负重、减震、保护内脏、保护脊髓和进行运动的功能。主要包括以下功能。

1. 保护功能

脊柱具有保护椎管内脊髓和神经的作用，在运动中发挥减震作用；同时，参与构成胸腔、腹腔和盆腔，保护各腔内的器官。

2. 承载功能

脊柱是身体的支柱，有负重和承载功能，可将来自头和躯干的载荷传至骨盆。脊柱的弯曲随重力的变化而改变，并进行调整。

3. 运动功能

脊柱具有灵活的运动功能。虽然在相邻两椎骨间运动范围很小，但脊柱运动往往是几个节段的联合动作，多个椎骨间的运动角度或范围的叠加可使脊柱进行较大幅度的运动。其运动方式包括前屈后伸、左右侧屈及旋转等。脊柱各段的运动度不同，这受椎体结构、椎间盘的厚度和椎间关节连接和方向等制约因素的影响。胸椎参与胸廓的组成，运动很少；骶尾椎骨性融合不能运动；颈椎和腰椎部分运动范围较大，也比较灵活。人体在处于立正姿势时，通过身体所引起的垂直重力线经过颈椎体的后方，在第7颈椎和第1胸椎处通过，经胸椎之前下降，再于胸腰结部越过椎体，经腰椎后方变化而改变其曲度。穿过第4腰椎至骶骨岬再经骶骨前方、骶髂关节而传至下肢。脊柱的弯曲，特别是颈曲与腰曲，会随重力的变化而改变其曲度。

4. 全身运动协调控制功能

脊柱不仅仅是支撑人体的一根立柱，更是生命信息的网络枢纽。机体的各种组织、器官之间的活动，以及与大脑之间的通讯联系，都必须通过脊柱区的这个信息网络系统完成其传达、中转或直接指挥或处理等，每个人在做某一动作时都有脊柱参与协调和控制。

> ### 二、颈

颈椎是脊柱轴活动范围最大的部分，是人体的重要部位，起着联系头部和躯干的作用，同时有保护其内脊髓的作用。脊髓是神经活动的传输通道：一方面，脑发出的各种指令得以传输到躯干和四肢，另一方面，身体感受到的各种刺激以神经冲动的方式传送到大脑。颈髓损伤可以导致其横截面以下的运动和感觉障碍，形成高位截瘫。颈部脊柱，为了支持头颅的重量，需要有坚强的支持力；同时为了适应视觉、听觉和嗅觉的刺激反应，需要较高的灵活性。

（一）骨学

颈部脊柱由 7 块颈椎骨、6 块椎间盘（包括第 7 颈椎骨和第 1 胸椎骨之间的椎间盘，而第 1、第 2 颈椎骨间无椎间盘）和所属的韧带构成。颈椎是脊柱椎骨中体积最小，但灵活性最强、活动频率最高且负重较大的节段。它具有特殊的关节连结和不稳定的骨结构，以适应颈的支撑、保护和运动功能。

颈椎的生理曲度主要是 C_4、C_5 椎间盘前厚后薄造成颈椎中段有一向前凸出的弧度。颈椎生理曲度的存在，能增加颈椎的弹性，减轻和缓冲重力的震荡，防止对脊髓和大脑造成损伤。由于长期坐姿、睡姿不良和椎间盘髓核脱水退变，颈椎的前凸可逐渐消失，甚至可变直或呈反张弯曲，即向后凸。

（二）运动学特征

为了适应视觉、听觉和嗅觉的刺激反应，颈椎需要较大而敏锐的可动性。颈椎的活动范围比胸椎和腰椎大得多。颈椎的运动可分为前屈后伸、左右侧屈、左右旋转及上述运动综合形成的环转运动（图 6-10）。颈椎的前屈、后伸运动是上下椎体的椎间关节前后滑动的结果。颈椎处于中立位时，上关节突朝后朝上，下关节突朝前朝下；屈曲时，上一颈椎的下关节突在下一颈椎的上关节突向前上滑动，椎间盘前窄后宽，也朝前滑动。颈椎侧屈及旋转时，下关节突向后下滑动，上关节突向前上滑动。过度前屈受后纵韧带、黄韧带、项韧带和颈后肌群限制，过度后伸则受前纵韧带和颈前肌群的约束。

颈椎的屈伸活动主要由第 2~7 颈椎完成。左右侧屈主要依靠对侧的关节囊及韧带限制过度侧屈，侧屈主要由中段颈椎完成。左右旋转由寰枢关节来完成。环转运动则是由上述活动的连贯作用来完成的。

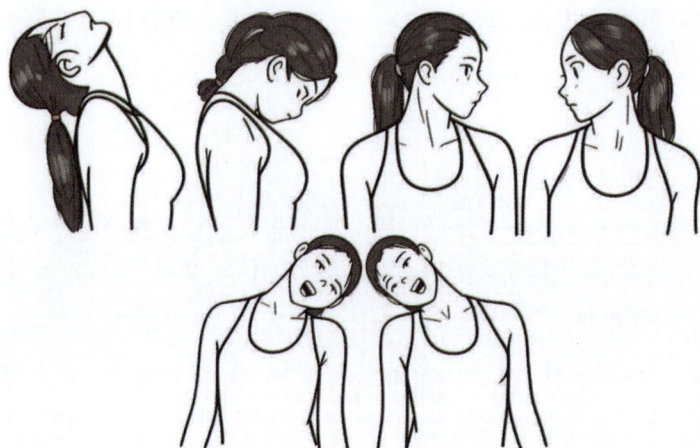

图 6-10 颈部活动

点头运动中，寰枕关节的主要运动发生在矢状面上，其运动为通过两侧枕髁的额状轴。可将两食指尖各放在两侧乳突尖端显示该轴的大概位置。寰枕关节还可做小量的侧屈，但会受到相当大的限制。寰枕关节和寰枢关节联合，形成多轴关节运动，使得头可以进行各个方向的运动。

（三）肌肉分布与功能

颈部肌群分为颈前肌和颈后肌，在头颈姿势保持、活动及保持颈椎稳定性方面发挥重要作用（图 6-11、图 6-12、表 6-4）。

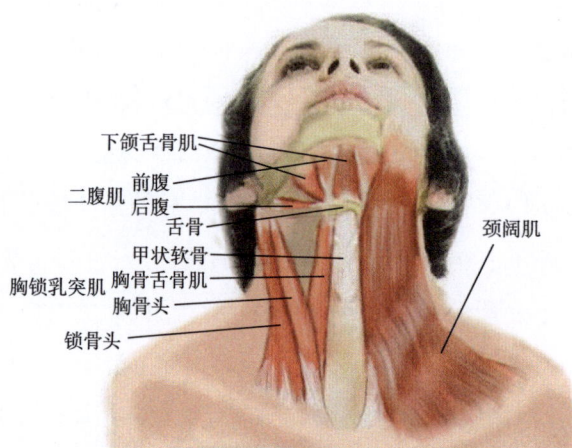

图 6-11 颈部浅层肌肉（正面观）

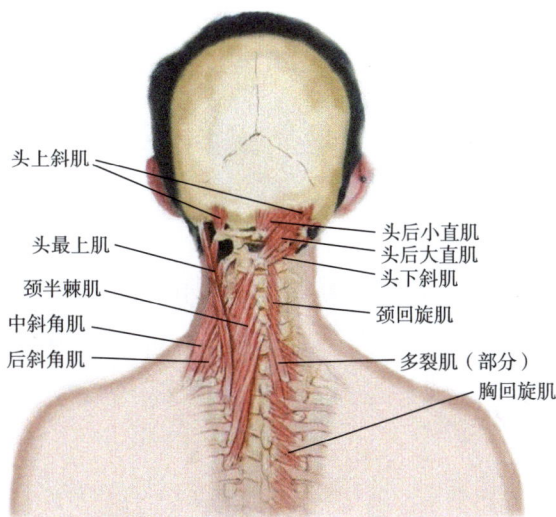

图 6-12　颈部肌肉（后面观）

表 6-4　颈椎运动与肌肉

运动的形式	参与运动的肌
前屈	胸锁乳突肌、颈阔肌、斜角肌、头长肌、颈长肌、头前直肌、头侧直肌
后伸	枕下肌、横突棘肌、竖脊肌
侧屈	胸锁乳突肌、斜角肌头长肌、颈长肌、头侧直肌、斜方肌、夹肌、最长肌、半棘肌、头上下斜肌
旋转	胸锁乳突肌、斜角肌、头长肌、颈长肌、头前直肌、斜方肌、夹肌、最长肌、半棘肌、头后大直肌
环转	胸锁乳突肌、斜角肌、头长肌、颈长肌、头前直肌、斜方肌、最长肌、半棘肌、头后大直肌

1. 颈前肌

头前直肌和头侧直肌均起于寰椎横突。双侧同时收缩，使头在寰椎上做前屈运动。头侧直肌对头的内外侧控制或单侧收缩产生颈的侧屈和旋转。胸锁乳突肌是颈部最浅表的肌肉之一，一侧收缩头转向对侧，颈屈向同侧；两侧同时收缩则伸头、伸颈。此外，胸锁乳突肌附着在胸锁关节上，在哮喘发作或呼吸困难时，成为呼吸辅助肌，以帮助吸气。斜角肌在颈部前屈和左右侧屈中发挥作用。

2. 颈后肌

脊柱颈部的后面肌群比前组强且厚，这是出于伸颈的需要。主要有枕下肌、横突棘肌和竖脊肌。

枕下肌有 4 块深层的小肌肉连接第 1、第 2 颈椎和枕骨。两侧枕下肌收缩可使寰枕关节做伸头动作，一侧收缩时可产生侧屈头和在寰枢关节旋转。

横突棘肌联结于横突和棘突之间，包括回旋肌、多裂肌和半棘肌。后伸为颈半棘肌和多裂肌的作用；如果两侧一同收缩则可以发生后伸，如果仅一侧收缩则仅发生侧屈；颈部变长则是颈半棘肌、多裂肌和头长肌共同收缩及头半棘肌松弛的结果；相反，"缩脑袋"则是颈半棘肌、多裂肌、多裂头半棘肌收缩引起的。

棘肌为许多椎后肌的总称，其联合功能是后伸脊柱或阻止脊柱前屈。

> 三、胸

胸部主要骨性结构包括胸椎、肋骨和胸骨。主要肌群包括胸大肌、胸小肌、膈肌、肋间肌和背部肌群等。

（一）骨学

胸椎有 12 块椎骨（$T_1 \sim T_{12}$）自上而下逐渐增大，下位胸椎与腰椎结构相近；上位胸椎相对较小，小关节面的方向与颈椎相似，但在矢状面上的角大些。胸椎小关节面从上至下逐渐转向矢状面，因而上位胸椎的轴向旋转运动比下位胸椎的大。

胸椎与颈椎和腰椎有明显区别，它有肋骨协助维持稳定。典型的胸椎椎骨都有椎体、椎弓和突起。在椎体的后面有棘突，侧面有横突，左右各有一个关节突。在椎体侧面后部近体上缘和下缘处，各有半球形肋凹，与肋骨形成肋横突关节。上关节突和下关节突的关节面几乎呈冠状位；棘突较长，伸向后方，并依次相掩，呈叠瓦状。这些都是与颈、腰椎不同的解剖特点。实际上，在脊柱的胸段是一个由胸椎、肋骨和胸骨组成的桶状结构，与颈椎和腰椎相比，因其稳定性好，错位的机会较少。

（二）运动学特征

1. 胸椎关节与运动

胸椎支持头和躯干并允许它们做运动。胸椎参与胸廓的构成，是脊柱活动最小的部分。对直立姿势起重要作用，保持躯干稳定，其与肋骨和胸骨形成胸腔，具有保护心脏和肺脏的作用。整体胸椎可完成胸部前屈、后伸和侧屈运动。

关节突关节的关节面的方向为额状位，可以限制胸椎做前屈运动，允许做侧屈运动，但侧屈运动范围受到肋和胸骨的限制，棘突是限制胸部脊柱后伸的因素。胸椎整体运动范围有较大局限。

肋骨后端与胸椎的侧面形成两个滑膜关节，即肋头关节和肋横突关节，总称为肋椎关节。肋头关节与肋横突关节都是平面关节，两关节同时运动（联合关节），运动轴是通过肋颈的斜轴，以及肋头关节和肋横突关节的轴做旋转运动，运动时肋颈沿此运动轴旋转，使肋的前端做提升和下降的运动，两侧缘做内、外翻活动，从而使胸廓前后径和横径发生变化。上位肋较水平，因而提升时能增加胸廓的前后径；下位肋较斜向下方，因而提升时能增加胸廓的横径。

2. 胸廓的运动

胸廓是由肋骨、胸骨、脊柱和肋间肌构成的骨性笼状支架。胸廓具有一定的弹性和活动性，起着支持和保护胸腹腔脏器免受外力损伤的作用。胸廓的运动为肋骨和胸骨的综合运动，是呼吸运动不可缺少的条件，也是肺通气的动力源泉。其中，主要呼吸肌群是膈肌和肋间肌，膈肌运动使胸廓上下径发生变化，而肋间肌的运动可引起肋骨和胸骨的升降，使胸廓矢径和横径发生变化。胸壁靠肋骨升降及旋转动作，配合膈肌的下降产生胸内负压，进行呼吸运动和促进血液回流。呼吸时，肋骨的活动随呼吸深度而有所变化。此外，呼吸运动还有部分颈部和腹部辅助肌群参与。若上述相关骨与肌群功能受损，将严重影响呼吸运动，对心肺功能产生影响，直接体现是机体耐力水平降低。需要强调的是，平静呼吸时，呼吸运动主要由吸气肌群实施，机体能耗较少；深呼吸或急促呼吸时，主要呼气肌群、吸气肌群和辅助呼吸肌群的运动均显著增加，机体能耗也显著增加，并可导致呼吸肌和机体的疲劳。

> 四、腰

腰椎椎体较大，棘突粗大呈垂直的板状，水平伸向后方，因此棘突的高度接近数椎骨椎体的高度。腰椎相邻棘突间间隙宽，临床上可在此处进行腰椎穿刺术。髂嵴最高点的连线平对第4腰椎棘突，髂后上棘平对第2骶椎高度。

（一）骨学

腰椎柱介于脊柱胸椎尾侧与骶尾椎之间，是腰部脊柱的骨性结构，由5个腰椎体和它们的椎间盘组成。

正常腰椎也保持一定的生理弯曲。脊柱的曲度随着年龄的增加而变化，老年人骨关节退变明显，椎间隙变窄，腰椎前凸变小。腰椎曲度不正常时，躯干重力的传导将失去平衡，过度前凸时重力线后移，椎间关节负重增加，导致其退行性变，甚至关节面分离而失去稳定性，椎间盘负荷增加，继发退行性变，引起下腰痛。

（二）运动学特征

腰椎运动有：①前屈、后伸；②左右方向的侧屈；③水平面上的旋转。三者之间的作用综合形成环转运动。在上述的运动中，前屈的运动最频繁，由于小关节面的取向，腰椎的轴向旋转运动范围很小，在脊柱中比颈椎小一些，而比胸椎的活动范围大得多。腰椎的活动范围与年龄呈反比增长，腰椎的各个方向上的活动范围将逐渐减小。一般儿童时期腰椎的活动范围大于后伸运动。幼年经过训练的人可以将这种较大范围的后伸运动保持到成年，因此腰椎的活动范围与正常的锻炼有密切关系。腰椎和骨盆的运动构成了躯干的运动。

（三）腹部肌肉分布

腹部肌肉，简称腹肌，包括腹直肌、腹外斜肌、腹内斜肌和腹横肌。当它们收缩时，可以使躯干弯曲及旋转，并可以防止骨盆前倾。腹部肌肉对于腰椎的活动和稳定也有相当重要的作用，还可以控制骨盆与脊柱的活动。可分为前外侧群和后群（图6-13、表6-5）。

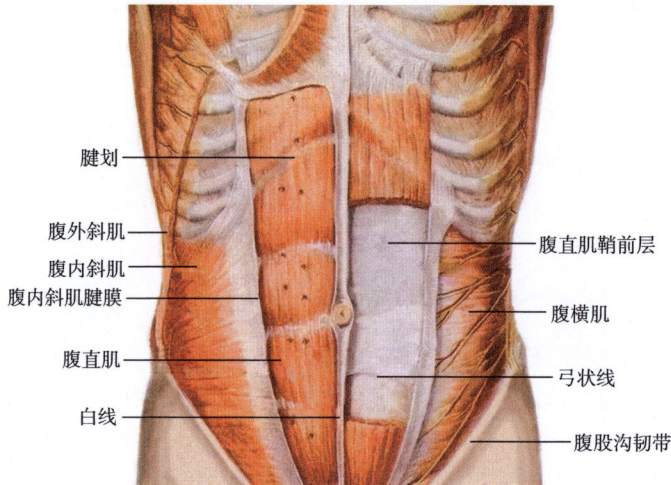

腱划
腹外斜肌
腹内斜肌
腹内斜肌腱膜
腹直肌
白线
腹直肌鞘前层
腹横肌
弓状线
腹股沟韧带

图 6-13　腹部肌肉分布

表 6-5　躯干运动与肌肉

运动的形式	参与运动的肌
前屈	腹直肌、腹外斜肌、腹内斜肌、髂腰肌（腰大肌）
后伸	竖脊肌（棘肌、最长肌、髂肋肌）、半棘肌、多裂肌、回旋肌、棘突间肌、腰方肌
侧屈	腹外斜肌、腹内斜肌、髂肋肌、最长肌、腰方肌、腹直肌、横突间肌
旋转	腹外斜肌、腹内斜肌、半棘肌、多裂肌、回旋肌

1. 前外侧群

前外侧群形成腹腔的前外侧壁,包括腹直肌、腹外斜肌、腹内斜肌和腹横肌等。

(1)腹直肌:位于腹前壁正中线的两旁,居腹直肌鞘中,为上宽下窄的带形肌,起自耻骨联合与耻骨结节之间,肌束向上止于胸骨剑突及其附近肋软骨的前面。肌的全长被 3~4 条横行的腱划分成多个肌腹,腱划由结缔组织构成,与腹直肌鞘的前层紧密结合。

(2)腹外斜肌:位于腹前外侧部的浅层,为一宽阔扁肌,起于下 8 肋,肌束由后外上斜向前内下方,一部分止于髂嵴,而大部分在腹直肌外侧缘处移行为腹外斜肌腱膜。腱膜向内侧参与腹直肌鞘前壁的构成,腱膜的下缘卷曲增厚连于髂前上棘与耻骨结节之间,形成腹股沟韧带。在耻骨结节外上方,腱膜形成一小三角形裂隙,称腹股沟管浅环(皮下环)。

(3)腹内斜肌:位于腹外斜肌深面,大部分肌束向内上方,下部肌束向内下方,在腹直肌外侧缘移行为腹内斜肌腱膜。腱膜向内侧分为前后两层并包裹腹直肌,参与腹直肌鞘前后壁的构成,腱膜下内侧部与腹横肌腱膜形成联合腱,止于耻骨,又称腹股沟镰。腹内斜肌最下部的肌束随精索出腹股沟管浅环进入阴囊,包绕精索和睾丸而成为提睾肌。

(4)腹横肌:位于腹内斜肌深面,肌束向前内横行,在腹直肌外侧缘移行为腹横肌腱膜,参与构成腹直肌鞘。腹横肌的最下部肌束及其腱膜下内侧部分,分别参与提睾肌和联合腱的构成。

2. 后群

腹前外侧群肌的作用是共同保护腹腔脏器,收缩时可以缩小腹腔,增加腹压以协助排便、分娩和呕吐,又可使脊柱前屈和旋转等。

后群腰方肌位于腹后壁,在脊柱两侧,其后方有竖脊肌,起自髂嵴,向上止于第 12 肋。使脊柱侧屈。

腹直肌鞘包裹腹直肌,前层由腹外斜肌腱膜与腹内斜肌腱膜的前层愈合而成,后层由腹内斜肌腱膜后层与腹横肌腱膜愈合而成。在脐下 4~5 厘米处,腹内斜肌腱膜后层与腹横肌腱膜全部转至腹直肌前面参与构成鞘的前层,所以此处缺乏鞘的后层,腹直肌后面直接与腹横筋膜相贴。

第三节　下肢关节运动与肌肉

> ## 一、髋与骨盆

骨盆由骶骨、尾骨和左右髋骨组成（图 6-14），为许多下肢肌肉和躯干肌肉的共同附着点。骨盆的连接有 7 个关节：腰骶关节、骶髂关节（2 个）、骶尾关节、耻骨联合和髋关节（2 个）。虽然骶髂关节、耻骨联合和骶尾关节的运动较少，但这些关节非常重要并且容易受损。髋关节是多轴性球窝状关节，由股骨的股骨头和髋骨的髋臼两部分组成，其中心位于腹股沟韧带中 1/3 稍下，关节面相互呈曲面状，但大小不等，也不完全适应，只在完全伸展并轻度外展及内旋时紧密对合，年幼时其表面更似卵圆形，随年龄增长而变成球形。

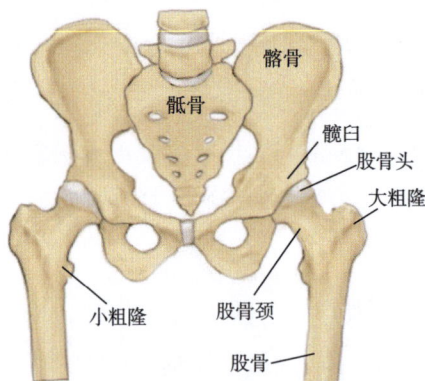

图 6-14　骨盆组成

（一）骨学

1. 髋臼

髋臼是指髋关节球臼结构中的凹形部分，呈半球形，由髂骨、坐骨和耻骨三个部分组成，通称胯骨。

（1）髂骨。髂骨是髋骨的组成部分之一，构成髋骨的后上部，分髂骨体和髂骨翼两部分。前部宽大的为髂骨翼，后部窄小的为髂骨体。它们下方的突起分别称髂前下棘和髂后下棘。髂骨翼内面平滑稍凹，称髂窝，窝的下界为突出的弓状线，其后上方为耳状面与骶骨构成的骶髂关节。

（2）坐骨。坐骨分为坐骨体和坐骨支两个部分。坐骨体构成髋臼的后下部，体向后下延伸为坐骨支，其后下为粗大的坐骨结节。体的后缘有一尖锐骨突称坐骨棘，棘的后上方为坐骨大切迹，下方为坐骨小切迹。二者之间的尖锐突起称坐骨脊。

（3）耻骨。耻骨位于髋骨的前下部，分为体及上、下两支。耻骨占髋骨的 2/5。耻骨是位于骨盆前方的两片骨头，中间有空隙而非紧靠在一起，两片骨头间靠韧带及纤维软骨组织连接起来，这个区域就叫耻骨联合。

2. 股骨

股骨是人体中最大的长管状骨，可分为一体两端。上端朝向内上方，其末端膨大呈球形，称股骨头，与髋臼相接。头的中央稍下方，有一小凹，称股骨头凹，为股骨头韧带的附着处。头的外下方较细的部分称股骨颈。颈与体的夹角称颈干角，男性平均 132°，女性平均 127°。颈体交界处的外侧，有一向上的隆起，称大转子，其内下方较小的隆起称小转子。大转子的内侧面有一凹陷称转子窝（又称梨状窝）。大、小转子间，前有转子间线，后有转子间嵴相连。两者之间称股骨粗隆间，是骨折多发处。股骨是人体最长、最结实的长骨，其长度约占身高的 1/4。

（二）关节及运动学特征

1. 髋关节

髋关节由股骨头与髋臼相对构成，属于杵臼关节。髋臼内仅月状面被覆关节软骨，髋臼窝内充满脂肪，又称 Haversian 腺，可随关节内压的增减而被挤出或吸入，以维持关节内压的平衡。

髋关节能绕三个基本轴运动，其基本运动方向有屈、伸、内收、外展、旋内、旋外（图 6-15）。

（1）屈伸：屈伸的轴是水平的额状轴。该轴为左右股骨中心的连线。在站立位上骨盆向前或向后转动或在仰卧位上拉两膝靠近胸腔，就是绕该轴的运动。髋关节屈曲大约 120° 会使三条主要的关节囊韧带呈现松弛的状态，但会牵拉下关节囊和臀大肌。当膝关节完全伸直时，髋关节屈曲通常会被限制在 70°~80°，这是因为腘绳肌作为双关节肌的张力增加所致。髋关节伸直 20° 左右会增加整个关节囊韧带的被动张力，尤其是髂股韧带及髋关节屈曲肌群。当膝关节完全屈曲时，髋关节伸直的关节活动度会受限在几乎中位的位置，这是因为被牵拉到的双关节肌股直肌的被动不足。

（2）内收—外展：内收—外展的运动轴为矢状轴。外展时，肢体对骨盆的运动有提腿向外侧，骨盆对下肢的运动有躯干向站立侧的腿方向倾斜。髋关节的外展关节活动度平均约为 40°，主要受限于耻股韧带及内收肌群。髋关节从中立位进行内收的活动度约 25°，除了对侧下肢相撞，被牵拉的髋外展肌群、髂胫束及坐骨韧带上部纤维的被动张力都会限制完全的内收。

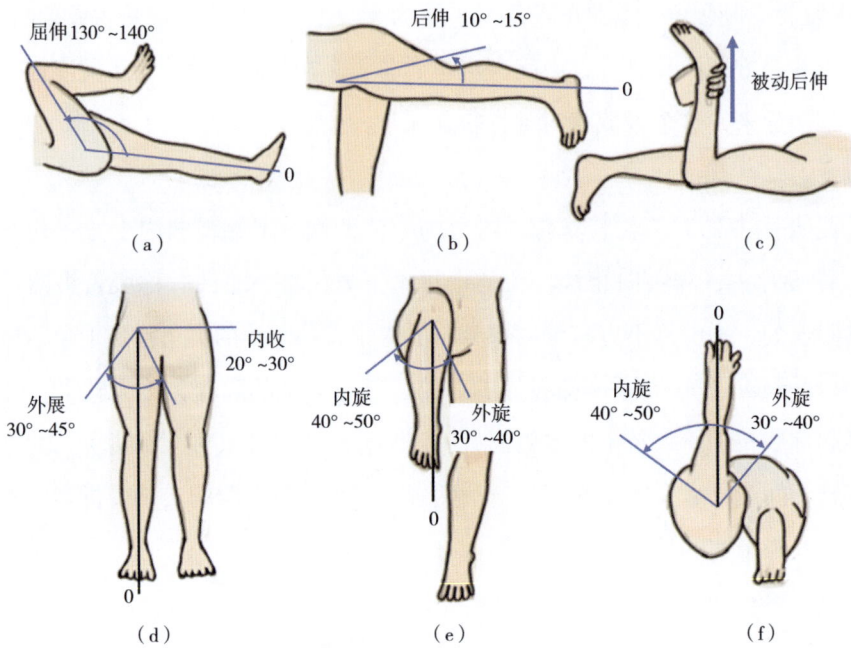

图 6-15　髋关节运动

（3）旋转：内旋和外旋的运动轴是横穿股骨的垂直轴。内旋是大转子向前移动接近骨盆的前部。外旋是与内旋方向相反的运动，髋关节从正中位置内旋的幅度约35°，当髋关节位于伸直状态时，最大髋关节内旋会拉长外旋肌群，如梨状肌，以及部分的坐骨韧带。伸直状态下的髋关节平均外旋约45°。髂骨韧带的外束若张力过高，会限制完全的外旋动作。此外，任何来自髋内旋肌群的过多张力也可限制外旋动作。

2. 骶髂关节

骶髂关节由骨与髂骨的耳状面相对构成，属微动关节。关节面凸凹不平，骶骨的关节面覆有透明软骨，而髂骨的关节面表面为纤维软骨，互相嵌合十分紧密。在关节腔内有滑液，并有关节囊，关节囊坚韧。骶髂关节活动范围很小（1~3毫米）且测量困难，所以常被当作不动关节。

3. 耻骨联合

左右两块髋骨的耻骨在骨盆前正中线上以耻骨间盘连接形成耻骨联合。耻骨联合通常情况下仅有极小量的运动，过度的力如发生在跳跃落地时、交通事故中膝部撞击仪表板时、长度不同的两腿行走时或在强力的屈髋动作突然受阻时，可造成骶髂关节或耻骨联合的损伤或脱位。

4.尾骨连结

骶尾连接和尾骨间连接均属软骨联合，有少量的前后运动，这些运动被腹侧、背侧和外侧的韧带所限制。

（三）髋关节肌肉分布

髋关节有丰富的肌覆盖，总共有 21 块肌跨越髋关节，多数起自骨盆，止于股骨或胫腓骨，这些肌对髋关节的稳定性和活动起着重要的作用。髋关节可做三轴运动：屈、伸，内收、外展，内旋、外旋。髋关节的中立位是髋关节伸直，髌骨向上，无外展或内收，也无旋转。屈髋时，须同时屈膝，否则股后肌群会限制髋关节的屈曲（图 6-16、表 6-6）。

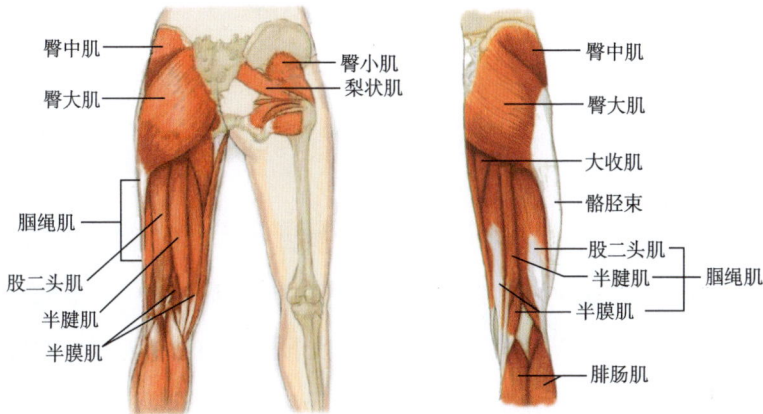

图 6-16 髋关节肌肉分布

表 6-6 髋关节运动与肌肉

运动的形式	参与运动的肌
前屈	髂腰肌、股直肌、缝匠肌、阔筋膜张肌、耻骨肌、长收肌、短收肌
后伸	臀大肌、股二头肌、半腱肌、半膜肌、大收肌
外展	臀中肌、臀小肌、臀大肌上部、梨状肌、阔筋膜张肌
内收	大收肌、长收肌、短收肌、耻骨肌、股薄肌
外旋	髂腰肌、臀中肌和臀小肌的后部、长收肌、大收肌、缝匠肌、梨状肌、股方肌、闭孔内肌、闭孔外肌
内旋	臀中肌、臀小肌前部、阔筋膜张肌

1. 臀大肌

臀大肌是一块大而浅表的肌，形成臀部的圆形，臀大肌起自髂嵴、胸腰筋膜、骶骨和尾骨的后面和骶结节韧带。解剖学的作用为后伸和外旋髋关节。

2. 腘绳肌

股二头肌、半腱肌和半膜肌三者合称腘绳肌，起自坐骨结节，止于胫骨和腓骨。通过这样的附着方式，腘绳肌可以伸髋屈膝，是双关节肌。

3. 股直肌和缝匠肌

股直肌起自前下棘和髋臼的上方，止于髌骨，主要作用是屈髋伸膝。缝匠肌是一块浅表带状肌，起自前上棘内下方，止于靠近胫骨前缘上部的胫骨内侧面，在股薄肌和半腱肌止点的前方。缝匠肌的作用为前屈、外旋和外展髋关节，以及屈和内旋膝关节。

4. 阔筋膜张肌

阔筋膜张肌作用于髋关节和膝关节。阔筋膜张肌起自缝匠肌外侧的髂嵴及其邻近结构，在大腿外侧的上 1/3 处经髂胫束止于胫骨外侧髁。作用为屈、外展和内旋髋关节。

5. 髂腰肌

髂腰肌由两部分组成，即髂肌和腰大肌。它们的起点不同，但有共同的止点。位于髋关节下方的腰肌部分在缝匠肌上部的内侧，部分被缝匠肌遮盖。髂肌起自髂窝和髂前上棘、髂前下棘的内侧面。髂肌覆盖了髋关节和股骨颈的前面，然后向内后的方向绕股骨颈，止于股骨的小转子。作用为屈和外旋髋关节。

6. 臀中肌

臀中肌是髋外侧肌群中最大的一块。部分被臀大肌和阔筋膜张肌覆盖，中上部浅表仅被厚的筋膜覆盖。臀中肌呈扇形，起自髂嵴和髂骨外侧面的广大区域，直到臀前线，这条线分隔了臀中肌和臀小肌的起点。肌纤维向股骨的大转子尖端集中，并止于大转子的尖端及其邻近骨面。作用于外展髋关节。前部能屈和内旋髋关节，而后部为伸和外旋髋关节。

7. 臀小肌

臀小肌是臀区最深层的肌。它紧邻髋关节的关节囊，并被臀中肌所覆盖。臀小肌呈扇形，起自髂骨在臀前线和臀下线之间的骨面和在臀小肌与臀中肌之间的肌间隔，止于股骨大转子前缘，其作用为外展、内旋和屈髋。

8. 梨状肌

梨状肌与臀中肌均被臀大肌覆盖。梨状肌起自骶骨的前面、坐骨结节和骶结节韧带，肌纤维随臀中肌的后缘向外下，止于大转子的内面。作用为髋关节屈曲 60° 以内时，髋关节外旋；髋关节屈曲 60° 以上时，髋关节内旋。

9. 内收肌群

内收肌群占大腿内侧的 1/4，在构造上，内收肌群可分为三层，即耻骨肌、内收长肌及股薄肌，属于表层。在近端，这些肌肉都沿着耻骨上支和耻骨下支及邻近的耻骨骨体而附着；在远端，耻骨肌和内收肌附着在股骨的后侧表面靠近粗糙线的位置。位于大腿内侧前缘的是股内侧肌和缝匠肌，后缘是半腱肌和半膜肌之间的肌群。它们包括大收肌、长收肌、股薄肌、短收肌和耻骨肌。此外，闭孔外肌、股方肌和臀大肌下部也能内收大腿，但不属于大腿内收肌群。这些肌的起点为耻骨支和坐骨支，止于股骨后面的粗线和胫骨内侧，当屈髋时这些肌的作用线与其相关的轴发生改变，因此每块肌的作用取决于髋关节所处的特殊位置。作用为收髋关节（在一定的位置，不同的内收肌还可能有屈、伸和旋转髋关节的作用）。

＞　二、膝关节

膝关节是人体内最大、最复杂的关节，在人体生物力学中扮演着重要角色，它在参与下肢活动的同时要承受较大压力，起着对人体承重、传递载荷的作用，同时允许股骨和胫骨间较大的运动幅度。从功能上来讲，在站立位时膝关节能支持体重而不需要肌肉的收缩，在步行时，正常的膝关节通过减少与身体重心垂直和侧方的震荡来减少能量的消耗。下肢的活动又通常由多关节协同运动来完成，如跑步、爬山、坐以及站等动作，都是由髋、膝、踝关节共同完成的，从肌肉分布也可看出这些关节的关联性，大部分与膝关节运动相关的肌肉同时也跟髋关节或踝关节有关。因此，下肢各个关节联系很紧密，彼此之间也可以相互影响。

（一）骨骼

1. 髌骨

髌骨是全身最大的籽骨，上宽下尖，前面粗糙，位于关节囊上，与股骨前下方的鞍状关节面（滑车面）相接，上方有髌韧带通过。关节面的形态有相当大的变异，而且骨的形状与关节软骨面不完全一致。髌骨的关节面有一明显的纵嵴将其分为内侧和外侧关节面。

2. 股骨内侧髁、外侧髁

股骨内侧髁、外侧髁为股骨的下端突向下后方的两个膨大，两髁的前面、下面和后面都是光滑的关节面。其前面的关节面彼此相连，形成髌面，与髌骨相接，后方被髁间窝分开，两者之间有髁间切迹，形成一道供十字韧带通过的通道，若是髁间切迹的空间较小，则会增加前十字韧带受伤的可能性。内上髁的上方有一三角形突起，叫作股收肌结节，为内收肌附着处。股骨内、外侧髁与较小的胫骨髁形成胫股关节。

3.胫骨内侧髁、外侧髁

胫骨的上端膨大，稍向后倾，形成内侧髁和外侧髁，胫骨髁稍凹（胫骨外侧髁前后方向也凸起）。两髁的上面各有一上关节面，与股骨内侧髁、外侧髁的关节面相接。两上关节面之间的骨面粗糙，形成向上的髁间隆起，胫骨的间隆起和楔形的内、外侧半月板共同增加了关节面的适应性。

（二）关节及运动学特征

1.胫骨关节

胫股关节是又大又凸的股骨髁和近似平面的胫骨平台之间形成的关节、股骨髁较大的表面区域，允许膝关节进行跑步、蹲坐和爬山等活动，即矢状面内的广泛运动。关节的稳定并非因为骨相互适合，而是受肌肉、韧带、关节囊、半月板及其他结构和身体重力等产生的合力及限制的影响。胫骨关节拥有两个自由度，即在矢状面内的屈曲和伸展及水平面内的内旋和外旋，其中水平面的旋转运动需要膝关节保持屈曲"解锁"状态。膝关节在水平面内的旋转运动只能被动发生或伴随屈伸运动产生，且局限在 6°~7°。

2.髌股关节

髌股关节是在髌骨关节面与股骨髁间沟之间形成的。帮助该关节保持稳定的有股四头肌产生的压力、关节面的契合和来自周围支持韧带与关节囊的被动限制力。髌股关节的异常运动和不稳定很常见，通常会导致慢性疼痛甚至关节退变。

当膝关节屈曲和伸展时，髌骨的关节面与股骨的髁间沟之间发生滑动。在胫骨绕着股骨运动时，髌骨相对于固定的股骨髁间沟滑动。由于髌韧带附着在胫骨粗隆上，髌骨在膝关节屈曲的过程中沿着胫骨方向滑动。

（三）膝关节肌肉分布

膝关节的肌肉可分为两大类：膝伸肌和膝屈肌。虽然这些肌肉有其他重要功能，不过通常会一起作用，以最大的力去控制膝关节的动作。常见的由坐姿到站姿就需要股四头肌及腘绳肌同时收缩，就是肌肉之间相互屈伸协同完成的（图6-17、表6-7）。

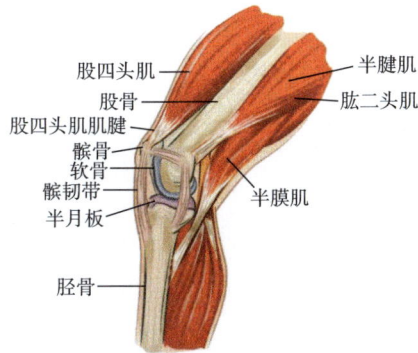

图 6-17　膝关节肌肉分布

表 6-7　膝关节运动与肌肉

运动的形式	参与运动的肌
屈曲	腘绳肌、腓肠肌、跖肌、腘肌、股薄肌和缝匠肌
伸展	股四头肌
内旋	缝匠肌、半腱肌、半膜肌、股薄肌、腓肠肌的内侧头、腘肌
外旋	股二头肌、腓肠肌的外侧头

1. 股四头肌

股四头肌位于大腿前面，是人体中最大的肌，为羽状肌。由四块肌组成：股直肌、股内侧肌、股外侧肌和股中间肌。这四块肌形成单一而强厚的腱，止于髌骨、膝关节囊和胫骨上端的前面。肌发达而脂肪组织较少的人，股直肌、股内侧肌和股外侧肌均可以清楚看到。骨中间肌位置较深，不能从体表看到。在近固定时，股四头肌使小腿伸，股直肌还能使大腿屈；远固定时，股四头肌可以使大腿在膝关节处伸。一般认为股四头肌是维持人体直立的重要肌。髌骨的存在，增大了股四头肌的力矩和旋转力矩。

（1）股直肌：在大腿中部，较表浅并直行向下。它通过两个腱，即前或直腱起自前下棘，后或反转腱起自髋臼边缘的上方。当腱转向前时，它与髋关节紧邻并与关节囊交织。这两腱联合，在前方覆盖了部分关节囊。它的肌纤维向下连于一深部的腱膜，然后变窄，形成宽腱止于髌骨上缘，并借髌韧带止于胫骨粗隆。作用为屈髋和伸膝。

（2）股外侧肌：是四块肌中最大的一块，位于股直肌的外侧。它以宽的腱膜起自股骨的后外方，上至大转子高度，下达粗线。它止于髌骨的外侧缘、髌外侧支持带，并借髌韧带附于胫骨粗隆。作用为伸膝。

（3）股内侧肌：位于股直肌的内侧。它起自股骨的后内方，上至转子间线，后至粗线。它止于髌骨上缘的内侧部、髌内侧支持带，并借髌韧带附于胫骨粗隆。作用为伸膝。

（4）股中间肌：位于股直肌的深层，部分与股内侧、外侧肌融合。它起自股骨的前外侧面，上达小转子和后到粗线，肌纤维与股骨长轴平行，止于髌骨的上缘，并与股内、外侧肌的腱融合，直接进入膝关节囊。作用为伸膝。

2. 腘绳肌

（1）股二头肌：是一块在大腿后外侧浅层的肌，为梭形肌。它有长、短两个头：长头与半腱肌形成总腱起自坐骨结节，短头起自股骨干的下部和外侧肌间隔。这两个头合起来止于胫骨的外侧髁、腓骨头和小腿筋膜。作用为伸和外旋髋关节及屈和外旋膝关节。在近固定时，长头使大腿伸，并使小腿屈和外旋，远固定时，使大腿在膝关节处屈（如下蹲动作），当小腿伸直时，则使骨盆向后倾。

（2）半腱肌：是一块内侧腘绳肌，其位于股二头肌长头的内侧。它与股二头肌长头形成总腱起自坐骨结节，止于胫骨的内侧面股薄肌止点的远侧。作用为伸和内旋髋关节及屈和内旋膝关节。

（3）半膜肌：起自坐骨结节，止于胫骨的内侧髁。作用为屈和内旋膝关节及伸和内旋髋关节。

半腱肌和半膜肌在近固定时，使大腿伸，并使小腿屈和内旋。远固定时，与股二头肌相同，即使大腿在膝关节处屈（如下蹲动作），当小腿伸直时，则使骨盆向后倾。股二头肌、半腱肌和半膜肌合称为股后肌群（也称腘绳肌）。它们都是双关节肌，在运动中应注意锻炼它们的力量和伸展性，以克服多关节肌的"主动不足"和"被动不足"现象。

3. 腓肠肌

腓肠肌是形成小腿肌的主要部分，它的内、外侧两个头起自股骨的上方，跨过膝关节的屈侧边，附着处部分与膝关节囊紧贴。内侧头较大，肌腹比外侧头伸延更远。两个头的肌纤维附着于一块宽的腱板上。这块腱板起始于两头之间的间隔并与比目鱼肌表面的腱膜融合，腱板的远侧变窄形成跟腱，附着于跟骨后部的跟结节。其作用为跖屈踝关节和屈膝关节。在近固定时，使足跖屈，腓肠肌还能在膝关节处屈小腿；远固定时，在膝关节处拉大腿向后，协助伸膝，有维持人体直立的功能。

4. 腘肌

腘肌在膝关节的背侧，位置最深。紧贴关节囊，被跖肌和腓肠肌的外侧头覆盖。以强厚的腱起自股骨上外侧，肌纤维向内下止于胫骨干近侧部的后面。止点纵向分布较广，使该肌呈三角形。作用为内旋和屈膝关节。

5. 缝匠肌

缝匠肌位于大腿前内侧浅层，肌纤维从大腿外上方向内下斜行。缝匠肌是人体中最长的肌，呈梭形。它和股直肌都跨过了膝关节和髋关节，为双关节肌，此肌在运动中容易发生"主动不足"和"被动不足"现象。在近固定时，使大腿屈和外旋，并使小腿屈和内旋；远固定时，两侧收缩，使骨盆前倾。

＞　三、踝关节

踝关节是下肢运动链三大关节中最远端的关节。在站立、行走、跑、跳等动作中，踝关节的稳定性和灵活性起着十分重要的作用。踝关节通常与足部作为一个整体联合运动。踝、足的内在结构和复杂动力学组织能吸收各种振动、提供机体运动时的稳定性，并在直立和步行情况下推动身体前进。为了完成正常的运动功能，踝和足还具有在不同时刻和不同位置上承受身体速度、运动方向和路面条件等复杂变化引起的较高负荷的作用。

（一）骨

踝部的骨性结构包括胫骨远端、腓骨远端和距骨体。

1. 胫骨远端

胫骨是小腿双骨之一，位于内侧，为小腿骨中主要承重骨。胫骨近端与股骨连接成膝关节。胫骨远端膨大，下面有与距骨相接的关节面，内侧有伸向下的骨突，称为内踝。外侧有与腓骨相接的三角形凹隐，称为腓骨切迹。成人的胫骨远端相对于其近端呈一定的自然旋外扭转。

2. 腓骨远端

腓骨为细长的管状骨，位于小腿外侧，有支持胫骨的作用，约担负小腿负重的1/6。腓骨远端膨大为外踝，其内侧面为外踝关节面，与胫骨下关节面、内踝关节面共同构成踝穴。外踝比内踝略偏下、偏后。

3. 距骨

距骨连接小腿与足部，是足部位置最高的一块骨骼。它有6个关节面，与周围诸骨构成关节。距骨分为头、颈、体三部分，距骨头为前端具有球形关节面的部分，与足舟骨相接。头后方缩窄处为距骨颈，近似方形的距骨体位于颈后方。距骨体的上面和两侧面都有关节面，称为距骨滑车，与内、外踝和胫骨下关节面共同构成踝关节。距骨体前宽后窄，故踝背伸稳定，而跖屈时稳定性较差。距骨头、颈、体三部分的下面都有关节面，与跟骨的相应关节面相接。距骨与跟骨在踝足部特别增大，当人体站立时，一半的下肢负重需要由距跟二骨承担。

（二）关节及运动学特征

从解剖结构看，踝部仅包括一个关节，即踝关节。踝关节是典型的滑车关节，即主要绕冠状轴做跖屈和背伸运动。由于距骨的滑车关节面前宽后窄，当踝背伸时，距骨滑车较宽的部位位于踝穴内，被内外踝紧紧夹住，因两侧无空隙而不能侧向转动；但当踝跖屈时，关节头的较窄部分位于关节窝内，使关节头的两侧留有空隙，此时，距骨和足部的其他的所有骨、跖骨等一起作为一个整体，可绕足的矢状轴做内、外旋转运动，该类运动称踝关节的内翻和外翻。虽然足的内、外翻运动幅度有限，却是使机体在不平坦的或崎岖的路面行走时免受扭伤的重要保证。

（三）踝关节肌肉分布

踝关节的活动主要由足外肌群，即小腿肌群完成。足外肌多为多关节肌，其近端多附着于小腿骨或远端股骨，远端止于踝足部，因此可以执行踝足部的多种动作。根据肌肉的位置和功能，分为小腿的前侧、外侧和后侧肌群（图6-18、表6-8）。

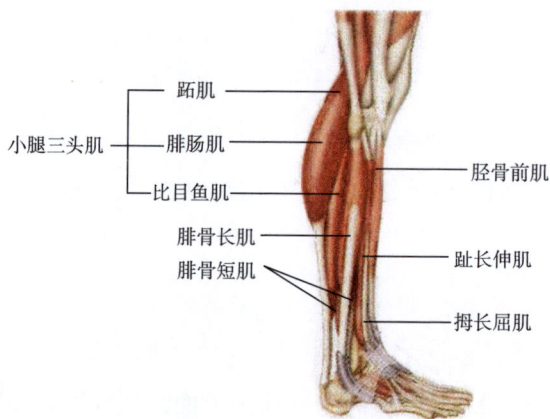

图 6-18　踝关节肌肉分布

表 6-8　踝关节运动与肌肉

运动的形式	参与运动的肌
屈曲	小腿三头肌、胫骨后肌、趾长屈肌、拇长屈肌、腓骨长肌、腓骨短肌
伸展	胫骨前肌、拇长伸肌、趾长伸肌

1. 小腿前群肌

小腿前群肌由内侧向外侧依次为胫骨前肌、拇长伸肌、趾长伸肌和第 3 腓骨肌。这些肌肉近端起于胫骨中部前外侧面、相邻腓骨前面及其间的骨间膜，向下肌腹渐细，移行为肌腱，通过伸肌支持带深面到足部。4 块小腿前肌均位于踝关节旋转轴前侧，故均为踝背伸肌。

2. 小腿外侧肌群

小腿外侧肌群主要包括腓骨长肌和腓骨短肌。腓骨长肌起自腓骨外侧上 2/3 骨面，其长腱绕外踝后方入足底，止于楔骨和第 1 跖骨骨底。腓骨短肌起自腓骨外侧下 2/3 骨面，肌腱绕过外踝后方，止于第 5 跖骨粗隆两块肌肉，为踝关节跖屈肌。同时，腓骨长肌、腓骨短肌还是足部的主要外翻肌群，为踝足外侧提供稳定性。

3. 小腿后侧肌

小腿后侧肌根据解剖位置分为深、浅两层。

（1）浅层肌：包括腓肠肌、比目鱼肌和跖肌。腓肠肌位于最外层，构成小腿最突出的部分，以内、外侧头分别起自股骨内、外上髁，两头汇合沿小腿正中合并，末端与比目鱼肌肌腱融合，形成强大的跟腱，止于跟结节。腓肠肌是双关节肌，其收缩时可以产生踝跖屈并屈小腿。宽而平的比目鱼肌位于腓肠肌深面，起自腓骨头和腓骨上部、胫骨的内侧缘和比目鱼肌线，通过比目鱼肌肌腱与腓肠肌融合，故两肌合称小腿三头肌。比目鱼肌的生理横截面积约是腓肠肌的两倍，是强力的踝屈肌，但其是单关节肌，没有屈小腿作用。此外，从跟腱的解剖位置看，其具有内翻力臂，故小腿三头肌也可致踝内翻。

（2）深层肌：位于比目鱼肌里层，自内侧向外侧分别为趾长屈肌、胫骨后肌和拇长屈肌。这 3 块肌肉分别起自胫骨、骨间膜和腓骨后面，其肌腱均经内踝后方及屈肌支持带止于足底不同部位。因这 3 块肌肉走行分别位于踝关节和距下关节轴的后方和内侧，所以可跖屈踝关节，并协助足内翻。此外，趾长屈肌止于第 2~5 趾的远节趾骨底，可以屈第 2~5 趾；拇长屈肌止于拇趾末节趾骨底，可产生拇趾屈曲。

> 四、足

（一）基本特征

足位于踝关节远端，由 26 块骨组成，包括跗骨、跖骨和趾骨三部分。26 块骨与错综复杂的韧带、肌肉、肌腱等软组织形成了稳定的关节结构和足弓结构，构成功能上的一个整体。为完成各种不同的生理功能和应对地面情况的千变万化，足时而坚硬、时而柔软，时而又介于两者之间。其结构复杂、功能多样，是人类日常生活与活动中不可或缺的部分。

足关节是由足部骨与骨之间的间接连结形成的，包括踝关节、跗骨间关节、跗跖关节、跖骨间关节、跖趾关节和趾骨间关节。其中，跗骨间关节为跗骨诸骨之间的关节，数量多且活动度不大。跗跖关节又名 Lisfrance 关节，由 3 块楔骨和骰骨的前端与 5 块跖骨的底构成，属平面关节，可做轻微滑动及屈、伸运动。折叠跖骨间关节由第 2~5 跖骨底相邻面构成，属平面关节，活动甚微。折叠跖趾关节由跖骨与近节趾骨底构成，可做轻微的屈、伸和收、展运动。折叠趾骨间关节由各趾相邻的两节趾骨的底和滑车构成，属滑车关节，可做屈、伸运动。

控制足部活动的肌肉通常分为足外肌和足内肌。足外肌主要指小腿肌肉，足内肌包括足背肌和足底肌。

（二）运动学特征

足与踝通常协同运动。从整体而言，描述足踝的运动可以利用标准的人体三维空间平面：足部绕冠状轴在矢状面上的相对运动为背伸与跖屈，足部绕矢状轴在冠状面的相对运动为内翻和外翻，足部在水平面绕垂直轴的相对运动为内收和外展［图 6-19（a）］。然而，在实际生活中，由于足踝部的关节轴多为斜行，故足踝部的运动主要表现为多关节相互配合下的三维复合运动，其特点是稳定中有灵活。常用的描述术语为旋前、旋后［图 6-19（b）］：旋前包括外翻、外展和背伸动作；旋后为内翻、内收及跖屈动作的合并。除跖屈与背伸运动主要发生在踝关节外，其余方向上的运动主要由足部关节完成。

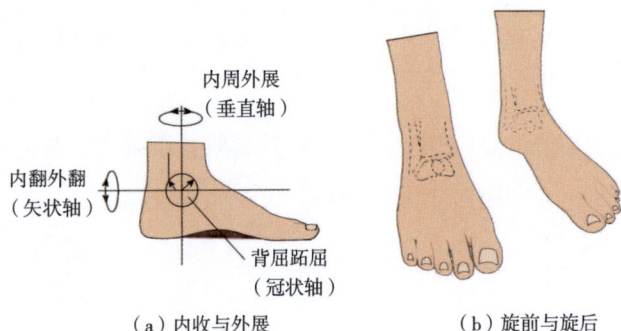

（a）内收与外展　　　（b）旋前与旋后

图 6-19　踝关节运动

第三部分

人体发育学

　　人体发育学涵盖了人体从受精卵开始至成熟的全过程，重点探讨生长发育的理论、分期及特征。"人体发育学概论"总论了人体发育的基本概念及理论，为理解后续章节奠定基础。"发育的基本理论"详细阐述了影响发育的各种因素，包括遗传、环境、营养等。"生长发育的分期及特征"则按时间顺序，分述了胎儿期、婴儿期、幼儿期、学龄期等各个阶段的发育特点和变化规律。"体格发育"集中探讨了体格生长的监测和评价方法，以及常见发育异常的表现和干预措施。"神经系统的发育"专门介绍了神经系统在胎儿期至青春期的快速发育过程，及其对人整体发育的影响。"幼儿发育影响因素"分析了幼儿期发育的关键影响因素，包括营养、疾病、心理社会因素等。"异常发育"则有助于识别和处理各类发育异常，如生长迟缓、神经系统发育异常等。

第七章
人体发育学概论

第一节　概述

> ### 一、人体发育学简介

人体发育学是研究个体生命全过程的科学，它的研究历史悠久，内容丰富，以达尔文的多基因表达理论、以格塞尔为代表的成熟理论等为基本理论，以多学科交叉为特点，精确总结人类，尤其是婴幼儿生长发育的规律与轨迹，为学习教育康复其他专业课奠定了重要基础。

人体发育学属于发育科学的分支领域，是研究人体生长、发育全过程及其变化规律的科学，包括对人生各个阶段的生理、认知、情绪情感、社会心理功能等方面的研究。

人体发育涉及从生命开始到生命结束的过程，是人体结构和功能按照一定规律分化、发育、统合、多样化、复杂化的过程。从胎儿期到青春期是人体生长发育过程中功能逐渐成熟的阶段，是人体发育学研究的重点。成人期后直至老年期出现了人体功能的衰退，虽然难以用人体发育的术语解释，但其仍属于人生过程中的一部分。因此，人体发育学的研究应包括人体的生长、发育、成熟及衰退这一人生轨迹的全过程。

> ### 二、生长发育相关概念

（一）生长发育

人的生长发育是指从受精卵到成人的成熟过程，生长和发育是儿童不同于成人的重要特点。在人体发育的研究中，三个常见而重要的概念是生长、发育、成熟。

1.生长

生长指儿童在身体器官、系统和身体形态上的变化，以身高（身长）、体重、头围、胸围等体格测量表示，是量的增加反映量变的过程。

2. 发育

发育指细胞、组织和器官的分化与功能成熟，主要包括身体、认知、情绪、社会等各方面的变化，重点涉及儿童的感知发育、思维发育、语言发育、运动功能发育、人格发育和学习能力发育等，是质的改变。

生长和发育两者紧密相关，生长是发育的物质基础，生长的量变可在一定程度上反映身体器官、系统的成熟状况，是量变和质变的过程。

3. 成熟

成熟，一方面是指生命体结构和功能的稳定、完全发育的状态，另一方面是心理学的成熟，指内在自我调节机制的完成和完善状态。自我调节机制决定了个体发育方向、顺序、显露时间等一系列过程。因此，成熟与遗传基因关系密切。

（二）发育与行为

儿童的生长发育，其行为具有规律性，也可表现出异常模式，如孤独症谱系障碍、注意缺陷多动障碍、阅读障碍等。促进儿童的身心发育，不仅是儿科学的重要内容，而且是康复医学的重要内容。步入现代社会以来，随着工业化和城市化的进程加快，人们的生活方式正在发生明显的变化，学习压力、快节奏的生活方式、激烈的社会竞争所造成的压力，使得越来越多的儿童处于心理应激状态下。与此同时，随着医学水平的提高，既往严重影响儿童健康的感染性疾病和营养性疾病的发病率明显下降，儿童的心理行为问题相对更突出。在这样的背景下，发育与行为研究备受关注。

（三）生长发育障碍

在个体生长发育时期，内在因素或环境因素影响正常的生长发育过程，称生长发育障碍。生长发育障碍既可表现为形态结构的生长障碍，也可表现为功能障碍。在个体生长发育期间发生的疾病、外伤或其他现象，如果不影响儿童的正常身心发育，均不属于生长发育障碍。

（四）生长发育监测

为使生长发育最佳化，应熟悉生长发育理论和循证策略并加强观察，研究生长发育中诸如身体生长与运动功能、认知与语言功能、情感发育与社会功能、生物因素与社会因素等之间的关系，监测生长发育过程中的变化，从中找出决定和影响生长发育的诸多因素，探索促进正常生长发育、抑制异常生长发育的理论依据和实践方法。

第二节 发育的基本理论

古往今来，众多学者对生长发育进行了探索和研究，从初期主要对儿童行为和动作发育变化的研究，逐渐扩展到感知、认知、记忆、智力、情绪等领域，形成了多学派的发育理论，对发育研究有重大贡献的理论主要有多基因表达理论、成熟理论、精神分析理论、心理社会发育理论、认知发育理论等。

> ### 一、达尔文多基因表达理论

生物进化理论的奠基人——达尔文从生物学的角度，提出发育是由"斗争"的结果决定的。达尔文经过长时间的科学实践发现：①各种生物都有很高的繁殖率；②自然界各种生物的数量，在一定时期内保持相对稳定；③生物普遍存在着变异。由此得出了两个推论：一是自然界物种的巨大繁殖潜力之所以未能实现，是由生存斗争所致；二是在生存斗争中，具有有利变异的个体得到最好的机会保护自己和生育后代，具有不利变异的个体在生存斗争中会遭到淘汰。达尔文把生存斗争所引起的这一过程称为"自然选择"或"适者生存"。通过长期的、一代又一代的自然选择，物种生存的变异被定向地积累下来，逐渐形成了新的物种，推动着生物的进化。

> ### 二、格塞尔成熟理论

成熟理论的代表人物——格塞尔，是美国著名儿童心理学家。成熟理论认为遗传学的程序可能决定了生长发育的整体顺序，首先使用成熟一词描述这种方式。人类的大部分能力是由基因决定的，从受孕到死亡的过程中，不论是形态结构、激素水平还是神经系统的变化，都具有相应的发育程序。虽然个体的生长发育时间有先后，但发育的顺序都一样，不可超越也不可相互调换。

格塞尔还提出，年龄是成熟理论中衡量人类发育成熟度的一个核心变量，人类的行为与其生理功能一样具有随年龄而变化的法则，如发育的方向性、互为交织性、功能的不对称性和自我调控的波动性。格塞尔提出年龄是成熟理论中衡量人类发育成熟度的一个核心变量。

在大量的观察和资料分析的基础上，格塞尔提出儿童行为发育的五个方面：①适应性行为：主要包括知觉、定向行动、手指操作能力、注意、智力等，这些方面的发育成熟提示儿童具备了适应外环境变化而生存的能力；②大肌群运动行为：主要包括姿势、移动运动等粗大运动发育能力，这些指标有助于判断各年龄阶段儿童是否已具备坐、站、走、跑、跳等能力；③小肌群运动行为：主要包括抓握与放开、手指精细操作、手眼协调运动等，精细动作的发育使得上肢的功能从支撑体重中解放出来，活动范围进一步拓展；④言语行为：主要包括儿童对人或事的模仿能力、人与人之间的交流能力及相互理解沟通的能力，言语行为的发育使得儿童能够逐渐理解人和事物，表达自己的感情和意志；⑤个体和社会行为：主要包括对他人的反应，对所属民族文化压力的反应，对家庭、集团、社会习惯等的反应及态度等，使得儿童开始逐渐理解和适应生活中的各种规则。

成熟理论的主要研究方法是观察法，包括：①自然观察；②控制观察环境；③标准化观察。格塞尔设计的"格塞尔发育诊断量表"用于测量儿童行为发育，为智力落后儿童早期诊断提供依据，在世界范围内被广泛应用，成为最著名的行为发育测量方法。其他学者在此基础上又设计出许多发育评价方法，如"布雷泽尔顿新生儿行为评定量表""丹佛发育筛查测验""贝利行为发育量表"等均是国内外常用的婴幼儿发育评价方法。

> **三、弗洛伊德精神分析理论**

精神分析理论的创立者——弗洛伊德，是奥地利精神病学医师和心理学家，其理论主要源于对精神病人的治疗实践，他提出存在于潜意识中的性本能是心理发育的基本动力，是决定个人和社会发展的永恒力量。他认为儿童的发育要经过一系列心理发育阶段，在发育过程中会遇到一些特殊的情绪冲突，即被压抑着的性冲突，只有在冲突被解决后，儿童才能成熟，成为健康的成人。身体的成熟和幼儿的经验对其今后的行为是非常重要的，通过特定身体部位与性的关系揭示了人体发育的阶段。弗洛伊德的精神分析理论主要相关理论包括潜意识理论、人格结构理论和性心律发展阶段理论等。

（一）潜意识理论

弗洛伊德最初将人格分为三个层次：意识、潜意识和前意识。①意识：包含个体在任一时刻感知的感觉和经验；②潜意识：包括原始的本能冲动及有关的欲望，特别是性欲；③前意识：是处在两个层次之间的部分。

（二）人格结构理论

弗洛伊德将一个人的精神世界分为三个方面，即"本我""自我"和"超我"。①"本我"：对应早期的潜意识感念，是与生俱来的，包含各种欲望和冲动，是原始的、无意识的、非道德的，服从"快乐原则"，本我不会觉知到现实；②"自我"：从"本我"中发展而来，"自我"可以控制"本我"的冲动，代表人们在满足外部现实制约的同时，满足本我的基本冲动的努力，是有意识的、理性的，按"现实原则"行事，当儿童逐渐能区分自己和外界，"自我"便开始出现；③"超我"：是指个人心理上的道德规范和理想精神，代表着社会的伦理道德，按"至善原则"行动，限制"自我"对"本我"的满足。这三个方面不可避免地要发生冲突，"本我""自我""超我"之间的矛盾斗争实际上反映了人格发展中人的本能、现实环境和社会道德之间的斗争。

（三）性心理发展阶段理论

弗洛伊德提出人格的发展经历五个阶段（表7-1），即口唇期（0~1岁）、肛门期（1~3岁）、性器期（3~6岁）、潜伏期（6~12岁）和生殖期（12~20岁）。

表 7-1　弗洛伊德心理性欲发展阶段理论

阶段	年龄/岁	性敏感区	行为特点
口唇期	0~1	口、舌、唇	利比多从嘴开始，吮吸产生快感，吸允、吞咽、咀嚼、咬
肛门期	1~3	肛门	以排泄和玩粪便为乐
性器期	3~6	生殖器	俄狄浦斯情结
潜伏期	6~12	无特定区域	性发展停滞或退化，相当平静的时期
生殖期	12~20	生殖器	从父母或成人中摆脱，产生性冲动，寻求异性的爱

1. 口唇期（0~1岁）

口唇期是婴儿最初的心理和性的发育阶段，口腔周围是快乐的中心，婴儿主要通过吸吮、咀嚼、吞咽、咬等口部刺激活动获得快感。如果该时期的基本需要得到满足，以后就会形成乐观、信任、有信心的人格；若满足过多或过少就会产生口腔人格，长大后形成悲观、对人不信任、依赖、被动、退缩、猜忌等消极的人格特点。

2. 肛门期（1~3岁）

肛门期幼儿通过排泄粪便获得快感，肛门周围成为快感的中心。父母在这一时期开始培养孩子大小便的习惯，若排泄习惯不当，则会形成肛门性格，表现为邋遢、浪费、无条理、放肆或是过分爱干净、过分注意条理和小节、小气、固执等。

3. 性器期（3~6岁）

性器期儿童开始意识到性别的差异，性器官成了儿童获得满足的主要来源，表现为喜欢抚摸或显示生殖器官及性幻想，儿童在行为上开始出现性别之分。出现了爱恋异性父母，对同性父母产生嫉妒和憎恨（俄狄浦斯情结）的现象。儿童模仿同性父母，并使之内化为自己人格的一部分，男孩将来形成男子气质，女孩形成女子气质。

4. 潜伏期（6~12 岁）

潜伏期性活动在这一阶段受到压抑，对性缺乏兴趣。快乐来自外界，如学习、体育及与同辈人的集体活动，儿童的注意力也集中在这些方面。通过学校的教育和学习，不断获取文化和社会的价值观，自我和超我继续发展。

5. 生殖期（12~20 岁）

生殖期以青春期为界限，开始出现性冲动，性的冲动面向异性。青少年要学会以社会可接受的方式表达冲动，逐渐摆脱父母，建立起自己的生活。如积极参加社会活动、寻求异性的爱，最终成为现实的和社会化的成人。

在这些阶段中，满足过多或过少，都可能产生固着现象，即发育停滞在某个阶段、延迟甚至倒退，也可能产生病理现象。

＞　四、埃里克森心理社会发育理论

心理社会发育理论的代表人物——埃里克森，是美国精神分析医师，他继承了弗洛伊德的思想，但与弗洛伊德不同，埃里克森的人格发育学说既考虑到生物学因素，也考虑到文化和社会因素，他认为在人格发育中，逐渐形成的自我过程在个人及周围环境的交互作用中起着主导和整合作用。他提出人格发育有八个阶段的理论（表 7-2），即人格的发育是一个逐渐形成的过程，每个阶段都有其固有的社会心理危机，如果解决了冲突，完成了每个阶段的任务，就能形成积极的个性品质，否则将形成消极的品质，以致产生心理障碍。

表 7-2　埃里克森的心理社会发育理论

发展阶段	主要冲突与矛盾	培养的品质
婴儿期（0~1 岁）	冲突：信任还是不信任 任务：培养信任感 重要的联系：照护者	希望（对自己愿望可实现性的持久信念）
幼儿期（1~3 岁）	冲突：自主性还是羞怯疑虑 任务：发展自主性 重要的联系：父母	意志力（坚定地自由选择或自我抑制的决心）
学龄前期（3~6 岁）	冲突：主导性还是内疚 任务：建立自信心 重要的联系：家庭	目的（一种正视和追求有价值目标的勇气）
学龄期（6~12 岁）	冲突：勤奋还是自卑 任务：建立勤奋感 重要的联系：学校和同伴	能力（完成任务所需要的熟练技能和智慧）

续表

发展阶段	主要冲突与矛盾	培养的品质
青春期 （12~20 岁）	冲突：自我同一性还是角色混乱 任务：发展自我同一性 重要的联系：同辈群体	忠贞（不顾价值系统的必然矛盾，坚持自己确认的同一性的能力）
成年早期 （20~40 岁）	冲突：亲密还是孤立 任务：建立亲密联系 重要的联系：爱人、伴侣或朋友	爱（压制异性间遗传的对立性而永远相互奉献）
成年中期 （40~60 岁）	冲突：繁殖还是停滞 任务：培养和指导下一代 重要的联系：家族、同事、社会规范	关怀（对他人的广泛关注）
成年晚期 （60 岁至死亡）	冲突：完善还是沮丧 任务：回顾一生，坦然接受死亡 重要的联系：所有人类	智慧（以超然的态度对待生活和死亡）

（一）信任对不信任阶段（婴儿期，0~1 岁）

该阶段是心理社会发育的最初阶段，婴儿在本阶段的主要任务是满足生理上的需要，发展信任感，克服不信任感，体验着"希望"的实现。婴儿如果能得到持续的关爱和需要的满足就会形成基本的信任感，否则会焦虑不安，感到世界不可信任，婴儿的主要看护者是关键性的因素。

（二）自主性对羞怯疑虑阶段（幼儿期，1~3 岁）

该阶段主要任务是获得自主感而克服羞怯和疑虑，体验"意志"的实现，即在面对社会要求时锻炼自由选择和自我约束的决心。儿童有了自己独立做事的愿望，因此要学会自己独立地控制和排泄大小便、吃饭、穿衣等许多技能。若受到过分溺爱或不公正的体罚，儿童则不能获得独立性或自律性，而且会感到疑惑、羞怯。此阶段父母是关键性的因素。

（三）主导性对内疚阶段（学龄前期，3~6 岁）

该阶段主要任务是获得主动感和克服内疚感，体验"目的"的实现，即想象和追求目标的勇气。此阶段儿童肌肉运动与语言能力发育很快，其能更精确地掌握语言和更生动地运用想象力。如果鼓励儿童的独创性行为和想象力，儿童就会以独创性意识离开这个阶段，若受到讥笑则易产生内疚感。这一时期儿童的愿望和活动经常会与家长的要求发生冲突，因此儿童需要既能保持主动性又能不损害他人的权益。此外，儿童开始意识到性别的差异并建立起适当的性别角色。父母和家庭成员是关键性因素，应对儿童多加鼓励。

（四）勤奋对自卑阶段（学龄期，6~12岁）

该阶段主要任务是获得勤奋感而克服自卑感，体验"能力"的实现，即运用技能和智力去追求和完成任务。儿童要适应社会和学习技能，发展与同伴的关系，将自己与同伴进行比较。如果通过勤奋不断取得好成绩，就会获得自信，而且越来越勤奋。若经常失败，学习落后，就会产生自卑感。残疾儿童由于不易学习掌握技能，"弱能"的体验越多，越容易产生劣等感。父母和教师的态度与行为在很大程度上决定了儿童如何看待自己和使用各种技巧，教师和同伴是重要的社会因素。

（五）自我同一性对角色混乱阶段（青春期，12~20岁）

该阶段主要任务是建立同一感和防止混乱感，体验"忠诚"的实现，即不顾价值系统的必然矛盾而坚持自己确认的同一性的能力。这一阶段的核心问题是自我意识的确定和自我角色的形成，从青春期开始，青少年需要解决"我是谁"的问题，建立社会、职业等方面的认同感。一旦能够确定一个明确的自我形象，青少年就获得了同一性，能够顺利长大成人；否则，就会产生角色混乱，诱发抑郁状态。

（六）亲密对孤立阶段（成年早期，20~40岁）

该阶段主要任务是获得亲密感以避免孤独感，体验"爱"的实现，即在共同的同一性中相互奉献。个体长期的依赖生活结束，开始独立生活，具备社会责任、权利和义务，这是人们建立友谊、追求爱和早期家庭生活的阶段。如果不能与他人建立亲密关系，则容易产生孤独感。

（七）繁殖对停滞阶段（成年中期，40~60岁）

该阶段主要任务为获得繁殖感而避免停滞，体验"关怀"的实现，即对他人的广泛关注。个体确立了自我在社会中的地位，在责任心增强的同时，体力衰退。此阶段或是显示创造力，工作富有成就且能赡养家庭；或是一事无成，一心专注自己而产生停滞感。

（八）完善对沮丧阶段（成年晚期，60岁至死亡）

该阶段主要任务为获得完善感而避免失望和厌恶感，体验"智慧"的实现，即自我完善，表现为对整个生命的超然关注。该阶段是人生的最后阶段，如果认为自己的一生实现了最充分的人生愿望，则获得完善感；如果为过去感到后悔，恐惧死亡，则对人生感到失望。

埃里克森将人格形成分为八个阶段，即希望—意志—目的—能力—忠诚—爱—关怀—智慧。这八种人格活力之间不是相互独立的，而是密切相关的。人格更多地受到学习和经验而非遗传的影响，这种人格的活力是在各阶段的危机解决和发育实现的过程中获得的。

> ### 五、皮亚杰认知发育理论

认知发育理论的代表人物——皮亚杰，是 20 世纪最有影响的认知发育理论家，其理论核心是发生认识论，主要研究人类认知、智力、思维、心理的发育与结构，由此他提出了认知发育理论。他既强调内因与外因的相互作用，又强调在这种相互作用中心理不断产生量和质的变化。认知发育理论的主要内容如下。

（一）智慧是基本的生命过程

儿童随着成熟而不断地获得越来越复杂的认知结构，从而能够适应环境。根据生物学的观点，皮亚杰认为人类的能力首先来自无条件反射，如吸吮、抓握等动作。这些动作经过组合、扩展，构筑成为更复杂的吸吮手指、吸吮玩具等动作，之后发展为伸臂和手抓握的动作，使得婴儿能拿到远处的玩具。

（二）认知发育的主要机制是适应

适应包含"同化""顺应""平衡"的过程。"同化"是吸收过程，吸收环境信息并纳入已有的认知结构中。"顺应"是婴儿改变本身的动作，或产生新的动作以适应新的环境。当两者处于平衡状态时，认识就提高了一步。此理论认为儿童在学习上是主动的发起人，而非被动的接受者，他们探索世界并调整自己的行为以适应环境的要求。"平衡"是指"同化"作用和"顺应"作用两种功能的平衡，是新的暂时的平衡，不是绝对或终结，而是另一较高水平平衡运动的开始。儿童不断地进行自我调节，通过"同化"和"顺应"达到与环境的平衡。皮亚杰认为，在环境教育的影响下，儿童的动作经过不断的"同化""顺应""平衡"的过程，形成本质不同的心理结构及心理发育的各个阶段。其理论要点包括：①发育过程是连续的；②每个阶段有其独特的结构；③各阶段的出现有一定的顺序；④前阶段是后阶段的结构基础；⑤两阶段间并非截然划分；⑥新水平的构成。

（三）认知发育主要阶段

1.感知运动阶段（0~2 岁）

此阶段为最初的认知功能发育阶段，儿童依靠感知动作适应外部世界，构筑动作行为，开始认识客体永久性。

2. 前运算阶段（3~7岁）

认知发育的一个转换期，符号的操作是此阶段的基本特征，明显表现出的是言语的发育，形象思维萌芽于此阶段，儿童开始凭借表象在头脑里进行"表象性思维"。

3. 具体运算阶段（8~11岁）

此阶段是为获得概念进行逻辑思维的阶段，儿童逐渐具有了简单的逻辑思维能力，但仍局限在具体的事物中。

4. 形式运算阶段（12岁以后）

此阶段是认知发育的最高阶段，青少年能进行抽象思维，依据假设推论可能性，思想不再只集中于现实事物。

皮亚杰在儿童认知发育领域具有划时代的影响，取代了传统的发育观，具有辩证性，特别强调以往被忽视的儿童在认知活动中的主动性和能动性的作用（表7-3）。

表7-3　皮亚杰认知发育的阶段理论

大致年龄	阶段	特征	发展现象
0~2岁	感知运动阶段	通过感官和行动体验世界	物质恒存概念 陌生人焦虑 假扮玩耍
3~7岁	前运算阶段	以文字和图像表征事物	自我中心 语言发展
8~11岁	具体运算阶段	有逻辑地思考具体事件，抓住具体类比的含义	数学转换能力
12岁以后	形式运算阶段	思考抽象情形，处理抽象思维	抽象逻辑 进行成熟道德论证的潜能

精神分析理论、心理社会发育理论及认知发育理论的主要特点，见表7-4。

表7-4　几种发育理论比较

发育理论	婴儿期（0~1岁）	幼儿期（1~3岁）	学龄前期（3~6岁）	学龄期（6~12岁）	青春期（12~20岁）
精神分析理论（弗洛伊德）	口唇期	肛门期	性器期	潜伏期	生殖器
心理社会发育理念（埃里克森）	信任对不信任阶段	自主性对羞怯疑虑阶段	主导性对内疚阶段	勤奋对自卑阶段	自我同一性对角色混乱阶段
认知发育理论（皮亚杰）	感知运动阶段	感知运动阶段、前运算阶段	前运算阶段	前运算阶段、具体运算阶段	形式运算阶段

第三节　生长发育的分期及特征

人的生长发育指从受精卵到成人的成熟过程，具有连续、渐进的特点。生长和发育是儿童不同于成人的重要特点。生长是指儿童身体各器官、系统的成长，有相应的测量值可表示其变化；发育是指细胞、组织、器官的分化与功能成熟，随着年龄的增长，儿童的解剖、生理和心理等功能将发生量和质的变化，形成了不同的发育阶段。根据各阶段的特点，可将人的生命全程划分为八个年龄阶段，即胎儿期、新生儿期、婴儿期、幼儿期、学龄前期、学龄期、青春期和成年期。

> 一、胎儿期

从受精卵形成到胎儿娩出前为胎儿期，共 40 周，胎儿的周龄即胎龄。此期是个体出生前身体结构和功能在母体子宫内发育的重要时期，其影响是长期的，对整个一生有重要意义。孕妇如受自身及外界不利因素影响，包括遗传因素、年龄因素、感染、创伤、接触放射性物质、化学物质、毒品等，或者存在营养缺乏、严重疾病和心理创伤等情况，都可能影响胎儿的正常生长发育，导致畸形、流产或宫内发育不良等问题。

> 二、新生儿期

自胎儿娩出脐带结扎至生后 28 天的时期为新生儿期，此期实际包含在婴儿期内。此期的小儿脱离了母体而独立生存，所处的内外环境发生了根本变化，适应能力尚不完善。此外，分娩过程中的损伤、感染持续存在，先天畸形也常在此期表现出来。此期的主要特征为：①适应子宫外生活的生理学特征；②适应独立生活的行为学特征及觉醒状态的调节；③与外界环境和人相互作用的特征。

> 三、婴儿期

自出生至 1 岁为婴儿期。此期是小儿生长发育最迅速的时期，因此对营养的需求量相对较高。此时，各器官系统生长发育虽在继续进行，但不够成熟和完善，尤其是消化系统的功能不完善，常常难以适应对大量食物的消化吸收，容易发生营养和消化紊乱。来自母体的抗体逐渐减少，自身免疫系统尚未完全成熟，抗感染能力较弱，易发生各种感染和传染性疾病。此期的主要特征：①感觉和运动功能迅速发展：已有触觉和温度觉，味觉更加敏感，嗅觉反应比较灵敏，分辨声音的能力提高，并可做出不同反应，追视移动的物体和远处的物体，并开始能够分辨红色。原始反射逐渐减弱和消失，立直反射、平衡反应逐渐建立，在不断抗重力伸展发育的过程中，从卧位到坐位直至站立和行走。②言语功能的发育：从出生时就能发出哭叫之声，到1岁末时大部分婴儿能说几个有意义的词。③开始产生最初的思维过程，自我意识萌芽，情绪有所发育。④可以接受大小便控制训练。

> ### 四、幼儿期

自1岁至满3周岁为幼儿期。此阶段消化系统功能仍不完善，营养的需求量仍然相对较高，适宜的喂养是保持正常生长发育的重要步骤。此期的主要特征：①体格发育速度较前稍减慢；②智能发育迅速；③开始会走，活动范围渐广，接触社会事物渐多；④语言、思维和社交能力的发育日渐增速；⑤对于危险事物的识别能力和自身保护能力有限，意外伤害的发生率较高，应格外注意防护；⑥易患腮腺炎、水痘等疾病。

> ### 五、学龄前期

自3周岁至6~7岁入小学前为学龄前期。此期的主要特征：①体格发育处于稳步增长状态；②各类感觉功能已渐趋完善，空间知觉和时间知觉逐渐发育；③智能发育更加迅速，理解力逐渐加强，好奇、好模仿；④可用语言表达自己的思维和感情，思维活动主要是直观形象活动；⑤神经系统兴奋过程占优势，抑制力量相对较弱，容易激动，喜欢喧闹，动作过多，注意力易分散；⑥与同龄儿童和社会事物有了广泛的接触，知识面扩大，自理能力和初步社交能力得到锻炼；⑦初步对自己的性别有所认识；⑧易患上呼吸道感染和消化系统疾病。

> ### 六、学龄期

自入小学前，即6~7岁开始至青春期前为学龄期。此期的主要特征：①体格生长速度相对缓慢，除生殖器官外各器官系统外形均已接近成人；②认知功能继续发育，智能发育更加成熟，可接受系统的科学文化教育；③思维过程开始由具体形象思维向抽象逻辑思维过渡；④情感的广度、深度和稳定性都较前提高，较高级的情感如道德感、理智感和美感开始发展；⑤在意志方面，开始有了一定程度的自觉性、坚持性和自制力，但还很不稳定；⑥个性逐渐形成，带着个人特征的气质倾向已逐渐显露，性格特征也开始显露；⑦对疾病的抵抗能力有所增强，哮喘、龋病为常见疾病。

> ### 七、青春期

一般10~20岁为青春期。女孩的青春期开始年龄和结束年龄都比男孩早2年左右。

青春期开始年龄和结束年龄存在较大个体差异，可相差 2~4 岁。这个阶段是生理和心理剧烈变化的时期。此期的主要特征：①体格生长发育再次加速，出现第二次高峰，女孩由于耻骨与髂骨下部的生长及脂肪堆积，臀围加大，男孩肩部增宽，下肢较长，肌肉强健；②生殖系统发育加速并渐趋成熟；③认知功能继续发育，注意、记忆、知觉和思维能力都有长足的进步，思维活动已能摆脱具体事物的束缚，进入抽象逻辑思维的阶段；④个性形成，自我探索、自我发现和个人价值观念形成，人生观和世界观形成；⑤随着性的成熟、身材的陡长和第二性征的出现，心理上发生变化；⑥此期免疫水平较高，抵抗力强，一般疾病的发病率及死亡率明显下降。

> 八、成人期

18 岁以后至终年为成人期。成人期又分为青年期（18~25 岁）、成年期（25~60 岁）和老年期（60 岁以后），是人生过程中最漫长的时期。此期生理、心理功能及社会功能都发生巨大变化，此期的主要特征：①青年期的发育基本成熟，功能最强但不够稳定；②成年期的生理功能逐渐衰退并出现更年期症状，心理功能相对稳定，承担最为重要的社会角色；③老年期的生理功能与心理功能全面衰退，社会功能减弱，常伴有各种慢性疾病，直至生命结束。

第四节 体格发育

体格发育是指人的外部形态从出生到成人的一个连续的过程。儿童体格生长发育常用指标有体重、身高（长）、坐高（顶臀长）、头围、胸围、上臂围、身体比例与匀称性、皮下脂肪等。体格发育水平是反映儿童营养和健康状况的主要指标。

> 一、体重

体重为各器官、系统、体液的总重量。其中骨骼、肌肉、内脏、体脂、体液为主要成分，是衡量体格发育和营养状况最重要的指标。我国正常新生儿的平均出生体重为 3.2~3.3 kg，一般男婴比女婴重 100 g。新生儿出生后因摄入不足、胎粪排出及水分丢失，可出现暂时性体重下降或称生理性体重下降，一般在出生后 3~4 天降至最低点，以后逐渐回升，多在 7~10 天恢复到出生时的体重。

随年龄的增加，儿童体重的增长逐渐减慢。正常足月婴儿出生后第 1 个月体重增加可达 1.0~1.5 kg，出生后 3 个月体重约等于出生时体重的 2 倍。4~6 个月平均每月增加 450~750 g，7~12 个月平均每月增加 220~370 g，全年共增加约 6.5 kg，1 周岁时体重约为出生体重的 3 倍。1 岁以后体重增长变慢，1~2 岁全年体重增长约 2.0~2.5 kg，2~10 岁每年增长约 2 kg，青春期体重增加较快，男孩每年增加约 5 kg，女孩约 4 kg。

儿童体重的增长为非等速增长，进行评价时应以个体儿童自身体重的变化为依据，不可用"公式"或人群均数当作标准值。为便于医务人员计算用药量和体液量，一般可用以下公式估计体重（表 7-5）。

表 7-5 儿童体重、身高估计公式

年龄	体重 /kg	年龄	身高 /cm
3~12 个月	［年龄（月）+9］/2	出生时	50
1~6 岁	年龄（岁）×2+8	12 个月	75
7~12 岁	［年龄（岁）×7-5］/2	2~12 岁	年龄（岁）×6+77

> 二、身高（长）

身高指头部、脊柱与下肢长度的总和。多数 3 岁以下儿童立位测量不准确，应仰卧位测量，称为身长。身高（长）的增长规律与体重相似，年龄越小增长越快，婴儿期和青春期是两个生长高峰。出生时身长平均为 50 cm；出生后第一年增长最快，约为 25 cm；前 3 个月增长 11~12 cm，约等于后 9 个月的增长值；1 岁时身高约为 75 cm；第二年身高增长速度减慢，约 10 cm 左右，2 岁时身高约为 85 cm；2 岁以后每年增长 5~7 cm。1 岁时身高约为出生时的 1.5 倍，4 岁时约为 2 倍，13~14 岁时约为 3 倍。青春期身高的增长明显加速，身高突增的时间一般持续 3 年左右。男孩每年可增长 7~9 cm，平均增长 28 cm；女孩每年可增长 6~8 cm，平均增长 25 cm。突增期过后，身高增长速度减慢，直到女 17 岁、男 20 岁左右身高基本停止增长。身高（长）的生长受遗传、内分泌、宫内生长水平的影响较明显，短期的疾病与营养波动不易影响身高（长）的生长。

> 三、坐高（顶臀长）

坐高是头顶到坐骨结节的长度。测量时 3 岁以下小儿取仰卧位，故又称顶臀长。坐高的增长代表头颅骨与脊柱的生长，与身高比较时可说明下肢与躯干的比例关系。先天性骨发育异常与某些内分泌疾病所致的矮身材，可显示比例异常，如下部量特短多见于先天性甲状腺疾病及骨、软骨发育不全等。下部量过长，常常意味着生殖腺功能不全。

> ## 四、头围

头围是指自眉弓上缘最突出处经枕后结节绕头一周的长度。头围表示头颅的大小和脑的发育程度，是婴幼儿及学前儿童生长发育的重要指标。胎儿期脑生长居全身各系统的领先地位，出生时头相对大，平均头围 32~34 cm；年龄越小，增长速度越快；第1年前3个月头围增长值（6 cm）约等于后9个月的增长值（6 cm），1岁时头围约为46 cm；出生后第2年增长减慢，约为2 cm，2岁时头围约为48 cm；2~15岁头围仅增加6~7 cm。头围大小与双亲头围大小有关。头围的测量在2岁以内最有价值，连续追踪测量头围比一次测量更重要，有助于及时发现头围过大或过小的异常现象。较小的头围常提示脑发育不良，头围增长过速往往提示脑积水。

> ## 五、胸围

胸围代表肺与胸廓的生长，在一定程度上表明身体形态及呼吸器官的发育状况。出生时胸围为32 cm，小于头围1~2 cm；1岁左右约等于头围，头围与胸围的增长在生长曲线上形成交叉，此后胸围一直超过头围，并以每年递增1.5~2.0 cm的速度快速发育。头胸围交叉出现的早晚常被当作判断营养好坏的一个指标。一般营养状况好的小儿头胸围交叉出现早；反之，则出现晚。

> ## 六、上臂围

上臂围代表肌肉、骨骼、皮下脂肪和皮肤的生长。1岁以内上臂围增长迅速；1~5岁增长缓慢（1~2 cm）。在无条件测身高体重的情况下，一般可通过测量上臂围筛查5岁以下儿童的营养状况：> 13.5 cm 为营养良好，12.5~13.5 cm 为营养中等，< 12.5 cm 为营养不良。

> ## 七、身体比例与匀称性

在生长发育过程中，身体的比例与匀称性遵循一定的规律。

（一）头与身长的比例

不同年龄段的生长速度不同，头与身长的比例也有所不同，头颅占身高的比例在婴幼儿期为1/4，到成人后变为1/8（图7-1）。

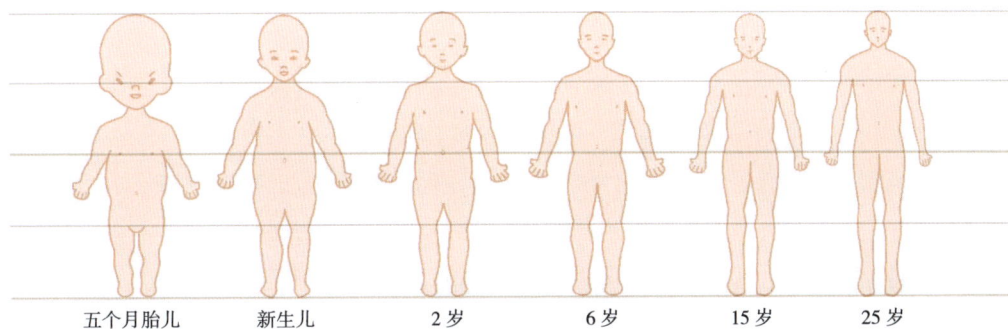

| 五个月胎儿 | 新生儿 | 2岁 | 6岁 | 15岁 | 25岁 |

图 7-1 头与身长比例

（二）体形匀称程度

表示体形（形态）生长的比例关系，通常用胸围 / 高 ×100（身高胸围指数）、体重指数［体重（kg）/ 身高^2（m^2）］（又称 BMI 指数）等表示。

（三）身材是否匀称

以坐高与身高的比例表示，即坐高 / 身高 ×100（身高坐高指数），反映人体躯干和下肢的比例关系，反映体型特点。

（四）指距与身高的比例

指距是两上肢向左右平伸时两中指尖之间的距离，正常时指距略小于身高，如指距大于身高 1~2 cm，这可能与长骨的异常生长有关。

＞ 八、与体格生长有关的发育

（一）骨骼

1. 颅骨

婴儿出生时各颅骨缝均未闭合，后囟接近闭合；前囟位于两顶骨与额骨间，呈菱形（图 7-2）。出生时对边中点连线 1.5~2.0 cm，一般不超过 2.0 cm×2.0 cm。出生后随头围增大而变大，6 个月以后逐渐骨化变小。正常健康幼儿约半数在 1.0~1.5 岁闭合，最晚闭合时间不超过 2 岁。囟门早闭多见于小头畸形，囟门晚闭见于脑积水、佝偻病、呆小病等，也偶见于生长过速的婴儿。

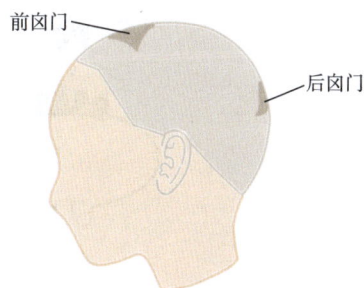

图 7-2 囟门

前囟门
后囟门

2. 脊柱

脊柱的生长反映扁骨的发育，1 岁内生长快于四肢，以后生长速度落后于四肢。新生儿的脊柱是直的，3 个月能抬头时，出现颈部脊柱前凸的第 1 个弯曲；6~7 个月会坐时，出现胸部脊柱后凸的第 2 个弯曲；1 岁左右能行走时，出现腰部脊柱前凸的第 3 个弯曲，从而形成了为保持身体平衡的脊柱自然弯曲。各种原因所导致的骨骼发育不良，站立、行走、写字等姿势不正确，会造成脊柱侧弯、驼背和鸡胸等。

3. 骨化中心

骨骼的生长有如下两种方式。

（1）干骺端成骨：长骨的生长主要是干骺端软骨的逐步骨化。

（2）骨膜成骨：扁骨生长主要是扁骨周围骨膜的逐步骨化。骨化的过程较长，自胎儿期开始，直至成年期完成。正常儿童的成骨中心随年龄增长按一定时间和顺序先后出现和变化，X 线检查成骨中心的多少，干骺端的愈合情况可以粗略判断骨骼的发育年龄。

（二）牙齿

婴儿乳牙萌出的时间和出牙数个体差异很大，大多数婴儿在 6~7 个月时开始出牙（图 7-3）。生长发育正常的婴儿不仅出牙有时间规律，而且有对称规律，并按一定的顺序萌出。一般是下牙先于上牙，顺序由前向后，即下中切牙、上切牙、下侧切牙、上侧切牙、第 1 乳磨牙、尖牙、第 2 乳磨牙。左右同名牙大致同时萌出，下颌牙萌出早于上颌同名牙，但一般不应早于半年；女孩通常出牙时间略早于男孩。6 岁以后乳牙开始脱落换恒牙，换牙顺序与出牙顺序大致相同。

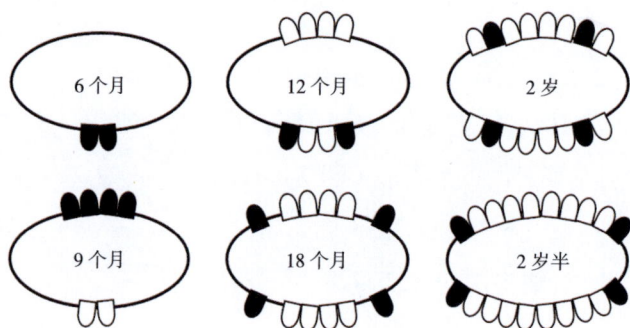

图 7-3　乳牙萌出顺序

（三）生殖系统

生殖系统发育分为胚胎期性分化和青春期生殖器官、第二性征及生殖功能生长两个过程。主要特征：①Y 染色体短臂决定胚胎期性分化的基因性别；②从出生到青春期前生殖系统处于静止状态；③进入青春期后，伴随生长发育的第二个高峰，性器官迅速增长，出现第二性征。此期的开始年龄及第二性征出现的顺序是女早于男，并存在较大的个体差异。

第五节　神经系统的发育

儿童生长发育过程中，神经心理发育与体格的生长具有同等重要意义。神经系统（脑和脊髓）的发育优于其他系统，神经系统发育和成熟是神经心理发育的物质基础，神经心理发育的异常不仅可能是某些系统疾病的早期表现，而且会阻碍儿童的健康成长，甚至会影响终生。

＞　一、中枢神经系统的发育

（一）大脑的发育

出生时小儿已具备了成人脑所具备的沟和回，但比成人的浅，在组织学上也已具备了大脑皮质六层基本结构。出生后无论是在解剖上还是在功能上又得到了迅速发展，自妊娠最后 3 个月至生后 1.5~2.0 岁是脑发育的最快时期，也是最关键的时期。

1. 脑的形态结构

新生儿脑重约 370 g（占成人脑重的 25%），6 个月时脑重约 700 g（占成人脑重的 50%），2 岁时脑重约占成人的 3/4，4 岁时脑室为出生时的 4 倍，与成人接近，约为 1500 g。出生时神经细胞数量已与成人相同，但树突与轴突少而短。出生后脑重量的增加主要由于神经细胞体积增大和树突的增多、加长，以及神经髓鞘的形成和发育。神经髓鞘的形成和发育约在 4 岁左右完成，在此之前，尤其是在婴儿期，各种刺激引起的神经冲动传导缓慢，易于泛化，不易形成兴奋灶，人体易疲劳而进入睡眠状态。神经细胞之间由突触连接，突触数目在出生后迅速增加，6 个月时约为出生时的 7 倍，4 岁左右突触的密度约为成人的 1.5 倍，持续到 10~11 岁，以后逐渐减少到成人水平。与突触密度变化相对应，神经回路在出生后迅速发育。

2. 脑发育的关键期

科学研究表明，脑发育过程中存在关键期。这一时期脑在结构和功能上都有很强的适应和重组能力，受到了环境的影响。关键期内适宜的经验和刺激是运动、感觉、语言及其他中枢神经高级功能正常发育的重要前提。如视觉发育的关键期被认为是出生后半年内，先天性白内障的婴儿生后缺乏视觉刺激，如果到了 3 岁不能复明，即使采用手术治疗，患儿仍将永久性地丧失视觉功能。人类语言学习的关键期，一般在 5~6 岁以前。因此，耳聋应早期发现，早期干预，才能聋而不哑。

3. 脑的可塑性

经验可改变脑的结构并影响其功能，未成熟脑的可塑性最强。脑的可塑性表现为可变更性和代偿性：①可变更性是指预先确定脑细胞的特殊功能是可以改变的，如视觉系统细胞被移植到脑的其他部位，这些细胞和新的细胞在一起可起新的作用，这一可变性应发生在脑发育的关键期内；②代偿性是指一些细胞能代替另一些细胞的功能，局部细胞缺失可用邻近细胞代偿，但过了脑发育的关键期，缺陷将成为永久性的。婴儿早期中枢神经系统受损后，仍可在功能上形成通路，如轴突绕道投射、树突出现不寻常分叉或产生非常规的神经突触，以达到代偿目的。

（二）小脑的发育

小脑在 1 岁内的发育极为迅速，是儿童神经发育的重要阶段。这一时期，小脑不仅体积增大，而且其结构日趋复杂，神经元之间的连接逐渐增多。到 3 岁时，小脑已基本接近成人水平，能够精确控制身体的平衡和运动的准确性。小脑的发育对于儿童日后的运动协调、语言学习及社交技能等方面都具有至关重要的影响。因此，关注儿童小脑的健康发展，对于其整体成长具有重要意义。

（三）脊髓的发育

出生时脊髓已较成熟，其下端达第 3 腰椎水平（成人在第 1 腰椎水平），4 岁时上移至第 1 腰椎。婴儿腱反射较弱，腹壁反射和提睾反射不易引出，到 1 岁时才稳定。3~4 个月前的婴儿肌张力较高，克氏征可为阳性，2 岁以下小儿巴宾斯基征阳性可谓生理现象。

（四）周围神经的发育

周围神经包括脑神经、脊神经和自主神经，其主要功能是传导冲动。脑神经发育在婴儿生后 3 个月完成。脊髓神经从婴儿 5~6 月时开始形成，2 岁是髓鞘形成阶段，4 岁时已相当成熟，以后仍在缓慢进行直至成年。

> 二、神经反射发育

反射是指在中枢神经系统参与下的机体对内外环境刺激的规律性应答。

（一）神经反射的种类

1. 非条件反射

这是先天形成的、出生时就有的生理反射，如吸吮、吞咽、呕吐、呼吸、咳嗽、持握、瞳孔对光、排尿、排便等反射。

2. 条件反射

这是后天形成的，是为了适应环境的变化，在非条件反射的基础上通过大脑皮质的神经练习逐渐建立起来的反射。条件反射使人体能对外界环境做出具有适应意义的有规律的反应。在不同社会环境和文化背景下，可以建立无数的条件反射，从而更快地适应环境。

（二）反射发育分类

小儿神经反射的发育根据神经系统发育的成熟度，分为 5 大类。

1. 出生时即有且终生存在的反射

如角膜反射、吞咽反射和瞳孔对光反射。这些反射是与生俱来的生理反射，由脑干部位的低级中枢控制，同时接受大脑皮层高级中枢的调控，出生后即有且终生存在。这些反射的减弱或消失，提示神经系统病变。

2. 出生时即有且暂时存在的反射

如吸吮反射、握持反射和拥抱反射。这些反射由脊髓及脑干部位的低级中枢控制，是婴儿初期各种生命现象的基础，也是后来分节运动和随意运动的基础。应该出现时不出现，应该消失时不消失，或两侧持续不对称，都提示神经系统异常。

3. 出生后逐渐稳定的反射

如括肌腱反射、腹壁反射。浅反射与腱反射是终生存在的生理反射。浅反射：腹壁反射要到 1 岁后才比较容易引出，最初的反应呈弥散性。提睾反射要到出生后 4~6 个月才明显。腱反射：从新生儿期已可引出肱二头肌、膝腱和跟腱反射。这些反射减弱或消失提示神经、肌肉、神经肌肉结合处或小脑病变。反射亢进和踝阵挛提示上运动神经元疾患。恒定的一侧反射缺失或亢进有定位意义。

4. 出生后一段时间内可存在的病理反射

2 岁以下正常小儿巴宾斯基征可呈现阳性，无临床意义，但该反射恒定不对称或 2 岁后继续呈阳性时提示锥体束损害。

5. 出生后逐渐建立且终生存在的反射

随着神经系统发育的成熟，原始反射逐渐消失，取而代之的是立直反射及平衡反应。

立直反射的中枢在脑干，多于出生后 3~4 个月逐渐出现，持续终生；平衡反应的中枢在大脑皮层，多于出生后 6 个月逐渐出现，持续终生。上述反射出现延迟或不出现提示中枢神经系统异常。

第六节　幼儿发育的影响因素

影响幼儿发育的因素众多，这些因素构成了一个统一协调的整体，共同影响着幼儿的发育。

> 一、遗传因素

有些幼儿存在暂时性运动发育障碍或迟缓，如从低跪姿到高跪姿姿势的转换时间出现比较晚，家族中有类似的历史，但运动发育最终会达到正常水平。有的幼儿胆小或特别小心，经过几次摔跤后就不敢再走了，这种幼儿会走的时间较晚。近年来的研究认为，遗传因素对脑瘫的影响越来越重要，如瑞典的调查表明，有明显产前因素的脑瘫患者中，1/6 为遗传因素所致。

染色体畸变，如 21- 三体综合征、18- 三体综合征都伴有认知功能障碍及智能障碍。多种单基因遗传病，包括先天性代谢病，如半乳糖血症、结节性硬化、神经节苷脂沉积症等，都伴有精神发育迟滞、肌张力改变及运动障碍等。

遗传气质的不同在很大程度上造成了情绪行为的不同。此外，引起情绪反应的阈限、反应的强度、抑制冲动的能力、兴奋后重获安慰的容易度构成了个性相对稳定的结构基础，对获得控制情绪的能力而言十分关键。如患有唐氏综合征的幼儿有情绪调节问题，一方面是因为大脑中与抑制控制有关的组织发展缓慢；另一方面是因为生理反应性低，患儿很难兴奋起来，但一旦兴奋起来又很难控制。气质也影响幼儿社会交往，具有基础性的作用。美国儿童心理学家托马斯（Thomas）和切斯（Chess）根据九个气质维度将儿童划分为三种气质类型：第一类是易教养型儿童，面对新情境，比较主动而不是退缩，适应性强，通常会有积极情绪；第二类是困难型儿童，面对新情境是退缩而不是主动，适应环境比较慢，并且经常处于消极紧张和消极情绪中；第三类是逐渐适应型儿童，面对陌生情境时表现出退缩，而后慢慢地适应新的学校任务和新的活动。不难推断出易教养型儿童更能积极主动地与他人交往，建立良好的人际关系。虽然气质不是决定社会交往的唯一因素，但在社会交往中的确起着重要的奠基作用。

有研究发现，在孤独症患者家族中，单卵孪生子的同病率高于双卵孪生子，这一现象支持了遗传因素在孤独症中起一定作用，但同病率均较低的观点。目前发现与孤独症有关联的基因突变主要有 5-HTT 基因、5-HTR2A 基因、谷氨酸受体 6 基因（GluR6）、GABA 受体基因（GABRB3）等。故应重视遗传因素及遗传咨询。

> ## 二、环境因素

（一）孕期至分娩因素

1. 出生前因素

妊娠妇女的健康直接影响胎儿的正常发育。主要的有害因素是感染，尤其是妊娠早期的感染，如巨细胞病毒和单纯疱疹病毒感染、孕妇接触动物引起的弓形体或原虫病感染。妊娠妇女严重慢性疾病，如心脏病、高血压、糖尿病、慢性肾脏病及严重贫血，均可使胎儿缺血缺氧，也会导致不成熟儿、宫内生长迟缓、低体重儿或神经系统损害，还有宫内窒息和颅内出血。另外值得注意的是有害理化物质对胎儿的影响，如药物的不当使用、乙醇中毒、辐射、工业污染所致汞和铅等重金属造成水质污染等。

2. 出生时因素

早产、过期产、脐带绕颈、前置胎盘、胎盘早剥、胎粪吸入、难产或产程过长、产钳损伤、颅内出血等可导致胎儿脑部缺氧或损伤。

以上各种因素使脑组织受到直接或间接的损伤，会影响儿童的健全发育，影响的程度取决于脑组织损伤的程度。

以儿童孤独症为例，与其有关的孕产期高危因素有精神抑郁、吸烟、病毒感染、高热、服药、剖宫产、早产、出生体重低、产伤、呼吸窘迫综合征及先天畸形等。有研究者收集了 465 名孤独症患儿母亲的产科资料，进行了大样本的研究，结果表明许多孕产期因素与孤独症有关，如头胎、父母育龄大、母亲先兆流产、尾骨硬膜外麻醉、1 分钟阿氏评分小于 6 等，但与孤独症成因之间都缺乏特异性的关联。目前比较一致的观点是，孕产期危险因素可能不是孤独症发病的"直接原因"，它只是加强了已存在的遗传易感性，增加了发生的危险性，影响其患病的途径，可能是重要的"辅助原因"。

因此加强母亲孕、产期保健，积极防治儿童早期易致中枢神经系统损伤的疾病，以利其大脑的健全发育，对儿童日后的正常发育十分重要。

（二）营养

在细胞的发育阶段，细胞有赖于各种营养素为其提供充足的能量和材料。几乎所有的必需营养素在发育过程中起着重要作用，这些营养素包括碳水化合物、脂类、蛋白质和氨基酸、微量元素、维生素等，能促进各系统的发育及构成。如大脑的发育，关键时期脑细胞的平均增长速度可达每分钟数 10 万个，若在这个阶段得不到充分的营养供应，就可能引起神经细胞分裂减慢、数量减少，或者使神经细胞增大和成熟减缓，平均体积减小。必需营养素缺乏最终会影响运动、言语、认知、情绪情感、社会功能等的发育。

（三）家庭环境因素

家庭环境因素包括家庭的经济条件、成员的文化素质与职业、身心健康、成员之间的关系、长辈的示范作用、教养方式等，对个人的发育有重要影响。家庭是幼儿第一个受教育场所，它培养了幼儿的责任感和自信心，使幼儿学习了运动、言语、情绪情感和行为方式等，整合了社会文化，幼儿能从中获得早期社会交往经验。

1. 家庭社会经济状况

一般认为，社会经济状况较好的家庭中的幼儿的言语、适应能力和智力的发育均优于社会经济状况较差的家庭中的幼儿。如后者家庭中暴露出的紧张事件比前者多，低收入带来的压力可能会给父母带来消极情绪及劳累，导致与幼儿沟通有意义事件的机会大大减少等，幼儿容易像成人一样产生焦虑和抑郁。当然在此并不是说所有在这种环境中长大的幼儿在情绪上都是失败的。再如，不良的人际关系容易诱发情绪问题，受到虐待的幼儿很难发展必要的情绪自控能力，同样，在一个充满了冲突的家庭中，幼儿经常目睹消极情绪的爆发，就不会有控制自己情绪的动机。

2. 父母的文化程度与职业

这对幼儿认知和智力发育起着不可忽视的作用。父母不仅通过自身的文化素质对子女产生潜移默化的影响，还通过对子女教育的形式与投资产生影响。

3. 家庭成员之间的关系

家庭成员关系亲密，有丰富的文化知识和娱乐活动，并且完整的家庭，更有利于幼儿的社会功能发展。相反，家庭成员松散、文化娱乐匮乏的家庭环境不利于幼儿的社会功能发展，制约其社会交往。家庭成员关系中亲子关系是非常重要的，亲子关系依恋度会影响幼儿参与社会交往的态度。艾恩斯沃斯和她的同事把儿童分为安全型、矛盾型和躲避型，当这些不同类型的儿童长大成人、建立人际关系时，这些特点仍会显露出来，如安全型的长大成人后很容易与人相处及信任对方；矛盾型的长大成人后对同伴的爱缺乏安全感，以致过于苛求对方，他们太希望受到注意，甚至吓跑了同伴；躲避型的长大成人后怀疑那些爱说他们的人，害怕别人离得太近会受到伤害。

4. 父母对子女的教养方式

教养方式影响幼儿各方面的能力发展，如早期社会交往，还会持续影响长大成人后的人际交往。美国心理学家鲍伦德（Baumrind）将父母教养方式分为三种类型：第一种是专制型，父母决定孩子的一切活动，子女只能无条件服从；第二种是权威型，父母为子女订规矩，合情合理，以身作则，鼓励孩子独立探索，亲子间若有争执，父母不以独裁专断方式处理，而以说理的方式，让孩子表达意见，最后让孩子心悦诚服；第三种是宽容型，父母对子女不刻意订规范，对孩子的要求，父母会尽力满足，在能力培养上，父母也不刻意要求标准，让孩子随其个性和兴趣自由发展。根据鲍伦德的研究，权威型父母教养出来的儿童表现出独立、负责、友善、助人、合群、自信等特征，最有利于儿童健康成长。父母对子女的过分溺爱、过分担心和过分保护，以及歧视、对子女不切实际的过分期望等，均对儿童行为发展有影响。父母之间的矛盾甚至家庭破裂，对儿童也会造成巨大的影响。经常得到机会锻炼的儿童比缺乏机会锻炼的儿童在体格、体质、多方面的能力发育要好。

5. 不适当的语言环境

在幼儿发育的早期，不适当的语言环境可能导致语言发育迟缓。父母由于工作较忙，缺乏与幼儿的语言交流，没有创造适当的语言刺激环境，或是过多地批评、指责幼儿说话的方式、语调，很少搭理幼儿的问话，都会影响幼儿语言的进步。另外，父母的过度保护或严重忽略、母子语言关系不足等，也是导致语言发育迟缓的原因。

（四）社会环境因素

这包括社会的物质文化和精神文化。良好的居住环境和卫生条件如阳光充足、空气新鲜、水源清洁等有利于幼儿认知发育，反之则带来不利影响。合理的生活制度、护理、良好的保健及体格锻炼、早期学校教育等对幼儿体格生长、智力发育和社交能力也起着重要的促进作用。情绪情感的发育也离不开社会环境，社会环境的影响经常是内隐的或潜移默化的，却是十分深刻的。从性质上分，这种影响有积极的，也有消极的，如网络成瘾的个体，特别是过度沉迷游戏、聊天等，经常会出现情绪烦躁等问题。

（五）疾病因素

疾病对幼儿发育的影响也十分明显。内分泌疾病，如甲状腺功能减退症对生长发育的影响更突出，常引起骨骼生长和神经系统发育迟缓（呆小病）。长期慢性疾病可使幼儿产生不适、疼痛，有些影响或限制了幼儿的日常活动和社会交往，有些使幼儿感到恐惧、焦虑、自卑等。以上种种变化对幼儿自身行为和情绪产生不良影响，最终也会影响认知发育。

1. 精神发育迟滞

大多数精神发育迟滞幼儿运动发育较正常幼儿延迟，与学习、建立和巩固运动功能及技巧迟缓有关，也可能与肌张力偏低有关。但智力障碍患儿不存在异常姿势，都能够学会基本的粗大运动。

2. 神经肌肉疾病

脑瘫常表现为运动发育落后和姿势、运动异常，进行性肌营养不良症最先出现的异常是粗大运动发育落后。

3. 脑损伤和脑发育缺陷

脑损伤和脑发育缺陷是影响发育最常见的原因。

（1）中枢神经系统的先天畸形：如脊柱裂、脑积水、小头畸形、脑膨出、无脑畸形等都会影响幼儿的发育。

（2）脑室周围白质软化：是指脑室周围白质对称性的缺血性坏死。早产儿缺氧缺血时最容易损伤脑室周围的白质。已有证据显示早产儿脑室周围白质软化与脑瘫发生有紧密联系。

（3）缺氧缺血性脑病：脑缺氧缺血是构成围生期胎儿或新生儿脑损伤的主要原因，是幼儿伤残的主要原因。

（4）胆红素脑病：是未结合胆红素在中枢神经系统的聚集、联合、沉积引起的一种病变。特点是基底神经节、海马、下丘脑、齿状核等被染成亮黄色或深黄色。胆红素脑病与脑瘫有紧密联系。

（5）产伤或外伤所致脑损伤：如产伤引起新生儿颅内出血有5种临床类型，即硬膜下出血、蛛网膜下腔出血、小脑出血、脑室内出血和脑实质出血。各种类型的出血都可造成不同程度的颅脑损害，导致发育落后或障碍。以情绪情感的发育为例，情绪、情感是大脑的功能，相关的脑结构主要是以杏仁核为核心的广泛连接的神经环路，包括前额叶皮质、扣带回皮质、下丘脑、杏仁核、腹侧黑质、隔区和中脑边缘核团等部位。不同部位一旦损伤或发育缺陷，会出现相应的情绪情感问题，如前额叶可改变患者的人格特点，使其产生情绪波动。

（6）其他疾病：骨关节疾病、四肢的先天畸形、癫痫等，都可能导致发育落后或障碍。

第七节 异常发育

儿童异常发育是指与儿童正常的生长发育指标相比，儿童在某一年龄阶段的行为反应没有出现或严重滞后。一般来说，儿童异常发育包括以下几个方面。

＞ 一、运动功能发育异常

影响运动功能发育的因素不同，导致运动障碍的机制不同，异常发育的特点也不同。如运动系统受损或发育障碍而影响运动功能和运动发育，临床表现有独特的姿势运动模式。以下重点介绍脑损伤或脑发育缺陷所导致的异常发育。

（一）运动发育落后

如 13 个月不会坐，15 个月不会爬，17 个月不会迈步走，14 个月不会抓握，16 个月不会将手中物体换手。

（二）运动发育异常

高级中枢对于低级中枢的调节和抑制作用减弱，从而可能表现为运动的原始模式、整体模式、联合反应模式、代偿性的异常模式等。

1. 姿势异常

如仰卧位时非对称性紧张性颈反射姿势、角弓反张姿势；牵拉坐起时表现为躯干拉起、头后垂姿势；直立悬空时，双下肢内旋、尖足、两腿交叉呈剪刀状；上肢姿势异常主要表现为肩内收、肘屈曲、前臂旋前、腕掌屈、手握拳、拇指内收等。

2. 肌张力异常

脑损伤或发育缺陷的部位和程度不同，导致肌张力改变的特点不同。如部位在锥体系呈现痉挛性瘫痪；部位在锥体外系呈现不自主运动、肌阵挛或强直；部位在小脑呈现平衡障碍、共济失调、震颤；等等。

3. 反射异常

可表现为①原始反射亢进和残存；②立直反射及平衡反应延迟出现或不出现；③病理反射出现等。

4. 运动发育的不均衡性

可表现为①运动发育与精神发育的不均衡；②粗大运动与精细运动发育的分离；③各功能发育不能沿着正常的轨道平衡发展；④对于外界刺激的异常反应而导致运动紊乱。

＞ 二、言语功能的异常发育

幼儿临床上常见的言语功能异常发育主要有以下几种。

（一）语言发育迟缓

语言发育迟缓是指由各种原因引起的儿童口头表达能力或语言理解能力明显落后于同龄儿童的正常发育水平。听力障碍、精神发育迟滞、交往障碍、儿童时期语言发育存在问题的家族史、构音器官疾病、中枢神经系统疾病、不良的语言环境等因素均可引起语言发育迟缓。

（二）构音障碍

构音障碍是指因发音器官神经肌肉的病变或构造的异常使发声、发音、共鸣、韵律等异常，表现为发声困难，发音不准，咬字不清，声响、音调、速率、节律等异常和鼻音过重等言语听觉特征的改变。

（三）其他言语功能异常

精神方面的问题也能引起言语功能表现上的异常，出现缄默不语，持续言语，模仿言语、语音语调特异变化、言语不连贯等言语异常形式。

＞ 三、认知功能的异常发育

（一）精神发育迟滞

精神发育迟滞又称智能低下、智力障碍、智力落后、智力残疾、弱智等，是指个体在发育时期内（18 岁以前），一般智力功能明显低于同龄水平，同时伴有社会适应行为缺陷。根据发展商（DQ），可将幼儿精神发育迟滞分为以下 4 个等级：①轻度（四级智力残疾）：DQ 为 55~75 分；②中度（三级智力残疾）：DQ 为 40~54 分；③重度（二级智力残疾）：DQ 为 26~39 分；④极重度（一级智力残疾）：DQ 在 25 分以下。

精神发育迟滞可由多种原因和疾病导致，这里介绍几种代表性原因或疾病。

1. 染色体异常

唐氏综合征（又称 Down 氏病、先天愚型、21- 三体综合征）是最常见的染色体病，其细胞遗传学特征是第 21 号染色体呈三体征，临床表现主要特征为智力落后、特殊面容和生长发育迟缓，并可伴有多种畸形。在活产婴儿中的发病率约为 1/（600~800）。本病与环境污染、辐射等有关，也与母亲生育年龄有关，发病率随母亲的生育年龄的增高而增加。脆性 X 综合征是一种仅次于唐氏综合征的引起精神发育迟滞的染色体异常病变。另外，先天性睾丸发育不全、先天性卵巢发育不全等都有可能导致精神发育迟滞。

2. 代谢性疾病

苯丙酮尿症是一种常见的氨基酸代谢病，是由于苯丙氨酸代谢途径中的酶缺陷，使得苯丙氨酸不能转变为酪氨酸，导致苯丙氨酸及其酮酸蓄积并从尿中大量排出。出生时患儿表现正常，进奶以后，一般在3~6个月时可出现症状，1岁时症状开始明显，主要表现为智力低下、惊厥发作和色素减少等。其发病率因种族而异，我国为1/16 500。氨基酸代谢障碍病还有枫糖尿症、同型胱氨酸尿症、组氨酸血症、高赖氨酸血症、酪氨酸血症等。另外有神经磷脂病等脂类代谢障碍病、半乳糖血症等糖代谢障碍病，以及肝豆状核变性等其他代谢性疾病，这些代谢性疾病都有可能导致精神发育迟滞。

3. 先天性畸形

先天性小头、大头或尖头畸形、先天性脑积水等都有可能导致精神发育迟滞。

4. 甲状腺功能减退

甲状腺功能减退简称甲低，是由于各种不同的疾病累及下丘脑—垂体—甲状腺轴功能，以致甲状腺素缺乏，或是由于甲状腺素受体缺陷所造成的临床综合征。先天性无甲状腺或酶缺陷患儿在婴儿早期即可出现症状，甲状腺发育不良者常在出生后3~6个月出现症状，偶有数年之后才出现症状的，其主要特点是智能落后、生长发育迟缓、生理功能低下。

5. 地方性克汀病

地方性克汀病又称地方性呆小病。发生在地方性甲状腺肿流行区，胎儿期缺碘和碘缺乏纠正不足，碘摄入量每天小于20U，则会有地方性克汀病出现。该病所致精神发育迟滞程度比较严重，有资料表明，中度和重度在60%以上。临床表现大多以安静、迟钝、萎靡、活动减少者更为常见，少部分性情暴躁、哭笑无常，体格发育迟缓、发育不良是本病的另一特征。检查可见：血清蛋白结合碘及丁醇提取碘大多减低，甲状腺吸碘率增高，呈碘饥饿曲线，血清胆固醇正常或偏低，X线检查骨龄落后于正常年龄，颅骨脑回压迹可增多，蝶鞍偶见增大。

（二）雷特氏综合征

雷特氏综合征是一种广泛性发育障碍，是引起女孩智力低下最常见的原因之一，1966年由奥地利的雷特首次报告。临床表现早期发育正常，6~18个月后出现进行性发育障碍，手部出现技巧性动作障碍，语言功能部分或完全丧失。患者几乎均为女性，患病率为1/10 000~1/15 000。

> **四、精神发育异常**

儿童精神发育异常的特征表现为个体的认知、情绪调节或行为方面有临床意义上的功能紊乱，反映了潜在的心理、生物或发展过程中的异常，并可造成在社交、学业、未来的职业或其他重要活动中显著的痛苦或伤残，对个人、家庭乃至全社会都会造成严重的不良影响。主要表现在以下方面：①儿童的学习和生活质量下降；②问题儿童的异常行为表现，常常导致父母出现焦虑和其他身心健康问题，对家庭的生活质量、和谐的亲子关系及正常的人际交往等造成了不利影响，也直接增加了家庭的经济和精神负担；③严重危害社会安定，尤其是青少年的品行障碍、违法犯罪等行为，同时，这类群体还会面临被孤立和歧视等社会问题。

儿童精神发育异常或障碍如下。

（一）分离性焦虑障碍

分离性焦虑障碍是指当与依恋对象分离时深感不安而产生过分的焦虑情绪，起病于6岁前，临床表现多样，如没有依恋对象在身边时不愿意或拒绝上床就寝；非常害怕一个人独处，或没有依恋对象陪同绝不外出，宁愿待在家里；因不愿离开依恋对象而不想上学或拒绝上学；常常无根据地过分担心依恋对象可能受到伤害，或一去不复返；过分担心自己会走失、被绑架、被杀害或去住医院，以致与依恋对象分离；反复出现与离别有关的噩梦，以致夜间多次惊醒；当与依恋对象离别时反复出现头疼、恶心、呕吐等躯体症状而无相应的躯体疾病；与依恋对象离别前过分担心，离别时或离别后出现过度的情绪反应，如烦躁不安、哭喊、发脾气、痛苦、淡漠或社会性退缩等。病程可持续数月至数年。

（二）恐怖症

恐怖情绪是幼儿期常见的一种心理现象，面临恐惧对象时表现为恐惧、害怕、焦虑，并伴有交感神经兴奋的症状，离开恐怖对象后症状消失。研究表明，90%的儿童在其发育的某一阶段曾有过恐怖反应，但在许多情况下不经任何处理，会自行消失。当对某些物体或情景明知不存在真实的危险却出现过分的恐惧时，伴有焦虑情绪与回避行为，经劝解并不能消除，属于病态，为恐怖症。

（三）抑郁症

抑郁症的核心情绪是痛苦和忧伤，敌意在抑郁中占较大比重。抑郁包含愤怒与恐惧的结合，可能失去自尊和自信而诱发羞愧感，可能包含着悔恨和自罪感。具体表现为没有愉快感，情绪非常低落，对什么事都没兴趣，甚至对自己以前非常喜欢的玩具都不想玩。自我评价低，常自责说自己笨、无用。感觉生活没有意义。情绪不稳定，有时易激惹，好发脾气、哭泣。有的患儿甚至出现自残和自杀行为。

（四）孤独症

孤独症患儿从最初几年起就显现出三个主要的心理问题：社会交往障碍、语言发育障碍、程序化重复行为。近年来许多研究解释了这些问题背后的特殊过程。在情绪情感发展方面，孤独症患儿就连分辨他人的简单情绪都有困难，无法对他人移情，所以很少利用别人的情绪信息，或者说是采用一种冷漠的方式。在与父母或同伴的交往中，孤独症患儿很少表现出积极的情绪，还倾向于表达与环境不相适应的情绪，如在高兴的时候哭，在伤心的时候笑，这样就打断了正常的交流，造成不受欢迎、受到排斥的局面。有些孤独症患儿非常聪明，能毫无困难地掌握某个年龄应该掌握的认知任务，如能理解物理上的因果关系，但不能理解心理上的因果关系。

（五）其他

其他异常发育还有婴幼儿依恋障碍、选择性缄默症、屏气发作等。幼儿期是脑发育的关键期，脑在结构和功能上都有很强的适应和重组能力，可塑性很强，是学习最具有潜力的时期，也具备早期治疗的最佳条件。因此，早期发现异常，早期干预和治疗效果最好。

第八章
粗大运动发育

粗大运动发育是指抬头、翻身、坐、爬、站、走、跳等运动发育，是人类最基本的姿势和移动能力的发育。粗大运动发育是评估婴幼儿生长发育的重要指标之一，对儿童发育后期乃至成人期都有十分积极的影响。

第一节　粗大运动发育顺序

神经系统对姿势和运动的调节是复杂的反射活动，因此，反射发育是婴幼儿粗大运动发育的基础，粗大运动发育主要指反射发育及姿势运动发育两方面。

＞　一、反射发育

反射是指特定感觉刺激引起的特定反应，包含接收信息、传导与产生反应这一神经性过程，在运动协调方面提供了非自主性的基础。与婴幼儿粗大运动发育密切相关的反射发育包括原始反射、立直反射和平衡反应。由于种族差别、个体差别、抚养方式的差别等因素，各类反射出现和消失的时间在一定范围内可以存在较大差别，以下各类反射出现与存在时间为一般现象（表8-1）。

表8-1　反射发育过程

发育时间	中枢神经成熟水平	出现的反射
新生儿	脊髓	原始反射
2个月	延髓／脑桥	原始反射
4个月	中脑／间脑	原始反射逐渐消失，立直反射出现
10个月	大脑皮质	平衡反应

（一）原始反射

原始反射是新生儿与生俱来的非条件反射，也是婴儿特有的一过性反射，其中枢位于脊髓、延髓和脑桥。众多的原始反射是胎儿得以娩出的动力，是人类初期各种生命现象的基础，也是后来分离运动和随意运动的基础。

原始反射往往不精确，常常容易泛化。随着中枢神经系统的发育和逐渐成熟，神经兴奋的泛化性逐渐向特异性发育，原始反射被抑制，取而代之的是获得新的动作和运动技能。胎儿娩出以后逐渐失去实际意义，多于2~6个月内消失。原始反射的消失标志着中枢神经系统发育分化的完成，以及获得新运动能力的开始；若持续存在，则为异常表现，是病理性的，会阻碍正常姿势反射和正常运动的发育，从而导致姿势异常和运动障碍，即原始反射缺如、减弱、亢进或残存，都是异常的表现（表8-2）。

表8-2 原始反射出现及存在时间

原始反射	出现及存在时间	原始反射	出现及存在时间
觅食反射	0~4个月	上肢移位反射	0~6周
手握持反射	0~4个月	侧弯反射	0~6个月
足握持反射	0~10个月	紧张性迷路反射	0~4个月
拥抱反射	0~6个月	非对称性紧张性颈反射	0~4个月
放置反射	0~2个月	对称性紧张性颈反射	0~4个月
踏步反射	0~3个月	交叉伸展反射	0~2个月
张口反射	0~2个月	阳性支持反射	0~2个月

1. 觅食反射

觅食反射指正常足月新生儿脸颊部接触到母亲乳房或其他部位时，即可出现"寻找"乳头的动作。该反射缺失提示存在较严重的病理现象，精神发育迟滞、脑瘫可持续存在。

（1）检查方法：用手指触摸婴儿的口角或上下唇。

（2）反应：婴儿将头转向刺激侧，出现张口寻找乳头的动作。

2. 手握持反射

手握持反射又称手把握反射，此反射出生后即出现，逐渐被有意识的握物所替代。肌张力低下不易引出，脑瘫患儿可持续存在，偏瘫患儿双侧不对称，也可于一侧持续存在。手握持反射持续存在，会影响小儿主动抓握和前臂的支撑。

（1）检查方法：将手指或木棍从婴儿手掌的尺侧放入并按压。

（2）反应：小儿手指屈曲握物。

3. 足握持反射

足握持反射又称足把握反射，此反射出生后即出现，随着独站功能的建立而消失。

足握持反射持续存在，会影响小儿站立功能，就脑瘫患儿而言，此反射可持续存在。

（1）检查方法：检查者用拇指按压小儿的第 1、2 趾间的足底部位。

（2）反应：小儿足趾屈曲。

4. 拥抱反射

拥抱反射又称惊吓反射，头部和背部位置关系的突然变化刺激颈深部的本体感受器，引起上肢变化的反射。亢进时下肢也出现反应。肌张力低下及严重智力发育障碍患儿难以引出，就早产、低钙、核黄症、脑瘫等患儿而言，此反射可亢进或延迟消失，偏瘫患儿左右不对称。该反射持续存在，会影响幼儿手的主动运动发育、双手中间位的发育、手口眼协调发育等。

（1）检查方法：幼儿呈仰卧位，有 5 种引出的方法。①声法：用力敲打床边附近发出声音；②落法：抬高幼儿头部 15 cm 后下落；③托法：平托起幼儿，令头部向后倾斜 10° ~15°；④弹足法：用手指轻弹幼儿足底；⑤拉手法：拉幼儿双手慢慢抬起，当肩部略微离开桌面（头并未离开桌面）时，突然将手抽出。

（2）反应：分为如下两型。①拥抱型：幼儿两上肢对称性伸直外展，下肢伸直、躯干伸直，拇指及食指末节屈曲，呈扇形张开，然后上肢屈曲内收呈拥抱状态；②伸展型：又称不完全型，可见幼儿双上肢突然伸直外展，迅速落于床上，幼儿有不快感觉，多见 3 个月以上的幼儿（图 8-1）。

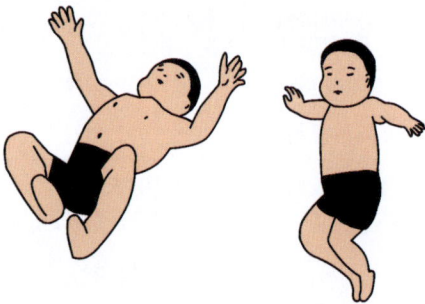

图 8-1 拥抱反射

5. 放置反射

放置反射又称跨步反射，偏瘫患儿双侧不对称。

（1）检查方法：扶幼儿腋下呈立位，将一侧足放于桌面，另一足背抵于桌面边缘，略向前方倾斜幼儿。

（2）反应：可见幼儿将足背抵于桌面边缘侧下肢抬到桌面上。

6. 踏步反射

踏步反射又称步行反射，臀位分娩的新生儿，肌张力低下或屈肌张力较高时该反射减弱；就痉挛型脑瘫患儿而言，此反射可亢进并延迟消失。

（1）检查方法：扶持幼儿腋下呈直立位，使其一侧足踩在桌面上，并将重心移到此下肢。

（2）反应：可见负重侧下肢屈曲后伸直、抬起，类似迈步动作（图8-2）。

7.张口反射

在脑损伤、脑瘫或智力发育障碍时，此反射延迟消失，锥体外系损伤时明显。

（1）检查方法：幼儿呈仰卧位，检查者用双手中指与无名指固定幼儿腕部，然后以拇指按压幼儿两侧手掌。

（2）反应：幼儿立即出现张口反应，亢进时一碰幼儿双手即出现（图8-3）。

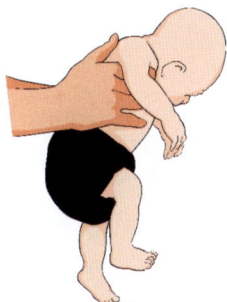

图8-2　踏步反射　　　　　图8-3　张口反射

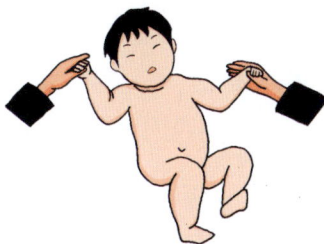

8.上肢移位反射

在脑损伤或臂丛神经损伤时难以引出，偏瘫时一侧缺失。

（1）检查方法：幼儿呈俯卧位，颜面着床，两上肢放于脊柱两侧，稍候观察变化。

（2）反应：幼儿首先颜面转向一侧，同侧的上肢从后方移向前方，手移到嘴边。

9.侧弯反射

侧弯反射又称躯干内弯反射。肌张力低下难以引出，肌张力增高或脑瘫患儿可持续存在这种反射，双侧不对称具有临床意义。侧弯反射持续存在，将影响躯干的自主运动，从而影响翻身、坐、站及体位变换功能。

（1）检查方法：幼儿处于俯卧位或俯悬卧位，用手指自上向下刺激一侧脊柱旁或刺激腰部。该反射持续存在，会影响幼儿直立位的自由运动发育。

（2）反应：幼儿出现躯干向刺激侧弯曲。

10.紧张性迷路反射

紧张性迷路反射也称前庭脊髓反射。头部空间位置及重力方向发生变化时，产生躯干四肢肌张力的变化。就脑损伤及脑瘫患儿而言，该反射可持续存在，会影响幼儿自主伸展、屈曲及抬头的发育。

（1）检查方法：将幼儿置于仰卧位及俯卧位，观察其运动和姿势变化。

（2）反应：仰卧位时身体呈过度伸展，头后仰；俯卧位时身体以屈曲姿势为主，头部前屈，臀部凸起（图8-4）。

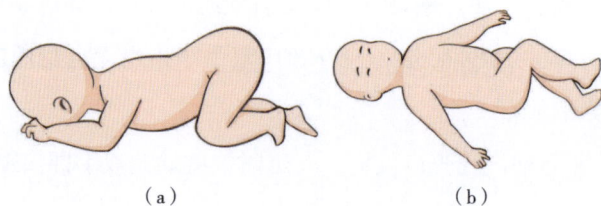

（a）　　　　　　　　　　　（b）

图8-4　紧张性迷路反射

11. 非对称性紧张性颈反射

非对称性紧张性颈反射指当头部位置变化，颈部肌肉及关节的本体感受器受到刺激时，引起四肢肌紧张的变化。该反射是评价脑瘫等脑损伤疾病的重要方法。去大脑强直及锥体外系损伤时亢进，锥体系损伤也可见部分亢进；6个月后残存，是重症脑瘫的常见表现之一。该反射持续存在将影响幼儿头于正中位、对称性运动、手口眼协调运动、躯干回旋、翻身、四肢支撑爬行等发育。

（1）检查方法：幼儿呈仰卧位，检查者将幼儿的头转向一侧。

（2）反应：幼儿颜面侧上下肢因伸肌张力增高而伸展，后头侧上下肢因屈肌张力增高而屈曲，似"拉弓射箭"姿势。

12. 对称性紧张性颈反射

该反射持续存在，会影响幼儿全身自主伸展与屈曲的发育。

（1）检查方法：幼儿呈俯悬卧位，使头前屈或背屈。

（2）反应：头前屈时，上肢屈曲，下肢伸展；头背屈时，上肢伸展，下肢屈曲。

13. 交叉伸展反射

此反射胎儿期已经很活跃。

（1）检查方法：①幼儿呈仰卧位，检查者握住幼儿一侧膝部使下肢伸直，按压或敲打此侧足底；②幼儿呈仰卧位，一侧下肢屈曲，一侧下肢伸展，检查者使伸展侧下肢屈曲。

（2）反应：①可见对侧下肢先屈曲，然后内收、伸直，似要蹬掉这个刺激；②可见对侧屈曲位下肢变为伸展。

14. 阳性支持反射

新生儿期不出现或3个月以后仍呈阳性者，提示神经反射发育迟滞。

（1）检查方法：使患儿保持立位，足底着桌面数次。

（2）反应：下肢伸肌肌张力增高，踝关节跖屈，也可引起膝反张。

（二）立直反射

立直反射又称矫正反射，是身体在空间发生位置变化时，主动将身体恢复立直状态的反射，立直反射的中枢在中脑和间脑。其主要功能是维持头在空间的正常姿势、头颈和躯干间、躯干与四肢间的协调关系，是平衡反应功能发育的基础。各种立直反射并不独立存在，而是相互影响的。立直反射出生后可以见到，但多于出生后3~4个月出现，并持续终生。脑发育落后或脑损伤患儿立直反射出现延迟，肌张力异常、原始反射残存可严重影响立直反射的建立。立直反射的出现和存在时间见表8-3。

表8-3 立直反射的出现和存在时间

立直反射	出现时间	存在时间
颈立直反射	新生儿	持续6~8个月
躯干头部立直反射	2~3个月	5岁左右
躯干立直反射	3~4个月	5岁左右
迷路性立直反射	6~7个月以前	终生
视性立直反射	5~6个月以前	终生
降落伞反射	6~7个月	终生

1.颈立直反射

颈立直反射是新生儿期唯一能见到的立直反射，是幼儿躯干对头部保持正常关系的反射，以后逐渐被躯干立直反射所取代。此反射出生后出现，持续6~8个月。

（1）检查方法：幼儿呈仰卧位，检查者将幼儿头部向一侧转动。

（2）反应：幼儿的肩部、躯干、骨盆都随头转动的方向而转动。

2.躯干头部立直反射

躯干头部立直反射是幼儿躯干对头部保持正常关系的反射，以后逐渐被躯干颈立直反射所取代。

（1）测试方法：幼儿呈俯卧位，身体部分部位接触床面。

（2）测试反应：此时幼儿出现头部向身体回旋方向同侧的回旋动作，同时有头部向上抬举的动作。

3.躯干立直反射

（1）检查方法：同上述方法，使幼儿转成侧卧位。

（2）反应：幼儿主动回到仰卧位的姿势。

4. 迷路性立直反射

当头部位置发生变化时，从中耳发出的信号经过前庭脊髓束，刺激支配颈肌的运动神经元，产生头部位置的调节反应。此反射在3~4个月出现，5~6个月明显。

（1）检查方法：用布蒙住幼儿双眼，检查者双手扶住幼儿腰部，使幼儿身体向前、后、左、右各方向倾斜。检查时注意不要过分倾斜。

（2）反应：无论身体如何倾斜，幼儿头部仍能保持直立位置。

5. 视性立直反射

视性立直反射是头部位置随着视野的变化保持立直的反射，该反射在人类中相当发达，是维持姿势的重要反射。此反射在出生后4个月左右出现，5~6个月明显。该反射缺如多为视力障碍，延迟出现提示有脑损伤。

（1）检查方法：双手抱起清醒、睁眼的幼儿，放于检查者的膝上，然后将幼儿身体向前、后、左、右倾斜。

（2）反应：无论身体如何倾斜，幼儿头部仍能保持立直位置。

6. 降落伞反射

降落伞反射又称保护性伸展反射，由于其中枢在中脑，因此该反射的意义等同于立直反射。检查时注意观察两侧上肢是否对称，如果一侧上肢没有出现支撑动作，提示臂丛神经损伤或偏瘫；如果此反射延迟出现或缺如，提示脑瘫或脑损伤。

（1）检查方法：检查者双手托住幼儿胸腹部，呈俯悬卧位状态，然后将幼儿头部向前下方俯冲一下。

（2）反应：此时幼儿迅速伸出双手，稍外展，手指张开，似防止下跌的保护性支撑动作。就脑瘫患儿而言，此反射也可出现双上肢后伸呈飞机样的特殊姿势，或上肢呈紧张性屈曲状态（图8-5）。

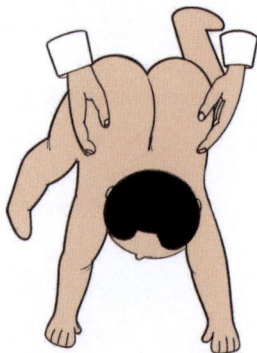

图8-5　降落伞反射

（三）平衡反应

神经系统发育的高级阶段，出现皮层水平的平衡反应，又称倾斜反应。当身体重心移动或支持面倾斜时，机体为了适应重心的变化，通过调节肌张力及躯干与四肢的代偿性动作，保持正常姿势。平衡反应是人站立和行走的重要条件，多在立直反射出现不久后开始逐步出现和完善，终生存在。完成平衡反应不仅需要大脑皮质的调节，还需要感觉系统、运动系统等综合作用才能完成。平衡反应出现及存在时间见表8-4。

表8-4　平衡反应出现及存在时间

名称	出现及存在时间
仰卧位倾斜反应	6个月～终生
俯卧位倾斜反应	6个月～终生
膝手位倾斜反应	8个月～终生
坐位倾斜反应	6个月～终生
跪立位倾斜反应	15个月～终生
立位倾斜反应	12个月～终生

1. 仰卧位倾斜反应

仰卧位倾斜反应于6个月出现阳性反应，终生存在。6个月后仍呈阴性者，提示神经发育落后或脑损伤。

（1）检查方法：患儿于倾斜板上取仰卧位，上下肢伸展，倾斜板向一侧倾斜。

（2）反应：头部挺直的同时，倾斜板抬高一侧的上、下肢外展、伸展，倾斜板下降一侧的上、下肢可见保护性支撑和伸展动作。

2. 俯卧位倾斜反应

俯卧位倾斜反应于6个月出现阳性反应，终生存在。6个月后仍呈阴性者，提示神经发育落后或脑损伤。

（1）检查方法：患儿于倾斜板上取俯卧位，上下肢伸展，倾斜板向一侧倾斜。

（2）反应：头部挺直的同时，倾斜板抬高一侧的上、下肢外展、伸展，倾斜板下降一侧的上、下肢可见保护性伸展和支撑动作。

3. 膝手位/四爬位倾斜反应

膝手位/四爬位倾斜反应于8个月出现，终生存在。

（1）检查方法：幼儿呈膝手位/四爬位，检查者推动幼儿躯干，破坏其稳定性，或幼儿呈膝手位/四爬位于检测台上，检查者将检测台一侧抬高而倾斜。

（2）反应：头部和胸廓出现调整，受力侧上、下肢或检测台抬高侧上、下肢外展、伸展，另一侧出现保护性伸展和支撑动作。

4. 坐位倾斜反应

前方6个月左右出现，侧方7个月左右出现，后方10个月左右出现，终生存在。坐位后方平衡反应出现，标志着坐位姿势发育成熟，开始向立位方向发展。

（1）检查方法：幼儿呈坐位，检查者用手分别向前方、左右方向、后方推动幼儿，使其身体倾斜。

（2）反应：幼儿为了维持平衡，出现头部和胸部立直的同时，两上肢迅速向前方伸出；倾斜侧上肢立刻向侧方支撑，另一侧上肢有时伸展；两手迅速伸向后方做支撑动作。幼儿通过上述反应，保持身体的平衡。

5.跪立位倾斜反应

于出生后约15个月出现，维持终生。15个月以后仍为阴性者，提示神经反射发育迟滞或脑损伤。

（1）检查方法：小儿取跪立位，检查者牵拉小儿的一侧上肢，使之倾斜。

（2）反应：头部和胸部出现调整，被牵拉的一侧出现保护反应。对侧上、下肢外展，伸展。

6.立位倾斜反应

前方12个月左右出现，侧方18个月左右出现，后方24个月左右出现，终生存在。

（1）检查方法：幼儿呈站立位，检查者用手分别向前方、左右方、后方推动幼儿，使其身体倾斜。

（2）反应：幼儿为了维持平衡出现头部和胸部立直及上肢伸展的同时，腰部向前方、左右方、后方弯曲，脚向前方、左右方、后方迈出一步（图8-6）。

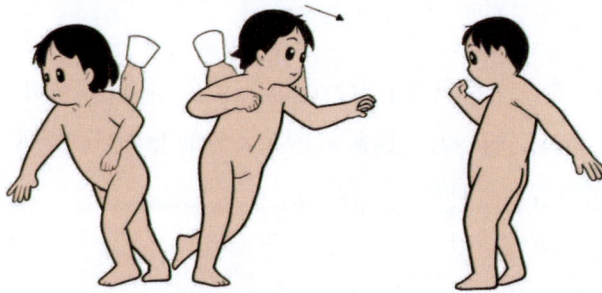

图8-6 立位倾斜反应

> 二、姿势运动发育

（一）姿势运动的控制

姿势运动的控制需要身体形态结构、肌力、肌张力、平衡与协调功能及运动系统功能的综合作用。

1.身体形态

正常姿势主要靠骨骼肌肉结构和各部分肌肉的紧张度来维持，各种因素导致身体骨骼、肌肉等形态结构的变化及比例不协调，都可导致姿势异常和运动模式的变化。

2. 肌力的作用

骨骼肌分为伸肌、屈肌、内收肌、外展肌、旋前肌和旋后肌，在运动神经支配下完成不同的功能。任何一个动作都需要一组肌群共同完成，这些肌群来自关节的不同方位，使关节进行不同方向的运动：①原动肌是发起和完成一个动作的主动作肌；②拮抗肌是与原动肌功能相反的肌；③固定肌是固定原动肌起点的肌；④协同肌是配合原动肌，随原动肌一同收缩，产生相同功能的肌，或随原动肌收缩，限制原动肌产生不必要运动的肌。只有这四种肌群在运动中协调作用，才能具有正常的姿势运动模式。

3. 肌张力的作用

正常肌张力是人体维持各种姿势和运动的基础，一般归纳为静止性肌张力、姿势性肌张力和运动性肌张力。肌张力异常，可导致姿势运动异常。肌张力的产生和维持是一种复杂的反射活动。中枢神经系统的许多结构都对肌张力有影响，中脑以上的各种结构对肌张力产生抑制作用，中脑以下的各种结构及前庭系统对肌张力产生易化作用。如在脑干网状结构中，中脑和脑桥的网状结构是肌张力易化区，而延髓腹侧部分的网状结构是肌张力的抑制区。幼儿脑发育障碍或损伤，可导致肌张力的变化，例如：①锥体系损害所致的肌张力增高，称为痉挛性肌张力增高；②锥体外系损害所致的肌张力增高，称为强直性肌张力增高；③小脑损害、周围神经损害可导致肌张力降低；④锥体外系损害可导致肌张力变化和动摇。

4. 平衡功能

平衡是指在不同的环境和情况下，维持身体直立姿势的能力，主要包括：①保持体位；②在随意运动中调整姿势；③对外来干扰做出安全有效的反应。人体能够在各种自身环境及外环境变化的情况下保持平衡，有赖于中枢神经系统控制下的感觉系统和运动系统的参与、相互作用和整合。躯体感觉、视觉及前庭三个感觉系统在维持平衡过程中各自扮演不同的角色。

（1）躯体感觉系统的作用：平衡的躯体感觉输入包括皮肤感觉（触、压觉）输入和本体感觉输入。皮肤触觉、压力觉感受器向大脑皮质传递有关体重分布情况和身体重心位置的信息；分布于肌梭、关节的本体感受器则向大脑皮质输入随支持面变化如面积、硬度、稳定性及表面平整度等而出现的有关身体各部位的空间定位和运动方向的信息。这些感受器在人体支持面受到轻微干扰时能够迅速做出反应。因此，皮肤感觉输入和本体感觉输入及其反馈，对姿势运动有重要的作用。

（2）视觉系统的作用：通过视觉能够看见某一物体在特定环境中的位置，判断自身与物体之间的距离，同时知道物体是静止的还是运动的。视觉信息准确与否影响站立时身体的稳定性。当身体的平衡因躯体感觉受到干扰或破坏时，视觉系统在维持平衡中发挥重要作用，通过颈部肌肉收缩使头保持向上直立位和保持水平视线，使身体保持或恢复到原来的直立位，从而获得新的平衡。如果去除或阻断视觉输入，如闭眼或戴眼罩，姿势的稳定性将较睁眼站立时显著下降。

（3）前庭系统的作用：头部的旋转刺激了前庭系统中两个感受器。其一为前、后、外三个半规管内壶腹嵴的运动位置感受器，感受头部在三维空间中的运动角加（减）速度变化而引起的刺激。其二为前庭迷路内的椭圆囊斑和球囊斑，感受静止时的地心引力和直线加（减）速度的变化引起的刺激。无论体位如何变化，通过头的立直反射，改变颈部肌肉张力来保持头的直立位置是椭圆囊斑和球囊斑的主要功能。躯体感觉和视觉系统正常时，前庭冲动对于控制人体重心位置的作用很小。当躯体感觉和视觉信息输入均受阻时，前庭系统的感觉输入在维持平衡中变得至关重要。

当体位或姿势变化时，中枢神经系统将三种感觉信息进行整合，迅速判断，从中选择准确定位信息的感觉输入，放弃错误的感觉输入。中枢神经系统整合感觉信息的这个过程被称为感觉组织。正常情况下，人体以躯体感觉输入为主保持身体的直立姿势，如果躯体感觉受阻，视觉成为中枢神经系统判断和利用的主要来源，当躯体和视觉均被干扰时，前庭系统发挥调节平衡的作用。当三个系统同时出现障碍时，失平衡的状况将不可避免。

5. 运动的协调性

协调是指在准确完成动作的过程中，多组肌群共同参与并相互配合，和谐地完成动作。协调是姿势控制如站、走、跑、跳及日常动作的基本条件，是完成精细运动和技能的必要条件。协调障碍可出现共济失调及不自主的运动，如震颤、舞蹈样动作、手足徐动、手足搐搦。

6. 运动系统的作用

中枢神经系统在对多种感觉信息进行分析整合后下达运动指令，运动系统以不同的协同运动模式控制姿势变化，将身体重心调整回原范围内或重新建立新的平衡。多组肌群共同协调完成一个运动称为协同运动。自动姿势性协同运动是下肢和躯干肌以固定的组合方式，并按一定的时间先后顺序和强度进行收缩，用以保护站立平衡的运动模式，它是人体为回应外力或站立支持面的变化而产生的三种对策或姿势性协同运动模式，即踝关节模式、髋关节模式及跨步动作模式。小儿在发育过程中，随着中枢神经系统的发育，运动系统的协同运动模式和控制姿势的功能不断完善。

（二）姿势运动发育的特点

处于不同发育阶段的婴幼儿具有不同的体位特点。

1. 仰卧位姿势运动发育

婴幼儿仰卧位姿势运动发育的特点：①由屈曲向伸展发育，可分为四个时期，即第一屈曲期、第一伸展期、第二屈曲期、第二伸展期（表8-5）；②从反射活动到随意运动发育，小婴儿受紧张性颈反射及交叉伸展反射的影响，出现屈曲与伸展的动作以及非对称性姿势，随着原始反射的逐渐消失，出现了随意运动的发育、翻身及四肢的自由伸展和屈曲；③手、口、眼的协调发育，4~5个月开始出现对称性屈曲姿势，可用手抓住双脚放入口中，虽然肩部与臀部都抬高，躯干弯曲，接触床面积小，但仍能保持稳定的平衡状态，产生手、口、眼协调，8~9个月开始出现四肢自由伸展和屈曲活动（图8-7）。

表8-5　婴儿仰卧位屈曲向伸展发育分期

第一屈曲期	即新生儿期，颜面向一侧或正中位，四肢呈屈曲或半屈曲状态，左右对称或稍有非对称
第一伸展期	出生后2~3个月，婴儿头转向一侧或左右回旋，由于头部位置的变化，受非对称性紧张性颈反射的影响，常呈非对称性的伸展模式
第二屈曲期	出生后4~7个月，婴儿头呈正中位，四肢为对称性屈曲姿势，手指的随意动作明显，婴儿可抓自己的脚送到口中，呈手、口、眼的协调动作
第二伸展期	出生后8~9个月，婴儿头部自由活动、四肢自由伸展，躯干有回旋动作，婴儿可以灵活地左右翻身

新生儿期：颜面向一侧或正中位，四肢呈屈曲或半屈曲状态，左右对称或稍有非对称，此期以对称性屈曲姿势为主，称为第一屈曲期。

2~3个月：头向一侧或左右回旋，由于头部位置的变化，受非对称性紧张性颈反射的影响，常呈非对称性的伸展模式，称为第一伸展期，可从仰卧位翻身至侧卧位。

4~7个月：头呈正中位，四肢呈对称性屈曲姿势，手指的随意动作明显，幼儿可抓自己的脚送到口中，呈手、口、眼的协调动作，可从仰卧位翻身至俯卧位，称为第二屈曲期。

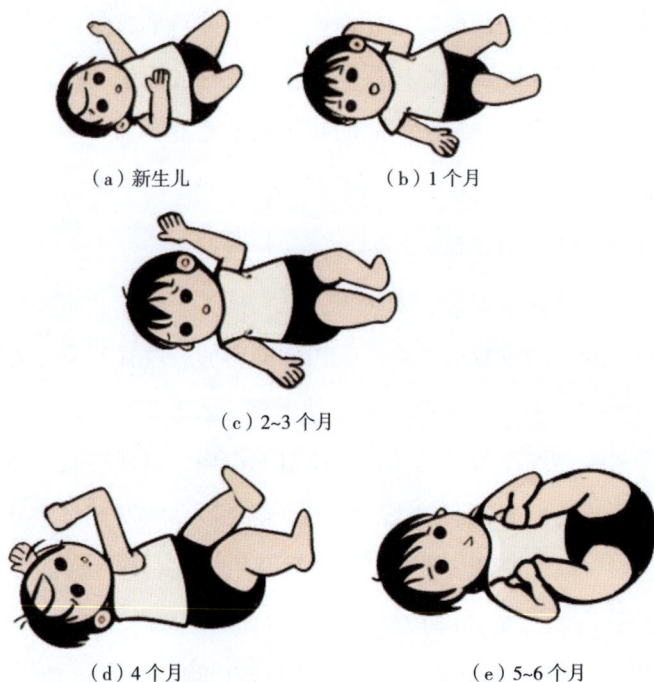

（a）新生儿　　　　　　　　（b）1个月

（c）2~3个月

（d）4个月　　　　　　　　（e）5~6个月

图 8-7　仰卧位姿势运动发育

8~9个月：头部自由活动，四肢自由伸展，躯干有回旋动作，幼儿可以灵活地左右翻身。这个时期的幼儿以伸展姿势为主，称为第二伸展期。

2. 俯卧位姿势运动发育

俯卧位姿势运动发育是幼儿克服地心引力，抗重力伸展的过程。主要特点如下。

（1）由屈曲向伸展发育：幼儿由于受紧张性迷路反射的影响，屈肌张力占优势，下肢屈曲于腹部下方，因此表现为臀高头低。随着伸展姿势的发育，逐渐变为臀头同高，之后发展为头高臀低。

（2）抗重力伸展发育：随着抗重力伸展、克服地心引力的发育过程，幼儿经过了头部贴床、头离床、胸离床、肘支撑、手支撑、一只手支撑体重的抬头过程，体重的支点由头部、颈部、胸部、腰部逐渐向后移动，当支点移行到骶尾部时，便出现了爬行，为坐位和立位做好准备。

（3）由低爬向高爬的发育：爬行是俯卧位发育的组成部分，也体现了抗重力发育的过程。爬行过程首先是无下肢交替动作的肘爬或拖爬，然后是下肢交替运动的腹爬或低爬，之后是胸部离开床面，用手和膝关节交替运动的膝手爬/四爬，最后是躯干完全离开床面，用手和脚交替运动的高爬。如果违背了这样的发育规律，则视为异常（图8-8）。

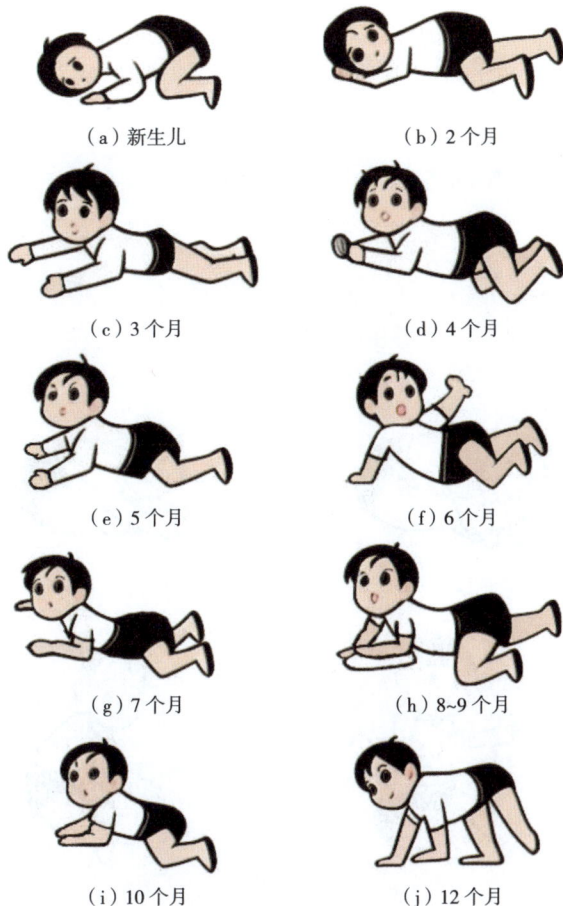

（a）新生儿　　　　（b）2个月

（c）3个月　　　　（d）4个月

（e）5个月　　　　（f）6个月

（g）7个月　　　　（h）8~9个月

（i）10个月　　　　（j）12个月

图8-8　俯卧位姿势运动发育

　　新生儿期：受紧张性迷路反射的作用，全身呈屈曲状态。膝屈曲在腹下，骨盆抬高，呈臀高头低的姿势。头转向一侧，可以瞬间抬头。

　　2个月：骨盆位置下降，下肢半伸展，呈臀头同高状态。头经常保持在正中位上，下颏可短暂离开桌面。

　　3个月：下肢伸展，下颏和肩部可抬起离开桌面。肘支撑抬头达45°，呈头高臀低姿势。

　　4个月：肘支撑，胸部离开桌面，抬头为45°~90°，十分稳定。

　　5个月：下肢伸展，头高于臀部，身体的支点在腰部。

　　6个月：前臂伸直，手支撑，胸部及上腹部可以离开桌面，抬头达90°以上。

　　7个月：四肢自由伸展，支点在骶尾部，可由俯卧位翻身至仰卧位。

　　8~9个月：用双手或肘部支撑，胸部离开桌面，但腹部不离桌面爬行，称为腹爬。可见下肢交替动作。

10个月： 用手和膝关节爬，称为膝手爬/四爬，腹部可离开桌面。

12个月： 可用手和脚支撑向前移动，称为熊步或高爬。

3. 坐位姿势运动发育

坐位是卧位与立位的中间体位，其主要特点是：①发育顺序为全前倾→半前倾→扶腰坐→拱背坐→直腰坐→扭身坐；②与平衡反应密切相关，如拱背坐时前方平衡反应发育完成，直腰坐时侧方平衡反应发育完成，扭身坐时后方平衡反应发育完成；③是抗重力伸展及相关肌群发育的过程（图8-9）。

（a）新生儿：全前倾坐位　　　（b）2~3个月：半前倾坐位

（c）4个月：扶腰坐位　　　（d）6个月：拱背坐

（e）7个月：直腰位　　　（f）8个月：扭身坐

图8-9　坐位姿势运动发育

新生儿期： 屈曲占优势，脊柱不能充分伸展，扶其肩拉起时，头向后仰，呈坐位时全前倾，头不稳定。

2~3个月： 脊柱明显伸展，坐位时脊柱向前弯曲呈半前倾姿势，头可竖直。

4个月： 扶持成坐位时脊柱伸展，为扶腰坐阶段，头部稳定。

6个月： 可以独坐，但需双手在前支撑，脊柱略弯曲，呈拱背坐。

7个月：脊柱伸展与床面呈直角，是坐位的稳定阶段，称为直腰坐阶段。

8个月：直腰坐位稳定，可以左右回旋身体，称为扭身坐阶段。可以在坐位上自由玩，也可以由坐位变换成侧卧位、卧位等其他体位。

4. 立位姿势运动发育

立位姿势运动发育由原始反射的阳性支持开始，立位平衡反应出现后，便出现了独站与步行，体现了由反射到随意运动和连续不断发育的特点。可以分为如下10个阶段：阳性支持反射→不能支持体重→短暂支持体重→足尖支持体重→立位跳跃→扶站→抓站→独站→牵手走→独走（图8-10）。

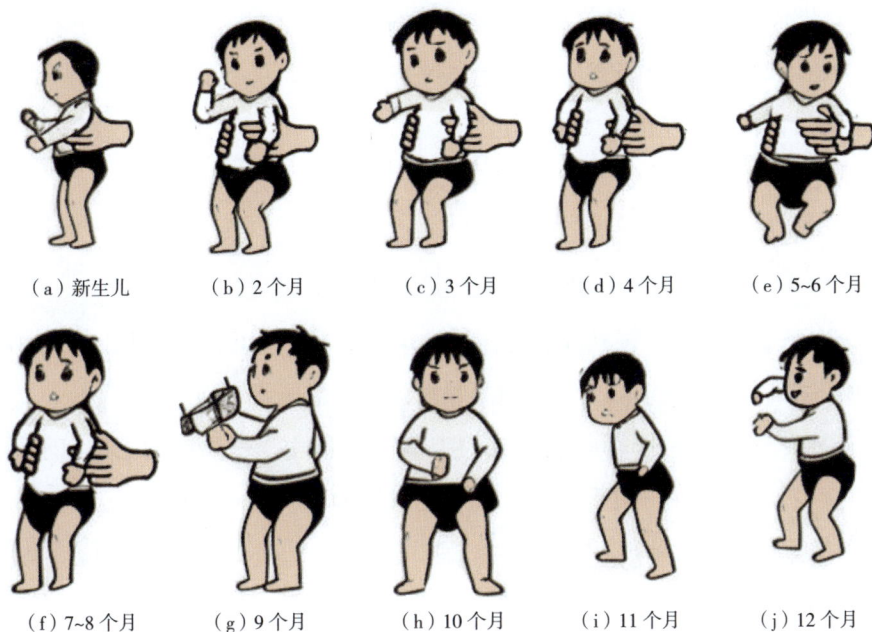

（a）新生儿　　（b）2个月　　（c）3个月　　（d）4个月　　（e）5~6个月

（f）7~8个月　　（g）9个月　　（h）10个月　　（i）11个月　　（j）12个月

图 8-10　立位姿势运动发育

新生儿期：足底接触到支撑面，便出现颈、躯干及下肢的伸展动作，使身体直立呈阳性支持反射，也可引出踏步反射，这是人类站立的最初阶段。

2个月：阳性支持反射逐渐消失，下肢出现半伸展、半屈曲的状态而不能支持体重。

3个月：膝部与腰部屈曲，可以短暂支持体重。

4个月：由于伸肌张力较高，下肢伸展并支持体重，多呈足尖支持状态。

5~6个月：使幼儿站立时，出现跳跃动作，此阶段称为立位跳跃阶段。

7~8个月：扶持幼儿腋下站立，多数可站立，髋关节多不能充分伸展，称为扶站阶段。

9个月：幼儿可抓物站立或抓住检查者的手后自行站起，脊柱充分伸展，称为抓站阶段。

10个月：在抓站的基础上，由于立位平衡功能的逐渐完善，幼儿可以独自站立，开始时间较短，逐渐延长，称为独站阶段。

11个月：幼儿站立稳定后，则可以牵手向前迈步，称为牵手走阶段。

12个月：可以独自步行，称为独走阶段。由于个体差异，发育速度有所不同。有的小儿独走较早，有的则较晚，一般不应晚于18个月。

5.步行姿势运动发育

幼儿步行姿势运动发育特点如下。

（1）由两脚分开大足距向两脚并拢小足距发展：幼儿的身体重心位置较成人高，为了稳定步态而保持步宽相对较宽，与地面接触的面积较大。

（2）由上肢上举到上肢下降发展：呈挑担样步态，双手维持平衡，肩胛骨内收，背脊呈伸展状，有利于保持身体的稳定。

（3）由无上肢的交替运动到有上肢的交替运动。

（4）由肩与骨盆的无分离运动，到有分离运动。

（5）由小步跑，步幅不一致，到迈大步、有节律的步态发展。

（6）由缺乏骨盆的回旋到加强骨盆的回旋：随着小儿年龄的增长、踝关节支撑力量的增强，髋关节过度收缩减少，腹肌力量增强，骨盆回旋增强。

（7）足尖与足跟接地时间短，主要为脚掌着地。由于踝关节的支撑力不足，需要髋关节和膝关节过度屈曲，使足上提，脚掌用力着地。

（8）站立位的膝过伸展：以便保持下肢支持体重，随着躯干平衡功能的完善和下肢支撑力量的增强，这一情况逐渐改善。

（三）姿势运动发育的顺序

姿势运动发育的顺序遵循如下规律：①动作沿着抬头、翻身、坐、爬、站、走和跳的方向发育；②离躯干近的姿势运动先发育，然后是离躯干远的姿势运动的发育；③由泛化到集中、由不协调到协调的发育；④先学会抓握东西，然后才会放下手中的东西；⑤先能从坐位扶着栏杆站起，然后才会从立位到坐下；⑥先学会向前走，然后才会向后倒退着走。按照这一发育规律，不同年龄幼儿粗大运动发育的特点如图8-11所示。

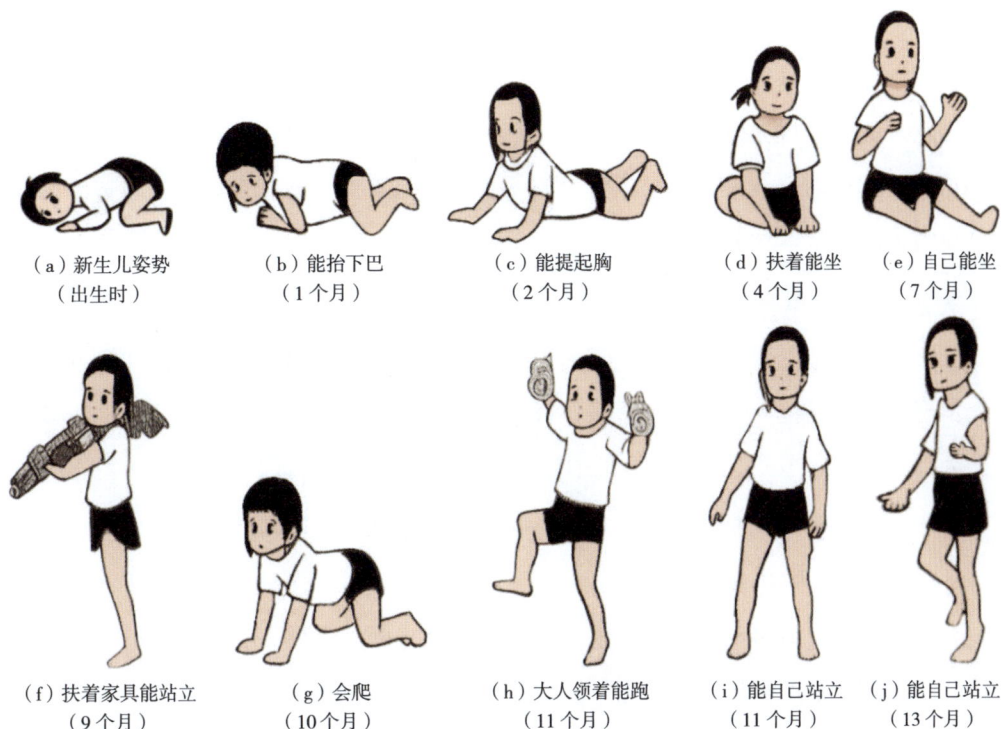

（a）新生儿姿势（出生时）　（b）能抬下巴（1个月）　（c）能提起胸（2个月）　（d）扶着能坐（4个月）　（e）自己能坐（7个月）

（f）扶着家具能站立（9个月）　（g）会爬（10个月）　（h）大人领着能跑（11个月）　（i）能自己站立（11个月）　（j）能自己站立（13个月）

图 8-11　婴幼儿粗大运动发育顺序

第二节　粗大运动发育的影响因素及异常发育

＞ 一、粗大运动发育的影响因素

（一）遗传因素

遗传性因素所致的染色体疾病、单基因疾病、多基因疾病，如21-三体综合征、苯丙酮尿症、亨廷顿病等，均会在不同程度上影响幼儿的运动发育。也有部分幼儿会出现暂时性运动发育障碍或迟缓，因为家族中有类似的病史。随着年龄增长，运动发育最终达到正常水平。

（二）环境因素

不正确的教养方式、缺乏运动及锻炼的机会会造成运动发育落后。如1岁左右的幼儿，如果鞋底很滑或很硬，会影响其学习走路；我国习惯将幼儿的双手包在被中，这可能是我国儿童伸手抓物的时间明显晚于西方同龄儿童的重要原因。

（三）智力发育障碍

智力发育障碍是一个常见的、备受关注的临床医学、康复医学、精神心理、教育和社会问题。大多数智力发育障碍的儿童运动发育较正常儿童延迟，与学习、建立和巩固运动功能及技巧迟缓有关，也与肌张力偏低有关。但本病患儿不存在异常姿势，都能够学会粗大运动的基本功能。

（四）神经肌肉疾病

常表现为行走发育落后，有些疾病患儿最终会丧失运动能力。如进行性肌营养不良最先出现的异常是粗大运动发育落后；脊髓性肌萎缩症患儿运动发育落后非常明显；良性先天性肌弛缓症患儿会坐的时间往往没有延迟，但会走的时间相当晚。各类先天性代谢性疾病除有运动功能障碍外，都有特征性的临床表现和实验室检查结果。

（五）脑损伤和脑发育障碍

影响运动发育最多见的因素是脑损伤和脑发育障碍。比如，受孕前后与孕妇相关的环境、遗传因素及疾病相关；妊娠早期绒毛膜、羊膜及胎盘炎症；双胎等多种因素导致的胚胎发育早期中枢神经系统及其他器官的先天畸形，脑室周围白质营养不良；等等。这些胚胎早期发育中的异常很可能是造成早产、围生期缺氧缺血的重要原因，而且是高危新生儿存活者以后发生脑损伤的重要基础。除上述生物学因素外，社会经济条件差所致父母营养不良，母亲年龄小，父母滥用毒品、药品，家庭暴力，战争，文娱体育运动等社会因素也与脑损伤的发生相关。脑损伤和发育缺陷的主要特征如下。

1. 中枢神经系统的先天畸形

包括神经管闭合不全而形成无脑畸形、脑膜膨出、中脑水管畸形等；脑泡演化发育障碍导致全前脑畸形、小脑扁桃体下疝畸形等；神经元移行及脑回形成障碍导致神经元异常、平脑回或无脑回、巨脑回畸形、多小脑回畸形等；联合障碍或中线结构异常可有胼胝体缺如或发育不全、透明隔缺如或发育不全。

2. 脑室周围白质软化

早产儿缺氧缺血的易损区位于脑室周围的白质区，缺氧和高碳酸血症均可导致脑血管自主调节功能障碍，形成"压力被动性脑血流"，即脑血流灌注完全随全身血压的变化而波动。当血压高时，脑血流过度灌注可致颅内血管破裂出血；当血压下降时，脑血流减少，则引起缺血性脑损伤，脑室内或毗邻于脑室部位出血。脑白质的少突胶质细胞有着高度的易损性，加之炎症免疫反应等因素，极易造成髓鞘减少或合成障碍，轴突破坏，白质容积减少，脑室周围囊腔形成。以上诸多因素会导致脑室周围白质损伤。如损伤部位波及发自外侧膝状体视放射纤维至枕叶视觉中枢，则可发生视觉障碍；如波及发自内侧膝状体听放射纤维至颞叶听觉中枢，则可发生听觉障碍。根据损伤波及范围的不同，还可出现语言障碍、智力低下等。

3. 神经生化改变

体外实验和动物实验结果表明，自由基和神经递质如谷氨酸盐可促进脑组织坏死。白介素 –1 β（IL–1 β）、白介素 –6（IL–6）和肿瘤坏死因子 α（TNF– α）可通过胎盘屏障和胎儿血—脑屏障，进而损伤胎儿发育中的脑，引起脑室内出血和脑室周围白质软化。低氧、缺血或低血糖引起的细胞 ATP 降解，可使细胞死亡，与以后出现的神经系统发育异常有关。

4. 产伤或外伤所致脑损伤

产伤可分为颅外产伤、颅骨产伤和颅内产伤。颅内产伤主要为硬脑膜撕裂、硬膜下血肿、脑缺血性梗死等。各种原因所致的颅脑外伤，都可造成不同程度的颅脑病理生理学改变，导致运动发育落后或障碍。

5. 胆红素脑病

患高胆红素血症时，胆红素通过血—脑屏障，损害中枢神经系统的某些神经核，导致脑性瘫痪。病变的特点是基底神经节、海马、下丘脑、齿状核等被染成亮黄色或深黄色。上述部位可有神经元变性、坏死，神经胶质细胞增生等变化。

6. 缺氧缺血性脑病

脑缺氧缺血是构成围生期胎儿或婴儿脑损伤的主要原因。基本病变主要有脑水肿、脑组织坏死、缺氧性颅内出血等。近年来研究证明，缺氧或缺血所致细胞生化改变可导致细胞受损或凋亡。

（六）其他疾病

脊柱裂、脑积水、骨关节疾病、四肢的先天畸形、重症癫痫等，都可导致运动发育落后或运动障碍。

> ## 二、粗大运动的异常发育

（一）异常发育特点

由于影响运动发育的因素不同，运动障碍的机制不同，异常发育的特点也不同。如原因不明的特发性脊柱侧弯、先天性肩关节脱位、先天性髋关节脱位、先天性膝关节过伸和脱位、先天性马蹄内翻足等，都会因骨与关节发育障碍而影响运动发育和运动功能，临床表现有独特的姿势运动模式。以下重点介绍脑发育障碍或脑损伤导致的异常发育。

1. 运动发育的未成熟性

幼儿在发育过程中，由于未成熟的脑组织受到损伤或发育障碍，可导致运动功能发育迟缓或停止，运动发育顺序和规律被破坏，与同龄幼儿相比运动发育明显落后或停滞。

2. 运动发育的异常性

高级中枢神经系统对于低级中枢神经系统的调节和抑制作用减弱，感觉运动发育延迟，从而释放出原始的运动模式。可表现为：①原始反射亢进和残存；②立直反射及平衡反应延迟出现或不出现；③肌力和肌张力异常；④运动不规律、不协调或不自主运动；⑤病理反射出现；等等。运动发育异常性可表现为运动的原始模式、整体模式、联合反应模式、代偿性的异常模式等。

3. 运动发育的不均衡性

异常发育也可表现为：①运动发育与精神发育的不均衡性；②粗大运动和精细运动发育过程中的分离现象；③不同体位运动发育的不均衡性；④各种功能发育不能沿着正确的轨道平衡发展；⑤对于外界刺激的异常反应而导致的运动紊乱。

4. 姿势运动的非对称性

由于 ATNR、STNR、TLR 等原始反射的残存，幼儿姿势运动发育很难实现对称性和直线化发展。难以实现竖头，将双手向胸前聚拢，手、口、眼动作的协调，抗重力伸展和体轴的自由回旋。

5. 运动障碍的多样性

脑损伤部位和程度不同，运动障碍的特点也就不同。如锥体系损伤呈痉挛性瘫痪；锥体外系损伤呈不自主运动、肌阵挛或强直；小脑损伤呈平衡障碍、共济失调、震颤；等等。

6. 异常发育的顺应性

由于得不到正常运动、姿势、肌张力的感受，幼儿不断体会和感受异常的姿势运动模式，形成异常的感觉神经通路和神经反馈，导致发育向异常的方向发展、强化而固定下来，异常姿势和运动模式逐渐明显，症状逐渐加重。

（二）异常发育疾病

1. 脑性瘫痪

脑性瘫痪简称脑瘫，是一组持续存在的中枢性运动和姿势发育障碍、活动受限综合征，这种综合征是由发育中的胎儿或婴幼儿脑部非进行性损伤所致。目前我国患病率约为 2.0‰~3.5‰。据 2014 年全国小儿脑瘫康复学术会议制订的最新分型，本病分为以下六型：痉挛型四肢瘫、痉挛型双瘫、痉挛型偏瘫、不随意运动型、共济失调型、混合型。

脑瘫患儿发育的主要特征有：①运动发育延迟的同时伴有异常姿势和运动模式；②四肢和躯干的非对称性；③固定的运动模式；④抗重力运动困难；⑤做分离运动困难的整体运动模式；⑥发育不均衡，如上肢与下肢、仰卧位与俯卧位、左侧与右侧运动发育不均衡；⑦肌张力不均衡，如异常肌张力，姿势变化时的肌张力增高、降低或动摇；⑧原始反射残存，立直反射及平衡反应出现延迟或不出现；⑨感觉运动发育落后，感觉"过敏"而导致运动失调；⑩联合反应和代偿性运动。

诊断标准有：①必要条件：中枢性运动障碍持续存在，运动和姿势发育异常，反射发育异常，肌张力及肌力异常。②参考条件：有引起脑瘫的病因学依据，可有头颅影像学佐证。早期发现异常表现、早期干预是取得最佳康复效果的关键，应遵循综合康复治疗原则。

2. 脊髓性肌萎缩症

脊髓性肌萎缩症是由脊髓和脑干运动神经元变性导致的遗传性疾病，呈常染色体隐性遗传。患儿以下运动神经元病变为主，智力正常，感觉神经元一般不受累。根据起病年龄、肌无力严重程度、进展速度和预后，可将本病分为三种临床类型：SMA Ⅰ 型（婴儿型，出生后 6 个月内发病）、SMA Ⅱ 型（中间型，又称慢性婴儿型，出生后 6~18 个月发病）、SMA Ⅲ 型（少年型，在 2~7 岁或更晚发病）。

SMA Ⅰ 型及 Ⅱ 型发病对婴幼儿粗大运动发育影响的共同特点包括：①患儿运动发育延迟，达不到与其年龄相对应的发育里程碑；②双侧肢体出现以近端为主的对称性肌无力、肌肉萎缩，患肢抗阻力运动困难；③自发病起运动发育渐进性落后，最终多因呼吸肌瘫痪或全身衰竭死亡。本病诊断以临床表现、肌电图改变为主，周围神经传导速度多正常，除此之外需要基因检查。目前尚无特效治疗，多以康复和对症支持治疗为主，心理治疗和社会支持也同样可以提高患儿生活质量，延长生存期。

第九章
精细运动发育

精细运动能力是在人体获得了基本的姿势和移动能力有所发育的基础上发展起来的，视觉功能发育也受到姿势和移动能力发育的影响，同时其反过来又促进了精细运动能力的发育。因此，姿势和移动、上肢功能与视觉功能之间是一个互相作用、互相促进而共同发育的过程，对个体适应生存及实现自身发展具有重要意义。

第一节　精细运动发育规律

精细运动能力指个体主要凭借手及手指等部位的小肌肉或小肌群的运动，在感知觉、注意等心理活动的配合下完成特定任务的能力。发育早期的儿童需完成取物、画画、写字、生活自理等许多活动，精细运动能力既是这些活动的重要基础，是评价婴幼儿神经系统发育成熟度的重要指标之一，也是对婴幼儿进行早期教育的基本依据。3 岁前是精细运动能力发育极为迅速的时期。

> 一、精细运动发育过程

手是最复杂、最精细的器官，是个体认识客观世界、与外界交往的一种重要器官。由于人有一双灵巧的手，学会了制造和使用工具，人和动物因而有了本质区别。但是手的这种灵活性并非与生俱来，而是要经历一个相当长的发育过程，且遵循一定的发育规律。

精细运动多为小肌肉或小肌群的运动，在全身大肌肉发育后迅速发育。上肢运动功能的精细化使得手具备了操作能力，随着操作过程的不断进行，手识别物体的能力也逐步提高。

精细动作主要包括伸手取物，手掌大把抓握较大物品，拇指与其他手指分开取一些小的物品，拇指与食指分开准确捏取一些很小的东西，如花生、纽扣、小豆子、小丸等，以及拿铅笔画画、翻书、搭积木、串珠子等。而包括进食、更衣、书写等在内的各种精细运动活动均以抓握物体、将手伸向物体、随意放下物体、腕关节可在各个方向活动这四项基本动作为基础，也就是说，四项基本动作是幼儿能进行更复杂任务的前提。

（一）抓握动作发育

手的基本动作包括非抓握动作与抓握动作两大类。非抓握动作包括悬浮、约束、推、压、触、勾状抓握等；抓握动作又分为力性抓握与精细抓握，力性抓握包括球形抓握、柱状抓握，精细抓握包括指尖捏、指腹捏、侧捏及三指捏（图9-1）。

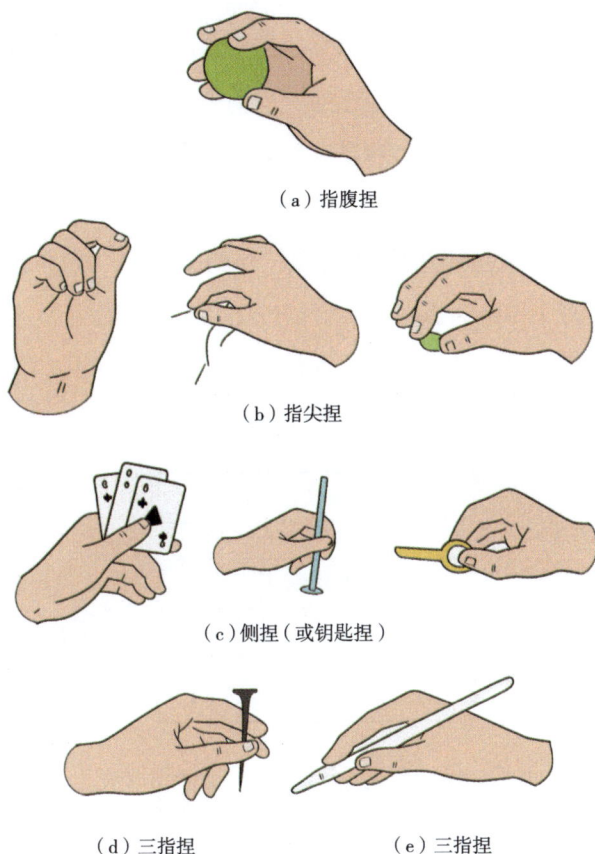

（a）指腹捏

（b）指尖捏

（c）侧捏（或钥匙捏）

（d）三指捏　　　　　　（e）三指捏

图 9-1　手的抓握

抓握动作是个体最初的和最基本的精细动作，在此基础上发展写字、画画和生活自理动作技巧。手部动作丰富了儿童探索环境的方式，拓展了获得信息的途径，使其能够主动、有效地探索环境。

抓握动作的不断发育体现在两个方面，一方面，是掌握更加复杂、准确而灵巧的动作，使手开始能够使用工具；另一方面，是动作的概括化，就是能把某一动作推广到同一类的物体上，或把同一类的物体用于某一种动作上。比如，把给小狗（玩具）"喂食"这个动作推广到"小猫""小熊""小马"等；把饭碗、茶杯、酒杯都当作喝水的用具等。

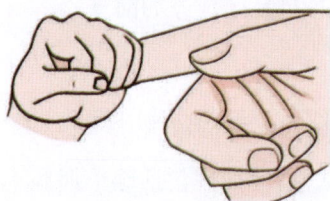

图 9-2　握持反射

1. 抓握动作发育规律特点

（1）由无意识抓握向随意抓握发育：大约 3 个月时随着握持反射的消失，开始出现无意识的抓握，如无意识抓握褓褓或被褥，抓握亲人或玩具，也抓握自己的手，这标志着手的动作开始发育（图 9-2）。

6 个月左右，婴儿注意到手的存在且能随意张开，开始出现随意抓握动作。由于无意识的抓握动作不断反复，同一个动作总是引起同一个结果，因此形成了反映事物关系的稳固感觉 - 运动表象，这就成为一种"学会了"的动作，从而使动作具有一定的随意性。随意抓握动作的出现标志着手动作发育的一个重大飞跃。主要表现：拇指和其余四指对立的抓握动作，抓握动作过程中的手眼逐渐协调。

（2）由手掌的尺侧抓握向桡侧抓握发育：开始抓握时，往往是用手掌的尺侧（小拇指侧）握物；然后是全手掌抓握，当前臂旋转运动功能发育后，逐渐向桡侧发育（大拇指侧），并开始桡侧抓握或抓捏动作的发育；最后发展到用手指握物，即拇指、示指对指捏物（图 9-3）。

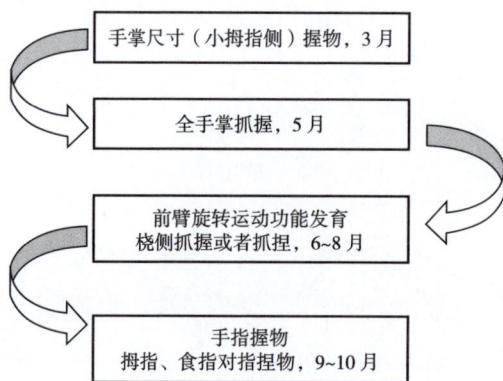

手掌尺寸（小拇指侧）握物，3 月

全手掌抓握，5 月

前臂旋转运动功能发育
桡侧抓握或者抓捏，6~8 月

手指握物
拇指、食指对指捏物，9~10 月

图 9-3　手掌的尺侧抓握向桡侧抓握发育模式

以动态三指捏为例，当尺侧三指弯曲形成稳定点后，就能精确控制桡侧手指运动。也就是说手的动作从小拇指侧向大拇指侧发展。两个同样年龄的孩子，用靠近小拇指侧取物的孩子手的动作就没有用大拇指侧取物的孩子发育得好。

（3）由不成熟的抓握模式（全手掌抓握模式）向成熟的对指抓握模式发育，即抓握手向抓捏手发育阶段。不成熟的抓握模式，即拇指向下或在与手背平行的高度弯曲取物的模式，在上肢动作未分化阶段，婴儿往往采取此种模式抓握（图 9-4）。

出生后 7 个月开始，随着稳定点由近端关节向远端关节移动，手指能够捏住物体。手的抓握动作有了进一步的发展，主要表现在以下两个方面。

第一，逐步学会拇指与其余四指对立的抓握动作，这是人类操作的典型方式。因为这样，人才能根据物体的特点去抓握，手才能灵活运动。随着这种操作方式的发育，手才有可能从自然的工具逐步变成使用或制造工具的工具，手才能随心所欲地进行各种精细动作。

第二，在抓握动作过程中，逐步形成眼和手，即视觉和运动觉联合的协调运动，这就发展了儿童对隐藏在物体当中的复杂属性和关系进行分析综合的能力，知觉和具体思维能力也得到发展。

（4）由抓握物体向放开物体发育：人类首先会抓握动作，然后逐渐学会张开手放开物体。也就是幼儿先会拿起物体，然后才会把物体放到一处。放开较抓握更为精细，更具有目的性（图 9-5）。

图 9-4　全手掌抓握　　　　图 9-5　抓握与放开

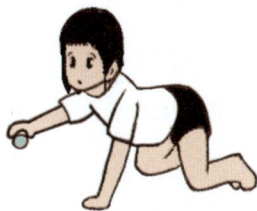

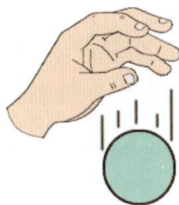

2. 抓握动作发育过程

抓握动作的发育是逐渐由最初的肩、肘部的活动发展为成熟阶段的指尖活动的过程，需要经过一个比较复杂的过程。哈尔伯森设计了一个 1 英寸大小的红色立方体作为研究工具，通过观察记录不同年龄段幼儿抓握这个红色立方体的动作特征，来描述和分析幼儿在出生后 4~13 个月的抓握动作发育过程。研究发现，任何阶段的抓握动作都包括四种连续的动作过程：①视觉搜索物体；②接近物体；③抓住物体；④放开物体。抓握动作发育可分为以下九个阶段。

第一阶段（4 个月）：抓不到立方体。

第二阶段（5 个月初）：能碰触立方体但不能抓握。

第三阶段（5 个月末）：原始抓握阶段，用手臂圈住立方体，然后再在另一只手或者胸部的支撑帮助下使立方体离开支持面，但这一动作过程中手指的精细运动不占据主要地位，并不是真正意义上的抓握运动。

第四阶段（6个月）：已经出现真正意义上的抓握动作，能够弯曲手指包住立方体，然后用手指的力量稳稳地抓住立方体。

第五阶段（7个月）：与第四阶段的动作形式非常相似。不同的是，手指的力量已能克服重力作用，使立方体离开地面。在抓握时其拇指保持与其他四指平行，同时用力抓握立方体。

第六阶段：表现出初步的"对指"能力，即抓握过程中的拇指与其他四指相对（拇指的指腹与其他四指的指腹相对）。

第七阶段（8个月）：抓握过程中，手在立方体一侧放下，拇指接触立方体的一个平面，食指、中指接触与拇指所在立方体的平面平行的另一个平面，然后在三根手指的共同努力下抓起1立方英寸的立方体。

第八阶段（8~9个月）：抓握精确性越来越高，抓握时，不再把东西夹在手指与手掌之间，而是夹在拇指与食指间，拇指与食指相对，可用两根手指抓起立方体。

第九阶段：区别于在前八个阶段抓的动作中使用全部手指的情况，13个月左右的婴儿可以拇指与食指、中指相对，用拇指尖与食指尖捏起立方体。

立方体的大小，特别是与手的大小之比，是影响抓握形式的重要因素。4个月大的婴儿具备了根据物体大小选择使用单手或双手来抓握物体的能力；抓握动作中的手指活动随物体尺寸增大而增多，且受物体形状影响。4~8个月，抓握动作中还没有出现右手或左手优势。

3. 抓握动作发育的意义

手的抓握动作能力的发育，在儿童心理发展上具有极其重要的意义。

（1）通过抓握物体的动作来掌握使用物体的方法，这就初步地体验了成人使用工具的方法和经验。

（2）在抓握和使用各种物体的同时，认识了这一类物体的共性，因而使知觉更具概括性，并为概括表象和概念的产生做准备。

（二）双手协调动作发育

双手协调是指同时使用双手操作物体的能力，如将物体从一只手中传递到另一只手中，同时使用双手进行游戏（一只手固定小棍，另一只手将圆环套上或取下；一只手固定容器，另一只手从中取或向其中放物体；串珠子，一只手固定纸张，另一只手在上面写字、拍手；等等）。随着双手协调动作的发育，每只手可完成不同的动作。双手协调动作发育规律如下。

4~5 个月：能够有意识地控制伸手，可能会同时向物体伸出双臂，并用双手抓住物体并保持在身体中线处。

6 个月后：能抓住物体，可以用双手抓住，或是夹在手指与手掌之间，这时的灵活控制能力还不强。能够区分出物体的大小，并能根据物体的大小张开手。特别喜欢感受物体。仰卧位时会抓住自己的脚，再将其放到口中。会抓住给他的一个方块，如果再给他一个方块，便会扔掉第一块，去接第二块。

7 个月后：手的动作又有了进一步的发展，这时不仅是简单的抓握，而且开始摆弄抓到的物体；不仅摆弄一个物体，而且能同时摆弄两个物体，并用种种不同的方式来摆弄各种物体。比如，把小盒子放在大盒子里，用小棍敲击铃铛，把一只手里的玩具传递到另一只手，等等。此阶段不但要求手眼协调，而且要求双手配合，所以这个阶段可以称为双手开始协调动作阶段。

8~10 个月：开始学习操作动作，可以在物体上做挤、拍、滑动、捅、擦、敲和打倒动作。用手探索所有的东西，包括食物等，并混合在一起，可以涂抹或倒出流质物质。可以准确地把大多数固体物质放入口中，如脚、手指、塑料玩具或盖子等。随着操作能力的不断提高，不再喜欢把东西放进口中，而开始玩一些游戏。

12~15 个月：可一只手固定容器，另一只手从中取或向其中放物体；会打开瓶盖。

（三）生活自理动作发育

包括更衣、进食、保持个人卫生（如厕、洗漱、修饰）在内的自理活动是基本日常生活活动的重要内容。这些在成年人看起来很简单的生活自理活动，对于发育早期的儿童而言却要付出极大努力，达到一定的发育水平后才能完成。比如，只有当动作协调能力发展到一定水平后，才能使身体各部分进入相应的衣服空间。不同生活自理动作发育对个体能力的要求不尽相同，因此其发育过程与顺序也存在一定的差异（表 9-1）。

表 9-1　生活自理能力发育顺序

动作名称	出现时间 / 月	动作名称	出现时间 / 月
稳稳地拿住茶杯	21	解开能够到的纽扣	36
穿上衣和外套	24	扣上纽扣	36
拿稳勺子，不倾斜	24	独立进餐，几乎没有食物外溢	36
在帮助下穿衣	32	从水罐中倒水	36
穿鞋	36		

（四）书写与绘画动作发育

1. 握笔姿势与动作发育

无论是绘画还是书写都要以灵活运用手中的笔类工具为前提。一般而言，2~6岁是儿童握笔动作技能迅速发育的阶段（图9-6）。

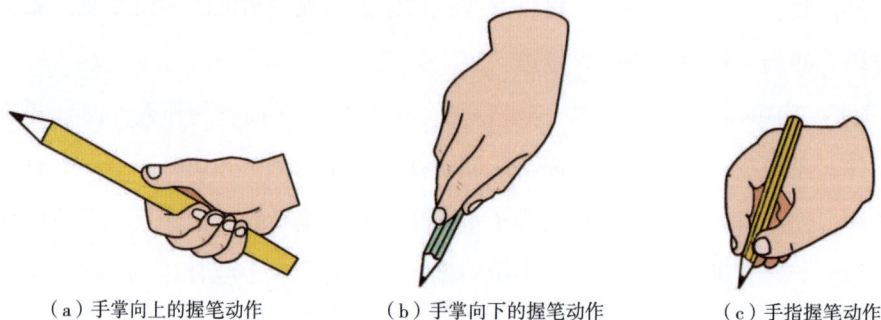

（a）手掌向上的握笔动作　　（b）手掌向下的握笔动作　　（c）手指握笔动作

图9-6　握笔姿势与动作发育

（1）手掌向上的握笔动作：是最早的握笔动作形式，包括整个手和手臂的运动，表现为抓笔时手掌心向上，手掌与手指一起活动来抓握笔。运用这种笨拙的握笔动作形式，儿童很难进行有目的的绘画和书写动作。

（2）手掌向下的握笔动作：手掌向上的握笔动作逐渐被手掌向下的握笔动作取代，拇指与其他四指开始在绘画和书写动作中起到越来越重要的作用。

（3）手指握笔动作：主要以拇指、示指及中指握笔。随着手的协调运动能力发育，儿童握笔的部位逐渐向笔尖部位靠近，可用手指调整握笔的姿势和位置，手臂及肘部的动作频率逐渐减少。2~3岁儿童可握住靠近笔尖的部位，主要依靠肩关节的活动进行绘画和书写，之后，逐渐发展为用肘部来控制笔的运动，最后发展为用手指的活动来控制笔的运动。

（4）握笔动作发育特征：①握笔部位逐渐靠近笔尖；②随着运笔动作的不断成熟，身体坐位姿势趋于垂直，这种姿势可以减少手臂的支撑作用，使手的动作更灵活、自由。也就是说，在握笔绘画和书写动作中，离躯干中线越近部位的活动越来越少，而躯干远端部位的活动越来越频繁。

2. 绘画动作发育

大多数小儿在15~20个月就开始出现无规则、无目的的乱涂乱画动作。大约4岁11个月左右能完成水平线、垂直线、圆圈、正十字、右角平分线、正方形、左角平分线、交叉线和三角形九种图形的绘画。随着手的动作控制能力的发育，以及练习经验的增多，从最初无目的地涂抹到开始有目的地画画需要经历以下几个阶段。

（1）乱涂阶段：主要是获得绘画所必需的手眼协调能力。

（2）组合阶段：主要是图形的出现与混合，开始学会描绘螺旋、十字等基本几何图形，2岁左右的小儿能画出一系列螺旋和圆圈，随着动作协调控制能力及目的性的增强，能对正方形、长方形、三角形等基本图形进行较为精确的临摹和绘画。之后，能够进行简单的几何图形组合的绘画。

（3）集合阶段：不仅能够完成几个简单图形混合的较为复杂的图形，而且能将几个图形、图像组合，如同时有人物和图像的图片。

（4）图画阶段：在绘画中混合图形的数量增多，图画的内容也更为复杂，绘画动作也更为精确、复杂。

几乎所有幼儿绘画动作的发育都会经历上述四个阶段，但达到每一阶段的具体年龄存在较大的个体差异。

（五）手的知觉功能发育

眼睛和耳是人们认识事物的重要器官，人们获得的各种信息绝大多数是通过视觉和听觉获取的。除此之外，手的触觉也是人们认识事物的重要途径。只有视觉和听觉而没有触觉参与，人们对事物的认识就不全面，也不准确。比如，棉花和铁，通过肉眼可以知道体积大小和形状异同，如果从未通过手的触摸，就无法感知轻重、粗细、软硬等。所以，对事物认识要做到精细准确，必须有各种感觉共同参与，互相补充。

（1）基本概念：触觉识别是人类单凭用手触及物体而无须用眼看就能识别物体的能力，是手指的精细感觉。发育初期触觉识别能力优先发育，功能完善后通常通过视觉功能弥补。

（2）手的知觉功能发育规律：对一些物体属性的触觉，如尺寸、温度，在出生后几个月就发育得很好。但对于质地、重量等属性的感知需在6~9个月之后。对物体形状的探索则更晚。手的知觉功能发育与手的动作发育密切相关，新获得的动作技能与越来越精确的感知功能均在彼此的进一步发育中起到重要作用。

（3）手识别物体与视觉识别物体的区别：能够感知身体的位置变化，如通过触摸，了解手部动作与身体部位之间的空间位置关系；能够识别物体的属性，如形状、大小、质地、重量、性质等。手的触觉识别和动作的发育，又可以促使大脑思维更活跃，并且可以代替其他感觉器官。如在不能说话而又必须交流思想的情况下，手可以表示语言，在黑暗中手可以代替眼睛。

（六）婴幼儿精细运动发育顺序

随着年龄的增长，动作的随意性也日益提高。但是，在婴儿期内有目的、有计划、有预见性的随意性动作不能被看到，因为有目的、有计划、有预见性的随意性动作与言语的发育直接相联系。有人对婴幼儿精细运动发育顺序进行研究，发现动作发育有如下规律可循。

新生儿：紧握拳，触碰时能收缩，引出握持反射，持续 2~3 个月，主动握物动作出现时，此反射消失。

1 个月：双手常常握拳，物体碰到手时，握得更紧。

2 个月：偶尔能张开手，给物体能拿住；偶尔把手或手里的物体送到口中舔舔。

3 个月：用手摸物体，触到时偶尔能抓住；手经常呈张开姿势，将哗啦棒放在手中，能握住数秒钟。

4 个月：仰卧清醒状态时，双手能凑到一起在眼前玩弄手指，称为"注视手的动作"，此动作 6 个月以后消失；常常去抓东西，但距离判断不准，手常常伸过了物体；用整个手掌握持物体，手握哗啦棒的时间较以前长些，而且会摇晃，并用眼睛看手里的哗啦棒片刻，出现最初的手眼协调。

5 个月：物体碰到手时出现主动抓握动作，但动作不协调，不准确；会玩衣服，把衣服拉到脸上；能玩玩具并将玩具抓握较长时间；往往双手去拿，把东西放到口中。

6 个月：迅速伸手抓面前的玩具，玩具掉下后会再抓起；用全手抓积木，能握奶瓶，玩自己的脚；准确地拿取悬垂在胸前的物体；会撕纸玩；当手中拿着一块积木再给另一块积木时，会扔掉手中原有的积木然后去接新的一块。

7 个月：可用拇指及另外两个手指握物；会用一只手去触物，能自己将饼干放入口中，玩积木时可以将积木从一只手换到另一只手上（传递）；手中有积木再给另一块积木时，能保留手中原有的一块不扔掉；会模仿对敲积木。

8 个月：桡侧手掌或桡侧手指抓握，用拇指和三指捏起桌上的小物体；会用多种方法玩同一个玩具，如放入口中咬、敲打、摇晃等；能将物体递给旁边的人，但还不知道怎样松手、怎样给；喜欢从高椅或是小车上故意让物体掉下去。

9 个月：能将双手拿的物体对敲，可用拇指和示指捏起小物体（大米花、葡萄干等）。

10 个月：用拇指与另一手指准确捏起 0.6 cm 的串珠，很熟练；可用食指触物，能扔掉手中的物品或主动将手中物品放下，被索取玩具时，不松手。

11 个月：喜欢将物体扔到地上听响声，主动打开包方积木的花纸。

12 个月：能用拇指与食指捏较小的物体，单手抓 2~3 个小物品，会轻轻抛球；会将物体放入容器中并拿出另一个；全手握住笔在纸上留下笔道。

15 个月：搭 2 块或 3 块积木（边长 2.5 cm 的正方体）；用匙取物；全手握笔，自发乱画；会打开盒盖（不是螺纹的）；能倾斜瓶子倒出小物体，然后用手去捏。

18 个月：搭 3~4 块积木，能几页几页翻书；用小线绳穿进大珠子或大扣子孔；用匙外溢；自发地从瓶中倒出小丸。

21 个月：搭 4~5 块积木模仿画线条，但不像用双手端碗。

24 个月：搭 6~7 块积木，会转动门把手，旋转圆盖子，穿直径 1.2 cm 的串珠，正确用勺，开始用手指握笔，模仿画垂直线，能一页一页翻书，用匙稍外溢。

27 个月：能模仿画直线，基本像，会拆装简单拼插玩具，会脱鞋袜。

30 个月：搭 8~9 块积木，模仿画水平线和交叉线，基本像，能较准确地把线绳穿入珠子孔，练习后每分钟可穿入约 20 个珠子，会穿裤子、短袜和便鞋，解开衣扣，一手端碗。

36 个月：搭 9~10 块积木，将珠子放入直径 5 cm 的瓶中，会折纸，折成正方形、长方形或三角形，边角整齐能模仿圆形、十字形，基本像，会系纽扣，向杯中倒水，控制流量。

（七）婴幼儿精细运动发育的关键年龄

婴幼儿精细运动发育的关键年龄见表 9-2。

表 9-2　婴幼儿精细运动发育的关键年龄

精细运动	关键年龄
主动用手抓物	5 个月
可用拇指及另外 2 个手指握物且可将积木在双手间传递	7 个月
拇指能与其他手指相对	9 个月
能用拇指与食指捏较小物体	12 个月
搭 2~3 块积木，全手握笔，自发乱画	15 个月
搭 3~4 块积木，几页几页翻书，用小线绳穿进大珠子或大扣子孔	18 个月
搭 6~7 块积木，模仿画垂直线	24 个月
搭 8~9 块积木，模仿画水平线和交叉线，会穿裤子、短袜和便鞋，解开衣扣	30 个月
搭 9~10 块积木，能临摹 "○" 和 "十" 字；会穿珠子、系纽扣、向杯中倒水	36 个月

> ## 二、精细运动发育特点

（一）视觉功能发育

视觉是个体最重要的感知觉之一，个体对外部环境的大多数感知信息都由视觉提供。

婴幼儿视觉功能发育的关键期是出生后 6 个月，眼球运动的自由控制能力在出生后 6 个月左右完成。视觉功能首先发育，大约于 1 岁左右接近成人，进而引导了精细运动能力的发育，并使其更加精细准确、更为协调迅速。因此，1 岁前是婴幼儿视觉发育的黄金时期。婴幼儿的视觉功能发育尚未完善，需在外界环境不断刺激下才逐渐发育成熟，其中出生后 6 个月内视功能发育最快，7 个月至 4 岁相对变慢，9 岁发育基本完善。

1. 视觉发育过程

视觉发育包括视觉定位、注视、追视、视线转移等，分为以下 3 个阶段。

（1）视觉信息反馈处理阶段（0~2 个月）：新生儿调节晶状体的能力较差，不能准确聚焦，以致视物成像模糊，无论物体距眼 1 米或 10 米，看到的图像都是模糊的。只能接受单纯和强烈的光线和颜色，如黑色、白色、大色块或简单的线条及图形。有瞳孔对光反射、眨眼反射。能感觉到眼前摆动的手，不过距离很有限，只能看清约 20 cm 距离处的物体。眼球只能随头颈转动而转动，头部和上肢活动限制了眼球运动，对于快速运动的物体表现更为明显，追视范围比较小，如果在 20~25 cm 处悬挂一个直径 8~10 cm 红色圆环，左右摆动，能注视 45°范围。

能够通过周围视野捕捉运动中的物体，然后再由中心视野矫正并识别捕捉到的物体。对于刺激强烈的目标物体会出现视觉定位和注视。由于眼球控制不充分，可出现眼球向一侧固定，单眼看物体的情况。虽然非对称性紧张性颈反射会妨碍眼球随意运动，但有助于向伸手侧注视。

（2）物体辨认阶段（3~6 个月）：随着头颈部稳定程度提高，眼球控制能力不断增强。出现眼球随意运动，能够辨别不同的面孔。双手向中线合拢时，双眼能够注视物体。

4 个月时，随着头部左右转动动作的出现，追视和视线转移能力发育。

6 个月时，眼球已能进行快速运动，并能通过正确调整眼球转动来辨认不同焦距的物体。双眼同视功能获得。

眼球运动控制发育规律：首先是水平方向追视功能的发育，其次是垂直方向追视功能的发育，最后是斜向追视功能的发育。

（3）精细辨认物体阶段（7 个月以后）：随着追视功能的发育，眼球的精细运动能力提高，开始能够辨别物体。辐辏运动是双眼朝相反方向运动的形式，比眼球在水平方向的追视运动难度大，空间深度知觉需通过眼球调节辐辏运动来实现。正确辨别空间深度不仅能对运动的物体进行辨别，而且有助于了解到自身运动时与周围物体之间的位置关系，进而能感觉到物体的存在，避免与物体发生碰撞。

2. 婴幼儿视觉功能发育顺序

（1）新生儿：有分辨人面孔的能力；出生 1 周内视力为 0.01~0.02，即正常人的 1/6。

（2）1 个月：能看见面前 20 cm 左右的物体，双眼能跟随水平方向移动的物体，追视范围可达 45°；视力为 0.05~0.1；能辨识红、黄、蓝三原色。

（3）1.5 个月：双眼表现出轻度的辐辏。

（4）3 个月：能注视近处的物体，眼球能自由运动。眼球并不能注视，但会被面孔、灯光或运动物体吸引。中间色也没太大问题，虽然无法认识颜色的名称，但对光线的反应及辨识能力已经相当不错。双眼追视移动物体范围可达 180°。

（5）4 个月：双眼辐射协调得好，开始会辨别颜色，能对双眼的视线进行调整。

（6）5 个月：头眼协调好，能凝视物体。

（7）6 个月：视网膜已发育很好，看物体时用双眼同时看，已获得正常的"双眼视觉"，因此，眼睛和双手可以相互协调做简单动作。对距离及深度的判断已有一定发展。

（8）6~8 个月：从卧位发展到坐位，同时也代表着视力范围从左右发展到了上下，视野完全不同。此阶段眼睛、手脚、身体等协调能力较佳，所以是视觉、听觉和表情反应最佳的统合时期。

（9）8~12 个月：此时通常喜欢坐着丢东西，然后爬行追物品，或者想要站立拿东西等。那是因为儿童看到物品，以丢东西的方式来测距离，也有了空间感，同时也证明了视觉发展程度。视力为正常人的 2/3。

（10）1~2 岁：随着生长发育及环境的不断刺激，视力逐渐在发展，1.5 岁时视力可达 0.4 左右。1 岁后喜欢看图书，能够看见细小的东西如掉在床上的头发等，能注视 3 米远的小玩具。

（11）2~3 岁：是双眼视觉发育最旺盛的阶段，视力大约达到 0.5~0.6，已经快接近成人视力。能区别简单的形状，如圆形、三角形、方形。

通过游戏提高儿童视觉认知能力，如七巧板拼图、彩纸拼图、搭积木、木珠拼图、猜谜、分类、各种智力拼图、摹写图、几何形状的匹配、纸牌游戏、数字、简单字或词的游戏、迷宫训练、手影游戏、视觉记忆训练等可提升视知觉落后儿童的能力，练习眼睛对各种图形、线条和空间的认识，如果不断地给以练习或视觉刺激，就能由简而难地提升视知觉能力，从而奠定儿童以后识字、写字和阅读的基础。

（二）手眼协调能力发育

为了抓握物体，除需要把抓握的对象从周围其他事物中区分出来，还需学会拇指与其余四指对立的抓握动作和手眼协调。

手眼协调是指在视觉配合下手的精细动作的协调性。手眼协调能力的发育随神经心理发育的成熟而逐渐发展起来，标志着发育的成熟度。

随着精细运动能力提高，手眼协调能力越发占据重要地位，贯穿于精细运动，精细运动能力发育离不开手眼协调能力发育，手眼协调能力发育是精细运动能力发育的关键。

从婴儿手的抓握动作发育可以看到，婴儿期抓握动作出现了初步的手眼协调——摆弄物体的动作。但是，这些动作往往还不是准确而灵活的。进入幼儿期，在日常生活和教育条件下，由于成人反复示范和儿童不断模仿，儿童在经常接触日常生活中的物体过程中，逐步学会了熟练地摆弄和运用这些物体的动作能力，如用茶杯喝水、用匙子吃东西、穿衣服、扣纽扣、戴帽子、揩鼻涕、洗手等。虽然手眼协调能力的发育是一个缓慢的过程，但是如果平时注意培养训练，手眼协调能力会不断得到提高。

1. 手眼协调能力发育过程

1）手张开及双手抱握阶段（0~3 个月）

（1）俯卧位：由于紧张性迷路反射作用，全身呈屈曲状态，四肢活动多见，上肢无法做分离运动，一旦紧张稍有缓解可见到腕关节背伸，五指张开的动作。但由于俯卧位时颈部尚不能保持稳定，会再次出现手握拳状态。偶尔出现无意识抓握物体动作，随着肘关节伸展，手掌会突然张开，致使手中的物体掉落。

（2）仰卧位：随着双肩对称姿势的出现，手可以移到中线位置。当手能够移到口的位置时，首先必须由视觉确认手和口之间的身体位置，然后可看到一只手，进而看到另一只手。伴随颈部控制能力的进一步提高，不仅可以看到自己运动的手，视线还会从手移向物体，再从物体移向手。

（3）上肢与躯干运动分离、眼和手协调运动发育机制：腕关节的不规则运动；拥抱反射、非对称性紧张性颈反射等使上肢出现强制性伸展反射；俯卧位时抬头、压低双肩，双肩压低又促使头的上抬，这种抗重力状态使身体各部位间产生相互作用。

（4）原始反射的作用：原始反射具有双刃剑的作用，虽然妨碍身体的自由活动，但对协调运动起到促进作用。触摸手指甲和手掌尺侧会出现逃避反应，这在发育早期占主要地位。随后出现握持反射并逐渐增强。逃避反应表现为腕关节背伸和手指伸直外展，而握持反射表现为腕关节掌屈和手指屈曲内收。由于两种反射的相互拮抗作用，最初的握拳姿势逐渐发育成为具有腕关节背伸和手指屈曲、内收能力的功能手。

2）手功能开始发育阶段（4~6个月）

（1）仰卧位：从颈部到肩部乃至躯干的抗重力伸展活动得到进一步发育，身体的姿势位置对上肢的影响逐渐减弱，仰卧位时手能向前方伸出。此时，随着躯干稳定性的提高，上肢能够带动肩部一起向前伸出。

（2）俯卧位：当需要将一侧上肢向前伸展时，与仰卧位不同，为了支撑躯干维持姿势平衡，会诱发整个腕关节呈过伸展状态。因为在这一时期，无论是上肢还是下肢，只要有某个关节出现伸展或屈曲动作就会引起其他所有关节的伸展或屈曲，即各关节间还未出现分离运动；同样，不仅仅是上下肢，躯干的伸展也会诱发四肢的伸展，以至全身。随着躯干向抗重力方向的伸展幅度增加，要使俯卧位时髋关节呈完全伸展状态，必须使身体重心转移至臀部下方，只有这样，才能比较容易地完成向前伸出一侧上肢的动作（图9-7）。

图9-7　俯卧位重心下移

（3）视觉功能：眼球运动已经平稳，能够完成视觉诱导下的伸手和握持动作。握持反射有助于手伸向目标物体，这是视觉诱导的握持能力获得前的伸手动作。在双上肢支撑下身体左右移动促进了上臂回旋动作的熟练，上臂的外旋动作使得眼睛容易看到手中握持的物体。随着视线同时对手和物体进行注视，手的活动、手的感觉及视觉信息有机统合在一起，最终经视觉神经传导通路对物体产生感知觉和认知，即只要是看到过的物体，就能回想起该物体的性质、质地、大小、形状、重量等。

（4）机制：在上肢支撑还不充分的阶段，常通过颈部过度伸展、利用对称性紧张性颈反射来增加上肢的支撑能力。婴儿早期上下肢运动受颈部活动的影响较大，随着用手支撑并抬高身体使得身体重心可以向左右移动，上肢渐渐出现选择性动作的发育。通过不断的俯卧位维持及姿势变换练习，上肢支撑能力得以增强，进而促进手的伸展、物体握持及维持动作的发育。

3）手功能多样化发育阶段（7~9 个月）

独坐能力的获得解放了幼儿的双手，使幼儿手眼协调能力和双手协调自主控制动作能力得到迅速发育，即进入了用眼睛引导手的动作、手功能呈现多样化发育的阶段。

（1）姿势变换对手功能多样化发育的作用：坐位和膝立位姿势有利于婴儿对环境的探索，所需的发育时间也比较长。但又不能一直停留在某一种姿势上，还必须学会从卧位到坐位、从坐位到膝立位等多种姿势的变换。姿势变换时常通过伸展上肢动作支撑，跌倒时常通过伸展上肢动作保护身体，这样使得手功能得到迅速发育和提高。随着抗重力伸展姿势的稳定发育，腕关节背伸和伸手功能得到发育。在坐位按住某物时，躯干已经具备了伸展能力。由于目测距离准确性的提高，伸手抓物时手够不到或伸过头的情况开始减少，逐渐发育成手能伸向目标物体。

（2）爬行对手功能多样化发育的作用：爬行练习使得手掌逐渐具备了支撑体重的能力，同时也促进手掌拱形形状的形成，以便稳固地抓住物体。承重与手功能发育关系密切，承重可提供信息反馈使幼儿注意到手，同时有助于手张开，上肢伸出。

幼儿通过手掌向前后、左右做爬行运动，也会促进手指的外展、伸展，以及手掌桡侧和尺侧功能的分离。这些活动均有利于促进拇指与其他手指对指功能的发育，也为下一阶段手指的抓捏或翻阅动作发育奠定基础。

4）手功能熟练阶段（10~12 个月）

（1）坐位：不再需要上肢保持身体平衡，使得腕关节和手指得到解放，逐渐能用指尖转动物体，使得手指功能得到进一步发育。

（2）立位与步行：当获得稳定的立位平衡后，上肢运动功能发育逐渐从姿势的影响中摆脱出来，能够完成更有自主选择性的够取、抓握、放下等动作。但在学步过程中，需借助上肢伸展（挑担样姿势）来保持步态的平衡。独立行走能力的获得更进一步解放了幼儿的双手，使精细运动有机会得到进一步发育。

（3）手指分离动作发育：尺侧 3 个手指能够屈曲之后，尺侧有了较好的稳定性，能够完成使用食指指物的动作。能将小的物体放入比较小的容器内等取物动作的获得，为分离动作的完成提供保证。

开始时，使腕关节保持在悬空的位置进行手指动作非常困难，可以先将手放在容器的边缘以固定腕关节，然后再进行操作。此外，由于手指伸展常常会引起前臂旋后的联合运动，因此，当前臂旋后时可能会出现手指张开、手中物体掉落的现象。手的动作开始前，一般先由视觉引导手指的活动，熟练后，即使眼睛不看手指也能顺利完成操作活动。

5）手眼协调能力快速发展阶段（1~3岁）

涂鸦、挖沙、捞鱼、穿珠子、玩积木、堆各种建筑、捏橡皮泥等都进一步加强了手眼协调能力的发展。"涂鸦阶段"的孩子，不仅能发展创造力、想象力，而且极好地训练了他们自身的手眼协调能力。鼓励孩子捏各种简单的东西，如苹果、香蕉等，借以锻炼两手揉、搓、按的能力。在水池中捞金鱼、塑料鱼或漂在水面上的玩具，也可以进行捉昆虫、摘花草和蔬菜等游戏活动，锻炼手眼协调能力，促进智能等多方面发育。这个时期的孩子能穿脱简单的衣裤、袜子等。

2. 手眼协调能力发育特征

随着动作灵巧性的不断提高，双手和上下肢的协调能力也得到进一步的发育。手眼协调能力发育具有以下特征。

（1）整体运动向分离运动发育：当眼球运动与上肢功能发育稳定后，进一步向精细化发育。随着躯干稳定性的提升，手和眼不再受姿势的影响，由最初的手腕整体运动逐渐向手指的精细运动分化发育。

（2）抓握的稳定点由近端逐渐向远端发育：首先是手的外旋抓握，上肢由肩部带动，躯干稳定使得肩的运动成为可能；其次是手内旋抓握，以肘部和前臂运动为中心，此时肩和上臂的稳定是非常必要的，再次是三指的静态抓握促进了手指关节的运动发育，手指关节的运动需要肘部和前臂的稳定；最后是三指的动态抓握，使得笔尖运动必须依靠手指运动，手指关节稳定对保障手指运动是非常必要的。因此，稳定点逐渐由近端向远端发育，最终发育成能够画画、写字的手的抓握形态（图9-8）。

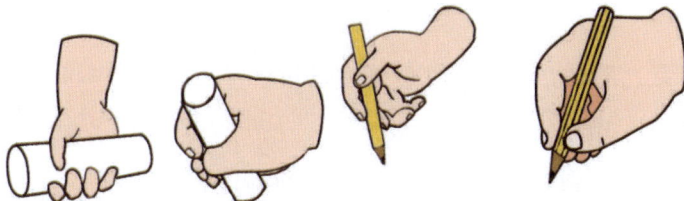

图9-8　抓握的稳定点由近端逐渐向远端发育

（3）眼和手发育的共同形式：眼和手发育过程具有共同特征，即都经过无目的、到达、抓握、操作的顺序性发育过程。6个月以前，由于还不会坐，卧位摆弄物体时，多数情况下，眼睛看不见手上的物体，手的活动范围与视线不交叉。6个月后，能坐起来玩时，双手可以在视线的监控下摆弄物体，此时手的活动范围与视线交叉。这样，通过手和眼的作用，可以发现物品更多的特性，更快地了解环境。比如，对于一个玩具，眼睛能看到它的颜色、形状，手能摸到它的软硬、质地。在眼睛的监控下，通过手的摆弄，还可以发现物体的上下、左右、前后的特性等。

第一阶段：不随意的动作或以反射为中心的无规则状态，如视觉以视觉反射、不规则的眼球转动为主，上肢以全伸展或全屈曲等共同运动形式或反射为主。

第二阶段：为达到目标物体，出现了定向运动的发育阶段。此时，视觉发挥了定向作用，上肢功能是能将手伸向目标物体。

第三阶段：能紧紧抓牢目标物体的发育阶段。视觉起固定作用，即双眼注视物体，上肢的功能是紧紧抓牢物体。经过这一阶段后达到操作阶段。

第四阶段：操作阶段。视觉操作是指调节集合和移动视线，上肢功能操作是指抓、捏、回旋等手的精细动作的操作。手与眼之间的关系是视觉先于上肢，上肢接受视觉引导的同时共同协调发育。

（4）从防御向功能发育：当手遇到危险刺激时会做出防御反应，从最初只具有感觉、防御的手向具有功能、探索的手方向发育。

（5）从手到眼的发育：发育早期手活动主要有逃避反应、握持反应，由本体感觉和触觉刺激诱导产生，逐渐发育到由视觉刺激诱导，最终发育成为触摸物体后就能像看见物体一样感知物体。

（6）利手的发育：对称姿势的获得促进双手动作发育，当手能越过中线伸展时，不论哪只手都可作为利手优先使用，而另一只手作为辅助手使用。

出生后 6 个月内，表现不出哪一只手优先，但是大多数婴儿头向右侧偏的机会比向左侧偏的机会多一些。随着协调能力提高，动手能力增强，一定会表现出常用哪一只手，这属于正常现象。

如果父母都是左利手，子女就会有 30% 的可能是左利手；如果父母都是右利手，子女左利手的可能是 10%。

一般需到动态三指捏阶段（4~6 岁）才能判断哪只手为利手。

3. 手眼协调能力发育的意义

眼睛是心灵的窗户，通过眼睛才能真实地了解周围的事物。手也是认识事物的重要器官，手的活动可以促进脑的发育。

眼睛可以看到物品的色彩、形状、大小等特性，手则可以触摸物品，感受它的软硬、粗糙度、冷热等特性，通过手和眼的共同作用，可以发现手中物品更多的特性，更快、更全面地了解周围环境。

眼睛的单独活动与手的单独活动对幼儿的成长没有特别的意义，只有手眼协调活动才能真正有效地促进幼儿各项能力的全面发展，因此，手眼协调能力的发育对促进运动能力、智力和行为起着非常重要的作用，对幼儿来说具有划时代的意义。

第二节 精细运动发育的影响因素及异常发育

> 一、精细运动发育的影响因素

（一）性别

女婴精细运动优于男婴，说明婴儿运动发育不但与脑的形态及功能发育有关，而且与脊髓和肌肉的发育密切相关。

（二）父母文化程度

文化程度较高的父母对子女的智力发育、运动发育特别重视，从小给予有序的、符合婴儿发育规律的运动训练，提供适宜的活动场所，对婴儿精细运动能力发育、认知能力发育有很大的促进作用。

（三）抚养人

非父母抚养者，往往较注意婴儿的卫生，更多考虑的是婴儿的安全，如担心摔跤、异物吸入等意外伤害。祖父母心疼孙子、孙女，从而剥夺了婴儿运动的权利，导致婴儿运动发育水平偏低。

（四）围生期危险因素

包括以下两方面。

（1）母亲因素：孕期吸烟、酗酒、饮浓茶或浓咖啡、缺乏科学性运动、情绪异常等。

（2）早产：与大脑发育密切相关，由于早产儿、低出生体重儿出生时脑发育不成熟、功能不健全，因此，易发生精细运动发育迟缓甚至异常。

（五）感觉输入、姿势控制（身体稳定）及粗大运动模式

手功能发育与感觉输入、姿势控制（身体稳定）及粗大运动模式密切相关且以其为基础。姿势控制不良、异常姿势和运动模式通过以下几个途径影响手功能发育。

（1）躯干及骨盆不稳定导致身体一部分活动时另一部分不能保持稳定。

（2）躯干、上肢、手的异常姿势及运动模式影响伸手、抓握、释放及精细运动功能的发育。

（3）伴随整体异常姿势或上肢受累，手可能呈握拳或半握拳，此外，可能有手部感觉减退的情况。

（4）由于平衡功能不佳，需使用单手或双手支撑体重。

（5）手功能保持在较低水平，如原始手抓握（尺侧握）或镜像运动。

（6）释放动作不成熟或异常，如肌张力增高的脑瘫患儿放下物体时出现屈腕、手指伸展，中度痉挛伴有随意运动的脑瘫患儿放下物体时出现上肢屈曲，手张开，手指过伸展。

（六）视觉发育异常

最常见及最主要的是各种先天性异常，如先天性白内障、屈光不正（近视、远视、斜视、散光）、后天性眼病及外伤等。许多眼病如斜视，可引发弱视及立体视觉异常。

诱发视觉功能发育异常的因素还见于营养不良，尤其是偏食造成的食物摄入不均衡、非母乳喂养引起的微量元素失调、琴棋书画幼年化、视觉负担过重等。过近过久看电视，用眼环境不佳（如光线过亮或过暗、新生儿的室内过度照明、通宵开灯等）也会影响视觉发育。

> 二、精细运动的异常发育

（一）运动功能的特殊发育障碍

运动功能的特殊发育障碍也称发育性协调障碍。

（1）概念：存在于儿童发育早期，在完成精细与粗大运动时的动作协调水平显著低于正常同龄儿童水平。

（2）类型：包括共济失调、动作运用障碍、张力减退等几种亚型。

共济失调：①动作不稳及轻微震颤，仅手部出现有规律、小幅度摆动，或者在握笔和用笔时出现震颤，下肢无此表现；②手眼协调问题，如距离辨别困难、难以在精确的距离内够取物体、难以准确画出线段等。

动作运用障碍：难以将一个一个分散动作按正确的顺序连成连贯的动作，因此无法完成流畅、完整的动作技能。

张力减退：在清醒状态下眼睛呈半闭半睁的困倦状态，出现书写、绘画困难。

（3）主要表现：肌张力不足或过高、动作的计划性不足、动作控制性失调、运用持久性障碍、动作稳定性缺失、动作协调性缺陷6个方面。

诊断标准：①动作技能水平低于同年龄常模两个标准差；②除外神经系统的器质性病变；③智力正常。

代表性的测验工具：① Oseretsky 动作熟练测验；② Frostig 运动技能测验；③ Gibson 螺旋迷宫测验；④ Hamm-Marburg 测验。

（二）全面性发育迟缓

（1）概念：5岁以下儿童在粗大运动/精细运动、语言/言语、认知、个人/社会、日常活动能力等发育能区中，存在两个或两个以上的发育能区显著落后于同龄儿童的神经发育障碍性疾病。它属于暂时性/过渡性、症状描述性诊断，DSM-Ⅴ将DSM-Ⅳ中诊断年龄小于6岁调整到5岁以下，发病率为3%左右。

（2）类型：有运动合并语言发育落后，运动、语言和认知发育均落后，语言合并认知发育落后，运动合并认知发育落后等临床类型。

（3）主要表现：临床上发育迟缓虽然具有暂时性，预后具有不确定性等特点，但其往往与精神发育迟滞、语言障碍、学龄期学习困难、脑性瘫痪、注意力缺陷伴多动障碍、视力或听力损伤、退行性疾病、孤独症及相关的遗传代谢病等临床精神疾病或症状高度相关。

（4）代表性筛查量表：常采用丹佛发育筛查量表（DDST）、6岁儿童发育筛查量表（DST）、Peabody运动量表、早期语言发展量表、婴儿—初中生社会能力量表、儿童适应行为评定量表等。

（5）代表性诊断量表：贝利婴幼儿发育量表、Gesell发育诊断量表、6岁小儿神经心理发育检查量表（儿—心量表）、韦氏儿童智力量表等。

（6）预后：多为正常儿或发育指标延迟（DD），如果超过5岁仍表现为GDD，则诊断为智力残疾/智力发育障碍（ID/IDD）、脑瘫或孤独症，需再次进行评估，积极进行早期干预。

（三）脑性瘫痪

精细运动发育异常主要表现在以下两个方面。

（1）精细运动发育落后：精细运动未按照正常规律发育，达不到同一年龄段小儿精细运动发育水平。

（2）精细运动发育障碍：脑瘫患儿常出现上肢姿势异常，主要表现为手指关节掌屈、拇指内收、手握拳、腕关节屈曲、前臂旋前、肘关节屈曲、肩关节内收。上肢姿势异常可导致手的抓握动作、手的知觉功能、双手协调动作、手眼协调功能等精细运动障碍。

（四）精神发育迟滞

大多数患儿精细运动发育较正常儿童延迟。但患儿不存在异常姿势，都能够掌握粗大运动的基本功能。

（五）注意缺陷多动障碍

常出现扣纽扣、系鞋带、画圈、用剪刀等精细动作发育缓慢且不灵巧。

（六）学习障碍

往往表现为视觉运动方面不协调，动作较笨拙，注意力不集中，情绪不稳定，自我控制能力差。

第四部分

动作评估与康复训练

　　运动功能障碍严重影响了特殊儿童的日常生活和学习。儿童时期是个体生长发育的关键期，也是运动功能快速发展的重要阶段。因此，有必要尽早对特殊儿童实施运动功能康复训练，使其运动功能得到最大限度的补偿与发展，从而提高特殊儿童的生存质量。本部分在学习了动作康复的基本概论、人体运动学、人体发育学相关知识基础上，结合特殊儿童运动功能常见障碍，通过介绍运动功能康复的内涵、运动功能评估与训练过程，使读者了解特殊儿童动作康复的过程。

第十章
运动功能概述

第一节　概念

　　运动功能是特殊儿童参与日常生活活动的基础，也是特殊儿童动作康复的重要保障，为其他功能模块发展起到基石作用。

＞　一、运动功能定义

　　功能是事物或者方法具有的有利作用，运动功能的概念由功能的概念演变而来，是指身体某一组织或者器官在运动过程中所能发挥的作用。教育康复学中主要强调的是特殊儿童由于先天性疾病或某些生理原因导致运动活动发生异常，身体在某种或者多种运动形式上存在功能障碍。

　　能力与功能的意义相近但也有所区别。能力一般是指人们顺利完成某种活动必需的个性心理特征，是更多需要大脑皮层参与活动的一种综合表现。功能更多的是强调身体生理活动状况，特别是身体器官的某种运动形式，如心脏的泵血功能。

　　运动功能和运动能力由前面两个概念衍生而来，它们之间既有联系，也有区别。运动功能是身体进行运动的生理基础，只有各器官、组织在良好的功能状态下人体才能够顺利完成运动动作，因此可以说运动功能是运动能力发展和表现的前提。比如，肱二头肌力量训练会使肌纤维横截面积增大、肌纤维变粗，提高肌纤维收缩的张力，正是这些肌肉收缩和舒张功能的改变增强了前臂前屈运动的能力。反之，运动能力的提高也会对某些器官、组织系统的运动功能产生积极的作用。比如，跑步、游泳在提高身体运动能力的同时，对于心脏、血管等器官或组织在运动状态下的收缩、舒张功能也有很大改善，运动能力与运动功能的概念也有所区别。首先，运动能力是人体在运动过程中所有参与活动的组织、系统之间综合能力的体现，而运动功能是指人体运动活动中完成一系列运动动作时各个组织、器官等所发挥的作用，两者概念的侧重点不同，前者关注的是表现形式，而后者侧重的是功能作用；其次，虽然两者都有高低水平的差异，但是运动功能的高低取决于各器官、系统的生理发展水平、运动中能量的供给及人体对能量的利用率，而运动能力的高低除了受到运动功能的基础水平影响之外，还包括大脑皮层内部的认知活动，因为我们在完成运动动作时不仅需要大脑对运动部位的肌肉和神经进行支配，而且需要对运动时间、运动幅度、动作位置等动作要素进行协调，以更好地完成运动动作。

运动技能也是运动领域中的一个重要概念。与运动功能和运动能力相比，运动技能的运动水平相对较高，是人体在运动过程中逐步发展成熟的一种专门性技术动作。人体的某项运动技能首先是通过大脑皮层科学合理支配与运动相关的神经系统，然后调节各个肌肉群之间的协调性和连贯性，最后将各肌肉群的运动整合成统一的整体运动。运动技能的形成过程符合条件反射学说的观点，是系统化的学习过程，同运动能力的发展过程类似，运动技能也以运动功能为基础，通过有意识、有目的地利用身体完成专门化的身体活动而逐渐发展形成，更重要的是，在运动技能学习过程中不仅需要身体运动，还需要掌握一系列与运动技能相关的知识使身体的运动动作科学合理。对特殊儿童进行运动功能康复训练就要以功能康复为基础，提高特殊儿童的运动能力，在此基础上使特殊儿童掌握一定程度的与日常生活紧密相关的运动技能，从而提高特殊儿童的生活质量。

运动功能是个体运动能力提高和运动技能形成的基础，也是影响言语、语言、社会适应等能力发展的重要因素。总之，特殊儿童运动功能康复训练就是以运动学、神经生理学、教育学和康复医学为学科基础，根据儿童需要，运用科学合理的动作技术和身体练习方法，减轻和消除特殊儿童运动功能障碍和缺陷，使特殊儿童的身体功能、精神状态和社会适应能力得到最大限度提升的过程。

> ## 二、功能障碍

当本应具有的功能不能正常发挥时，即称功能障碍。与功能和功能障碍相对应的是身体的功能和结构、活动和参与。当身体的功能和结构发生障碍时，即残损或病损；当活动和参与有障碍时，即活动受限与参与局限。功能障碍与健康状况本身的变化存在着交互作用的关系。不能简单地从一种损伤或多种损伤去推测能力受限或活动表现的局限。

世界卫生组织（WHO）从1996年开始制订了新的残疾与健康分类体系——《国际功能、残疾和健康分类》（International Classification of Functioning，Disability and Health，ICF）。在2001年5月第54届世界卫生大会上通过决议，鼓励各成员国考虑其具体情况，在研究、监测和报告中应用ICF。ICF中文版已经完成并出版发行。我国现有各类残疾人6 000多万。使残疾人回归社会、重新参与社会生活，是全面康复的核心问题、根本问题。但不同类型、不同性别和不同年龄的残疾人，其身体和心理障碍，以及参与社会的欲望、程度、条件、目的和结果均存在差异。

按照ICF三个构成成分——身体功能和结构、活动和参与及环境因素相关内容，现介绍残损、活动受限与参与局限相关概念。

（一）残损

身体功能是身体各系统的生理功能（包括心理功能）。身体结构是身体的解剖部位，如器官、肢体及其组成成分。残损是身体功能或结构出现的问题，如显著的变异或缺失。按照ICF的分类，结构与功能是分离的，将身体结构与功能缺损分开处理，以反映身体所有缺损状态。

身体功能或结构方面应包括：精神功能，如各种因素所致的脑损伤就可在临床上出现上述各种精神功能的障碍；感觉功能和疼痛，如各种先天和伤病因素可导致视、听、辅助感觉功能的障碍及疼痛的发生；发声和言语功能，如失语症患者可出现上述各种发声和言语功能的障碍；心血管和呼吸系统功能，如高血压、慢性阻塞性肺疾病患者可出现上述心肺功能障碍；消化、代谢和内分泌系统功能，如消化系统肿瘤、糖尿病等可出现上述功能障碍；泌尿生殖和生育功能，如脑损伤、脊髓损伤患者可出现二便功能（尿失禁、尿潴留、便秘、性交障碍等）的障碍；神经肌肉骨骼和运动有关的功能，如中枢神经损伤后瘫痪可出现肌张力障碍、粗大运动模式、不自主运动、反射异常、平衡障碍、共济失调、姿势、步态异常等。

任何组织、器官或系统对外界伤害起反应，这种反应就会引起人体心理、生理或解剖结构或功能的丧失或异常，即残损或病损。临床上可表现为衰弱、运动受限、疼痛、精神/情绪/心理/认知的障碍等。必须注意其功能是部分躯体（如血管系统）的功能问题，而非整个人的功能。

（二）活动受限

活动是由个体执行一项任务或行动。活动受限是指个体在进行活动时可能遇到困难。

按照ICF的分类，用活动受限替代残疾的概念，活动是一个中性词，用活动受限取代残疾反映了目前残疾人对自己状态的新认识。该分类还使用严重程度指标，对限制活动的情况进行描述。

活动的含义应涉及学习和应用知识能力、执行一般任务和要求的能力、交流、移动（身体移动和移动物体）、自理、家庭生活等方面。活动是人的高级功能之一，各种原因所致的高级中枢神经系统的损害（脑卒中、脑外伤、阿尔茨海默病等）可出现上述各种表现的活动受限。

残损与活动受限之间的任何因果关系都是松散的、多因素的，而且这种关系可以是双向的。例如，单纯的肌肉问题发展到一定程度也会导致活动受限方面的问题，不能行走（活动受限的一种）的发展可以加重肌肉无力和萎缩或挛缩（身体结构问题），但通过积极的康复干预又可以在肌肉无力和萎缩或挛缩（身体结构问题）存在的同时使活动受限得到缓解或消除。

（三）参与局限

参与是指投入一种生活情景。参与局限是个体投入生活情景后可能经历的不便。

按照 ICF 的分类，该分类系统用参与局限代替残障的概念，并列举了一系列环境因素以确定。

参与局限的含义应涉及人际交往和人际关系，主要生活领域，社区、社会和公民生活等方面的受限。参与受限的含义在不同的背景（社会制度、种族、社区、家庭等）下是不一样的，应根据具体情况确定。

一般认为，残损（身体结构和功能方面的问题）表示组织和器官层面，活动受限表示整体人的层面，参与局限则表示环境和社会的层面。从临床角度看，参与局限可以是外界的限制因素，或环境因素，也可以是个人因素，限制该人的社会活动功能。

工作中的活动受限与工作上的参与局限不同，前者是由于活动受限而不能进行工作，而后者是由于参与局限而无法取得工作。比如，由于雇主不愿意对建筑改造，造成使用轮椅的残疾人无法取得工作，属于活动受限；或者踝关节下截肢后配戴假肢，有能力驾驶大卡车，但由于驾照发放的限制无法工作，属于参与局限。

> 三、运动功能障碍的临床分类

特殊儿童的障碍类型较多，而且运动功能障碍程度与表现也有较大的个体差异，因此特殊儿童对于运动功能康复训练的需求也会有所不同。在康复医学中通常根据肌力的变化将运动功能障碍分成肌张力增高和肌张力减少两大类，前者多表现为关节僵硬，活动受限；后者主要表现为不自主的运动。这里将根据运动功能障碍的部位、肌体瘫痪类型和程度，以及运动时的动作要素三方面对特殊儿童运动功能障碍进行简要分类，便于读者了解运动功能障碍的多种类型及表现。

（一）按运动部位分

运动部位，也就是参与运动活动的主要器官和组织，可以有以下分类。

（1）眼肌运动异常，包括频繁眨眼、脸疼挛等。

（2）面部肌肉运动异常，包括面肌痉挛、抽搐、愁眉苦脸等。

（3）口部肌肉运动异常，包括漱嘴、咀嚼、吸、下颌横向运动等。

（4）舌肌运动异常，包括伸舌、缩舌、蠕动、舔唇等。

（5）咽部肌肉运动异常，包括腭部运动异常，主要影响发音和吞咽等。

（6）颈部运动异常，包括斜颈、颈后仰等。

（7）躯干运动异常，包括全身躯干运动不协调，呈古怪的姿势，如耸肩缩背、角弓反张、扭转痉挛、膈肌运动及痉挛产生呼噜和呼吸困难，有时候表现为全身左右摇摆、躯干反复屈曲与伸展。

（8）四肢运动障碍，是指因四肢残缺或者四肢、躯干麻痹、畸形，导致人体运动系统不同程度的功能丧失或者功能障碍。造成肢体残障的原因有多种，如上下肢外伤导致的截肢或者先天性残疾；脊椎外伤或病变引起的发育异常和功能障碍；中枢或者周围神经外伤、病变引起的畸形或功能障碍，患者肢体远端会出现连续不断的屈伸动作，近端则较少出现，少数表现为舞蹈样指划动作、投掷运动、双手反复高举或两腿不停跳跃。

（9）肌张力低下—麻痹型运动障碍，可影响头、颈和腰，如颈软不能抬头、腰软不能直起、凸腹，行走时迈不出步、提不起脚，足跟拖地行走。

（二）按肌体瘫痪类型和程度分

1. 肢体瘫痪型

根据肌力的瘫痪程度，划分为 0~5 级。

0 级：肌肉完全瘫痪，无收缩。

1 级：可看到或触及肌肉轻微收缩，但不能产生动作。

2 级：肌肉在不受重力影响时，可进行运动，即肢体能在床面上移动，但不能抬高。

3 级：在和地心引力相反的方向中尚能完成其动作，但不能对抗外加的阻力。

4 级：能对抗一定的阻力，但较正常人低。

5 级：正常肌力。

2. 非肢体瘫痪型

非肢体瘫痪的运动功能障碍主要包括肌张力增高、共济失调和不自主运动。肌张力是维持身体各种姿势和正常运动的基础，是保障肌肉运动连续、平滑的重要因素，过高则表现为下肢伸直、内收交叉或者呈剪刀脚。运动的协调是由小脑的前庭系统、深感觉、锥体外系统等共同协同的结果，因此，如果一种结构发生障碍，则会引起共济失调。不自主运动是指肌肉或肌群的运动表现出不能随意控制、无目的特征，如痉挛是一组或多组肌肉不自主收缩产生的动作。根据障碍表现对日常生活的影响状况，可以将上述三种障碍类型分成轻度、中度和重度三级。

（1）轻度运动功能障碍：可以完成上述运动，但是具有一定的困难，基本上可以自理。

（2）中度运动功能障碍：较难完成上述运动，需要他人帮助才可完成。

（3）重度运动功能障碍：不能自行完成进食、洗漱、穿衣等日常生理活动。

（三）按照动作要素分

动作要素包括完成运动动作时的身体姿势、动作轨迹、动作时间、动作速度、动作力量、动作节奏、动作幅度等，结合动作要素特点，可将特殊儿童的障碍类型分为以下四类。

1. 肢体或躯干姿势异常

多数是因为肌张力的改变引起的持续的身体姿势异常或者在运动进行过程中动作不能连贯。

2. 肌张力异常

包括肌张力增高、肌张力降低和肌张力障碍。肌张力增高是指肌张力高于正常静息水平，肌张力降低则表明低于正常静息水平。肌张力增高时会发生强直或者痉挛，肌张力降低时表现为关节活动范围增加。肌张力障碍是指一种因持续性的肌肉收缩导致扭曲、重复运动及异常姿势的神经性运动障碍，临床上表现为扭转痉挛、手足徐动症等。

3. 关节活动范围异常

关节活动时的运动弧度是衡量肢体运动功能的基本内容之一，关节活动异常时表现为关节运动幅度受到限制。

4. 平衡与协调障碍

平衡指身体保持一种姿势及在运动或者受到外力作用时自动调整并维持姿势，包括静态平衡和动态平衡两类。静态平衡是指人体处于某种特定的姿势，动态平衡是指人体在自身运动或者受到外界干扰时保持姿势稳定。

平衡与协调是紧密相关、相互促进的。协调是指人体在运动中对动作的准确性、方向性、节奏性进行适当的控制来完成运动目标。协调功能有利于身体在运动中保持一定的平衡姿势，而较高的平衡能力也会提升运动协调性。协调和平衡功能主要由小脑、基底节、脊髓后索等中枢神经系统控制，在临床中主要是观察测试者在完成指定动作过程中动作节奏和轨迹有无异常表现。

第二节 运动功能康复训练

> ### 一、运动功能康复训练的理论基础

对特殊儿童进行有效的运动功能康复训练之前，必须了解人体生长发育的自然规律和与运动技能学习相关的理论，才能使运动功能康复训练科学化、合理化。以下列举与运动功能康复相关的四个规律理论及缺陷补偿理论。理论或规律，即人体运动功能发展的一般规律、运动功能发展的关键期与敏感期理论、动作技能形成规律。

（一）人体运动功能发展的一般规律

参见本书第三部分。

（二）运动功能发展的敏感期和关键期理论

某些运动功能在儿童时期自然生长发育的基础上，会在特定的年龄阶段发展较快，呈现出发展的最佳状态，这一时期被称为运动功能发展的敏感期和关键期。在敏感期和关键期给予儿童针对性的训练，可以使儿童更好地掌握、提高运动功能，达到事半功倍的效果。运动功能水平体现在以下几方面，如力量素质、速度素质、耐力素质、柔韧素质及灵敏与协调性，而其中各方面发展的关键期也有所区别。

1. 力量素质

力量素质是人体某部分肌肉收缩或者舒张时克服外界阻力的能力，是其他身体素质发展的重要基础。其中男孩在 12~16 岁得以快速发展，女孩则在 11~15 岁。这是因为儿童在自然生长过程中从 12 岁起肌肉总量急剧增加，到 14~15 岁时肌肉的特性与成年人的差异已经开始缩小。

2. 速度素质

速度素质是人体快速运动的能力，包括反应速度、动作速度和移动速度。从整体上讲，速度素质发展的敏感期是在 8~13 岁，但是不同类型速度素质的发展期也有所区别。反应速度是指人体对外界信号刺激做出反应的能力，受遗传影响程度较高，随着儿童年龄的增长，在 9~13 岁阶段进行系统的强化训练可使反应速度增长最快，其他年龄段不易提高。动作速度是指人体快速完成动作的能力，儿童 13~14 岁时，部分动作速度已经接近成年人的指标，在 9~13 岁时强化训练动作速度可以取得较好的成效。移动速度是身体完成快速位移的能力，在 7~13 岁时增长最快，其中女孩在 9~12 岁，男孩在 8~13 岁。

3. 耐力素质

耐力素质是人体坚持长时间运动的能力，其发展取决于有氧供能系统和无氧供能系统的机能状况，分别称为有氧耐力和无氧耐力。有氧耐力是在氧气供应较充足的情况下完成运动的能力，女孩在 9~12 岁时有氧耐力大幅度提高；男孩是在 10~13 岁时出现第一个增长高峰，在 16~17 岁时有更大幅度提高，特别是 16 岁时增长幅度超过 40%。无氧耐力是在无氧代谢下完成工作的能力，男孩在 10~20 岁期间出现三次增长高峰，分别是 10 岁、13 岁和 17 岁；女孩在 9~13 岁逐年递增，之后开始减少。

4. 柔韧素质

柔韧素质是人体各个关节在不同方向上的运动能力，以及肌肉、韧带等软组织的伸展能力，可以通过关节的运动幅度表现出来。其发展的敏感期是 5~12 岁。灵敏与协调性是人体改变体位、转换动作、变换身体姿势和方向的能力，与空间定位和时间知觉能力有密切联系，是一种综合素质。其发展的最佳时期是 6~13 岁，对于特殊儿童，特别是具有感觉统合障碍的儿童，可以将灵敏柔韧性的训练与感觉统合训练结合，来提高儿童身体素质。虽然柔韧素质是指通过人体各种基本活动和动作表现出耐力、速度、柔韧、灵敏等方面的能力，但也是人体内在机能的综合反映，因此单一的训练会造成整体发展的不均衡，应该采用全面的身体练习来提高儿童各种运动功能和身体素质。

（三）运动技能形成规律理论

运动技能的形成大致可为四个阶段，即运动技能获得阶段、运动技能改进阶段、运动技能稳定阶段及运动技能熟练阶段。现分述如下。

1. 运动技能获得阶段——泛化过程

从生理学角度讲，在学习任何一个动作的初期，学习者的身体动作是由外周刺激，通过感受器（特别是本体感觉）传到大脑皮质，引起大脑皮质细胞强烈兴奋所导致的。由于皮质内抑制机制尚未建立，因此大脑皮质中的兴奋与抑制都呈现扩散状态，条件反射的暂时连接不稳定，出现泛化现象。从运动活动的外部表现来看，往往出现动作僵硬、不协调，不该收缩的肌肉收缩，出现多余的动作，动作活动费力。在此过程中，训练者应针对运动的主要环节进行示范和简练的讲解，不应过多地强调动作细节。

2. 运动技能改进阶段——分化过程

通过不断练习，学习者的运动技能有了提高，一些不协调、多余的动作逐渐消失。与此相应，生理产生变化，大脑皮质运动中枢兴奋和抑制过程逐渐集中。由于抑制过程加强，特别是分化抑制得到发展，大脑皮质的活动由泛化阶段进入了分化阶段，大部分错误动作得以纠正，能比较顺利、连贯地完成动作，初步建立了动力定型。但此时动力定型尚不稳定，遇到新异刺激、多余和错误动作时可能会重新发展，使动作更加稳定、准确。

3. 运动技能稳定阶段——巩固过程

通过进一步反复练习，运动技能的条件反射系统已经巩固，建立了完整的动力定型，大脑皮质的兴奋和抑制在时间和空间上更加集中和精确。此时动作准确，而且某些环节的动作可出现自动化，即不必有意识地去控制就能顺利完成动作。在环境条件变化时，运动技能也不易受到破坏。在此过程中，应在继续练习巩固的情况下精益求精，不断提高动作质量，使动力定型更加巩固和完善。

4. 运动技能熟练阶段——自动化

随着运动技能的巩固和发展，动力定型达到非常巩固的程度以后，运动技能可出现自动化现象。所谓自动化，就是在无意识控制的条件下完成系列动作。自动化动作的生理机制是以巴甫洛夫所揭示的高级神经活动的基本规律为基础的。对特殊儿童进行运动康复训练，其目标就是通过运动功能的康复促使特殊儿童对某项运动技能的掌握达到自动化水平。

（四）缺陷补偿理论

教育康复学所指的缺陷补偿是指在教育活动与康复训练中，根据特殊儿童的身心特点，综合利用一切有利因素，通过各种途径改善、促进或恢复因障碍造成的各种功能，进而促进儿童全面发展的过程。上述的缺陷补偿已远远超越了纯生物学的代偿学说，而是综合运用了生理学、心理学、体育学、医学、工程学、社会学理论中的补偿概念，其核心是"生物现象和社会现象的综合"，是"在代偿的基础上进行的补偿，包括人的主观努力和社会的帮助"。随着社会进步与技术发展，在代偿的基础上可以利用工具或现代科学技术并借助社会政策的支持对障碍进行积极的补偿，使障碍带来的不利因素减到最少。因此，就教育康复学的观点而言，生理代偿是缺陷补偿的生理基础，心理补偿是缺陷补偿的重要教育内容，医学补偿是缺陷补偿的重要手段，运动功能补偿是缺陷补偿的重要的功能康复方法，而社会补偿是缺陷补偿的重要政策支持。

> 二、运动功能康复的特点

与其他功能康复训练相比，运动功能康复具有整体性、主动性与自然性的特点。

（一）整体性

运动功能康复是一种整体康复。从局部来看，运动康复训练能使衰退的功能得到恢复，使有缺陷的器官功能在一定程度上得到补偿。从系统论观点来看，人体是一个统一协调的整体，局部的康复训练可以通过神经机制的调节改善全身机能，增强体质，增进健康，提高免疫力。运动功能康复不仅可以提高特殊儿童运动系统的功能，促进运动能力发展，还可有效促进特殊儿童循环系统、呼吸系统和神经系统等多系统的协调发展。因此，运动功能康复具有药物所不可替代的动能，具有全面性、综合性与整体性的特点。

（二）主动性

运动功能康复是一种主动康复。运动功能康复训练是特殊儿童主动参与的动态过程，特殊儿童始终是运动康复训练的主体。运动功能康复训练与传统的物理治疗有所不同，前者通过训练者主动进行身体活动或者身体练习达到功能补偿或恢复，从而促进身心功能的协调发展；后者主要利用外界的物理因素如声、光、电、水等进行治疗，治疗者在治疗过程中多处于被动状态。

（三）自然性

运动功能康复是一种自然康复。特殊儿童接受运动功能康复教育，不仅会增强障碍部位的协调性，改善生活状态，还能从运动中感受快乐，收获成功，这将有利于发挥儿童的主观能动性，克服消极情绪，使特殊儿童保持良好的精神状态和乐观、积极的人生态度，同时增强其战胜疾病的信心，并养成终身锻炼的好习惯。

＞　三、运动功能康复训练的原则

根据运动功能康复训练的基本原理，结合特殊儿童的身心发展特点，本书提出以下运动功能康复训练的基本原则。

（一）系统评估，因材施教

制订运动康复训练方案，应依据特殊儿童病史及治疗效果、障碍类型、发展阶段、心理状态，以及特殊儿童的年龄、性别、体质、体育兴趣爱好等。在科学系统评估的基础上，充分考虑儿童的个体差异，根据每个儿童的实际康复需求，制订合理的运动康复训练方案。

（二）循序渐进，持之以恒

为了使运动功能康复训练既有效又安全，选择训练内容与控制运动负荷量是关键因素。一方面，动作训练内容要由简单到复杂，相应的运动负荷要由小到大，使儿童体能逐步适应；另一方面，随着训练的进行，运动功能的改善，也应不断加大训练难度与运动负荷量，逐步增强特殊儿童的适应能力，使其运动功能得到最大限度的改善。另外，运动功能康复是一个较长的过程，不可能通过短时间的训练使肌肉力量、关节活动范围或者残障部位的机能得到迅速恢复，所以运动功能康复训练要持之以恒、坚持不懈，才能逐步改善特殊儿童的运动功能状态。

（三）局部训练，整体康复

人体是一个组织与功能高度协调与统一的系统，可谓"牵一发，动全身"。局部功能障碍可能会影响其他部位的功能，局部运动功能的改善也会防止障碍所导致的不利影响扩散。因此，在对局部功能进行康复训练时，要考虑到与该局部相关的组织与功能系统的整体联动效应。比如，在对下肢行动不便的儿童进行康复训练时，如果主体训练是小腿肌力训练，那么也应注重对相应关节及整体平衡能力的辅助训练。主体训练与辅助训练相结合，可有效促进特殊儿童整体功能的康复与发展。

（四）密切观察，有效监控

要经常观察特殊儿童参与运动康复的反应，定期检查，并向特殊儿童及家长交代注意事项、提供自我检查的方法。与儿童和家长、教师合作，及时准确地监控每个儿童，针对儿童出现的问题采取相应的有效措施。

＞　四、运动功能方法训练的流程

特殊儿童运动功能康复训练室一个系统整合的过程，大致包括五个步骤，即基本信息的搜集、运动功能的评估、训练计划的制订、训练方案的实施与训练效果的监控。

（一）基本信息的搜集

除了前述特殊儿童基本信息之外，还应重点掌握以下具体信息，包括医院诊断报告、治疗情况、是否接受过相应的康复训练及效果如何等。以上信息可以通过调阅相关资料，以及对家长或教师进行访谈或问卷调查获得。特别需要注意的是，上述信息只可作为训练或研究的资料，对其他无关人员应严格保密。

（二）运动功能的评估

教师或康复师可用相关评估工具对特殊儿童进行运动功能评估，并结合医院诊断报告及对家长的访谈结果进行综合评定。除了对特殊儿童进行运动功能评估之外，还应对其进行言语能力、语言认知能力、学习能力及社会适应能力等进行全面评估。

（三）训练方案的制订

在综合评估及分析的基础上为特殊儿童制订科学系统的训练方案，主要内容包括训练目标、训练方法与手段、训练负荷与频次、训练重点和难点、训练时的场地与器械及注意事项。训练的形式可分为集体训练、个别化训练与家庭训练。训练方案要有阶段性，应将长期和短期训练计划相结合。

（四）训练计划的实施

在训练过程中要力求做到：

（1）训练必须按计划实施，对可能出现的突发情况要做好预案；

（2）将集体训练、个别化训练与家庭训练结合起来；

（3）将运动康复训练与其他训练相结合；

（4）及时监控训练状态，调整与完善训练方案；

（5）做好相关资料搜集、整理与保存工作；

（6）训练效果的监控。

要达到运动康复训练的目标，康复师必须在训练过程中实施有效的监控，及时掌握儿童训练状态和训练水平，在必要时调整训练计划和训练内容。实施监控的方法有观察法、记录法和阶段测试法。为方案做好准备。在完成阶段性训练计划之后，应该对儿童运动功能的发展变化进行总结分析，为制订下一阶段的训练方案做好准备。

> 五、运动功能康复训练的常用工具

运动功能的康复训练主要是对特殊儿童关节运动能力、肌张力、步态、运动平衡、身体姿势、手指运动和协调能力等内容进行康复训练。除了根据特殊儿童的临床表现按照相应的量表进行主观评定之外，还可以使用许多先进的仪器设备使评估和训练更加客观准确。量表和主观评估将在下一节详细介绍，这里首先简要列举几种运动功能康复训练的设备。

（一）运动功能评估设备

1.三维运动评估系统

三维运动评估系统可以实现运动过程的质量分析，它将人体运动过程在三个轴上进行分解，显示运动的空间位置，通过追踪运动动作的代偿作用，对比左右两侧肢体运动状况，鉴定运动障碍程度，记录障碍情况的发展变化。该系统具有多种分析功能，能够量化全身关节的运动情况，可用于障碍学生肢体功能的评定和身体平衡稳定性的评估。

2.平衡检测系统

平衡检测系统是一套测试人体静态和动态平衡能力的设备，可以根据测试结果量身定制个性化的训练方案。该设备利用视觉和听觉反馈，补偿或者恢复人体平衡功能，可为特殊儿童的平衡测试提供有效的测量。

3.手功能评估训练系统

该系统利用内置的6个精密位移和速度传感器感知手指和手腕关节的细微运动。系统以趣味游戏的形式反馈给康复师，通过游戏达到提高运动控制能力的目的。要想高效地完成训练游戏、训练就必须精确地掌握手指及腕关节的运动速度和运动位移，控制手指及腕关节的运动功能（精细动作室可以实现相应的康复功能如抓、握、捏等），才能够逐步准确地完成游戏训练项目。该系统不仅可以评估手指精细动作的水平，还可以进行手功能康复训练。

4.感觉统合功能测试系统

感觉统合功能测试系统主要对平衡、触觉、本体感、视觉和听觉统合方面进行评定和矫正，使特殊儿童对感觉信息能够进行正确的整合，身体能够协调有效地执行任务，改善学习和生活状况。对感觉统合功能进行评估时，首先由家长或者教师对儿童日常生活的感觉统合失调行为进行初步判断，然后由康复师或者医生使用感觉统合测试的标准量表进行准确的判定，最后使用儿童感觉统合测试系统完成感觉统合失调的评估工作，将所有评估结果总结后进行综合评定。

（二）运动功能训练设备

1.运动控制训练仪

该仪器是综合功能康复训练的套装仪器，可以进行主动抗阻运动控制训练、上下肢远端受力训练、平衡稳定性和负重训练、关节活动范围运动控制训练、等张捏力和握力的运动控制训练，以及肌力生物反馈运动控制训练。训练时该系统可以实现快速准确的自动采集、系统分析和趣味练习等功能。其中上肢运动控制训练系统可进行上肢远端主动抗阻训练，包含了19种游戏，能全面涵盖多功能系统康复的需求，在准确的功能评估后，设定相应的最合适的训练方案。这套训练系统可根据不同的配件与抗阻训练控制器连接，进行指关节捏，腕关节屈、握、伸，臂前后左右伸展，肘关节屈、伸，肩关节屈、伸、外展、内收和旋转等主动性抗阻训练，可以增强关节活动程度、耐力和日常基本活动能力。

2.OT（作业治疗）综合训练工作台

该器材由柜式车体（下带滑轮）和多种 OT 训练器材构成，车体的三面均装有滑轨，上附平板，可根据使用者的身高调节 OT 训练器材，将其放置在平板上进行操作。使用时，根据治疗的目的和需要选择相应的 OT 训练器材，在综合台的平板上进行不同的作业训练。通过对各种训练工具的使用，对上肢和手功能进行训练，综合改善患者的手指功能、手眼协调性，并训练学生的感知能力、手对图形块的触觉能力和大脑对图形的识别能力，训练其上肢稳定性、协调性，从而提高上肢活动能力。

3. 三维步态分析训练系统

该系统是通过生物力学和运动学手段，揭示步态异常的关键环节和影响因素，从而指导康复训练。三维步态分析系统具有客观、定量、准确的特点，分析参数有时间—距离参数，包含步长、步宽、步幅、步频、支撑相、摆动相等；运动学参数包括步行中髋、膝、踝关节的运动规律，骨盆倾斜和旋转，身体重心变化规律等；动力学参数包括地板反作用力，即足部受力、受力中心、前后运动指标、垂直受力大小等指标；肌电活动参数包括上下肢活动中主要肌肉的电生理指标。治疗师通过三维步态分析可以直观地捕获步行中各项运动轨迹和参数，对比关节活动范围，在测试过程中随时进行矫正和强化训练。

4. 虚拟情景互动康复训练系统

该系统利用时差测距 3D 动作捕捉仪创造人体的 3D 图像。动作捕捉仪发射红外线并接受人体反射的红外线，以此记录任何身体移动的细节。训练时患者处在虚拟的情景中，在屏幕上看到自己以虚拟的图形形式出现，根据屏幕中情景的变化和提示做出各种动作，以保持屏幕中情景模式的持续，直到完成训练目标。虚拟现实生物反馈技术在感觉统合训练中的应用具有明显的优势。首先，虚拟现实技术沉浸感强，增加了治疗过程的趣味性和障碍学生参与的积极性，使康复训练成为主动行为，避免了以往康复训练的单一枯燥问题。其次，该系统可使患者以自然方式在多种感官刺激下，全面提高多感官的协调统合能力。虚拟环境与真实世界具有高度相似性，可使患者将康复训练的过程更好地迁移到现实环境中的虚拟环境中进行交互，同时提供多种形式的反馈信息，患者可以根据自己的情况反复观察模仿练习，全面提高多感官的协调统合能力。虚拟环境与真实世界具有高度相似性，可使患者将康复训练的过程更好地迁移到现实环境中。

第十一章
运动功能的评估

在对特殊儿童进行运动功能康复训练之前，首先要全面了解、掌握特殊儿童的生理机能、心理状况等基本情况，以便为特殊儿童设计科学合理的康复训练方案。因此，需要对特殊儿童进行全面系统的评估。

第一节　定义与目的

＞　一、定义

评估即收集患者的有关资料，检查与测量障碍，对其结果进行比较、分析、解释并进行障碍诊断的过程。通过评价，能够发现和确定患者当前存在的障碍点、障碍水平及患者的潜在能力，为制订明确的康复目标和康复治疗计划提供依据。

＞　二、目的

运动功能评估是运动功能康复训练的基础环节。运动功能康复训练是一个较漫长的发展变化过程，康复训练的总目标由若干阶段目标构成。因此，不仅应要求在特殊儿童进行康复训练之前进行专业系统化的评估，而且应将阶段性评估贯穿整个运动康复训练过程。

通过评估，可以全面了解目前特殊儿童运动功能障碍的部位与程度，确定影响患儿康复的外界因素，为制订科学的、针对性的康复训练方案提供可靠的依据。

第二节　评估内容及方法

对特殊儿童运动功能进行评估需要多种相应的测验工具。以下主要介绍四种常用的运动功能评估工具，包括知觉—运动功能评估、精细运动功能评估、粗大运动功能评估和感觉统合能力评估。

> 一、知觉—运动功能评估

知觉—运动功能评估的常用工具是《简明知觉—动作测验》（Quick Neurological Screening Test，QNST）。该测验由中国台湾学者周台杰于 1996 年修订而成，具有较高的信度和效度，主要用于评估与儿童学习有关的神经系统的整合能力，如动作发展的成熟程度、大小肌肉的控制、注意、视知觉与听知觉、动作速度、韵律感、空间组织与身体平衡等能力。该测验简单易行，施测时间为 20~30 分钟，评估对象为 6~12 岁儿童。

该测验共有 15 个项目，包括书写技能、认知与模仿画圆、认知手掌上的字形、追视、模仿声音组型、用食指指鼻尖、用手指接成圆圈、同时触摸手和脸、迅速翻转手掌动作、伸展四肢、脚跟紧靠脚尖行走、单脚站立、交换跳、辨别左右和异常行为。该测验的评分流程为：主试根据被试行为表现对上述各项目进行 1~3 分的评分，得分越高，表明被试存在相应的知觉动作发展问题的可能性越高。

> 二、精细运动功能评估

精细运动功能常用的评估工具是 Peabody 运动发育测试和精细运动功能测试量表（Fine Motor Function Measure Scale，FMFM），以下对这两种工具进行简要介绍。

（一）Peabody 运动发育测试

该量表能测试儿童运用手指、手及上臂抓握物体、搭积木、画图和操作物体的能力。它既包括对精细运动功能的评估，也包含对粗大运动能力的评估，适用于 0~6 岁的儿童。该量表尤其适用于对疑似运动发育迟滞及运动功能障碍程度的诊断与评定。该量表中的精细运动测试包括两项分测试：①抓握分测试，该分测试主要评估手的运动能力，即从一只手抓握物体到对双手手指动作的控制能力；②视觉运动统合分测试，该分测试主要评估儿童应用视知觉技能来执行复杂的手眼协调任务的能力。

Peabody 运动发育量表使用三级评分，0 分代表儿童根本没有完成动作的意识，也没有该动作正在发展的任何迹象；1 分代表儿童有明确的意愿去做，但未能完成动作；2 分代表儿童能够完成全部的特定动作。该量表通过计算得到两项测试的标准分，从而得出精细运动商值（FMQ）。商值越高，说明被试抓握和视觉—运动整合能力越强，反之越弱。

（二）精细运动能力测试量表（FMFM）

适用于 0~3 岁脑瘫儿童。测试采用 5 个能区，即 A 区（视觉追踪）、B 区（上肢关节活动能力）、C 区（抓握能力）、D 区（操作能力）、E 区（手眼协调能力）。完成所有测试需要 30 分钟左右。每个项目采用四级评分，即 0、1、2、3 分。在完成全部 61 项测试后，将 5 个能区的原始分相加得出原始总分，通过量表提供的分值把原始分转换为精细运动能力分值，得分范围为 0~100 分。

> 三、粗大运动功能评估

常用的粗大运动功能评估工具为 Peabody 运动发育测试中的粗大运动分测试和粗大运动功能评定量表（ GrossMot Function Measure，GMFM）。现对这两个工具进行简要介绍。

（一）Peabody 运动发育测试中的粗大运动分测试

该测试可以反映儿童大肌肉系统应对环境变化的能力，即在非移动状态下维持姿势稳定和移动的能力，以及接球、扔球和踢球的能力。粗大运动能力测验具体包括反射、姿势固定、移动、物体控制 4 项分测试：①反射分测试是评估儿童对环境事件的自动反应能力；②姿势固定分测试是评估幼儿维持、控制身体重心和保持平衡的能力；③移动分测试是评估幼儿由一处移至另一处的能力，包括爬、走、跑、单脚跳和向前跳等形式；④物体控制分测试是评估小儿操控球的能力，包括接、扔、踢等动作。对于 11 个月以内的儿童，粗大运动能力测验由反射、姿势固定和移动 3 个分测验组成。12 个月以上的儿童由姿势固定、移动和物体控制 3 个分测验组成。测试结果用粗大运动商（GMQ）表示。

（二）粗大运动功能评定量表（GMFM）

该量表是目前评估脑瘫患儿粗大运动能力使用最广泛的工具。该量表有 88 个评估项目，包括卧位和翻身、坐位、爬和跪、站立、行走与跑跳 5 个领域。测试需要在安静、采光较好、温度适宜的房间内进行，对患儿的着装有一定要求（轻便、适合运动），应尽可能安排家长在场，鼓励儿童发挥出最佳水平。该量表每一测试项目满分是 3 分，采用四级评分法，提高了评估的细致性和敏感度。量表中 48 项是 12 个月以内正常儿童能完成的项目，32 项是 13~24 个月正常儿童能完成的项目，其余 8 项是 24 个月以上正常儿童能完成的项目。

> ### 四、感觉统合能力评估

感觉统合，是指人体将从各部分感觉通路传入的信息组合起来，经过大脑的联系和统一对信息进行加工的过程。台湾学者郑信雄根据爱尔丝的研究成果编制了《儿童感觉统合能力发展评定量表》。1994 年北京大学精神卫生研究所对此量表进行了修订，用于测查儿童感觉统合能力的发展水平。该量表由 58 个问题组成，分成 5 项内容：①大肌肉运动及平衡能力 14 题；②触觉过分防御及情绪不稳 21 题，主要针对情绪的稳定性和过分防御行为进行评定；③本体感觉不佳、身体协调不良 12 题；④学习能力发展不足或协调不良 8 题，主要涉及由感觉统合不良导致的学习能力不足的问题；⑤大年龄特殊问题 3 题，主要包括使用工具及做家务能力的评定。

此量表适用于 6~11 岁儿童，由儿童父母或知情人根据其最近 1 个月的情况进行填写。量表采用五级评分，对某些不良或不当行为按照"从不、很少、有时候、常常、总是如此"进行计分，"从不"为最高分，"总是如此"为最低分，根据年龄和性别将测试的 5 项内容的原始分数转换成标准 T 分数（即均分是 50 分，标准差为 10），得分在 40 分与 30 分之间为轻度感觉统合失调，低于 30 分为严重感觉统合失调。

该量表在 2010 年经过重新修订，将感觉统合能力分成前庭和大脑双侧分化异常、脑神经生理抑制困难、触觉防御过多及反应不足、发育期运用障碍、视觉空间和形态感觉异常、本体感觉失常，以及生活压力情绪反应异常 7 项内容。其中发育期运用障碍针对 3 岁以上儿童，生活压力情绪反应异常针对 5 岁以上儿童，修订后的量表仍采用五点计分法。

第三节　ICF 体系作为功能障碍康复计划制订的基础框架

ICF 提出了新的残疾模式，为我们认识残疾现象，发展康复事业，提供了理论基础和分类方法。这一理论模式也为现代社会的功能障碍康复计划的制订提供了基本框架。下面以听力语言残疾儿童的康复计划制订过程为例说明。首先根据 ICF 有关残疾分类的理论与方法，分析听力语言功能障碍的表现形式及其对残疾人日常生活和社会参与的影响，主要有如下方面。与听力和语言活动相关的身体功能和结构根据 ICF 身体功能和身体结构部分的分类体系，对与听力和言语活动相关的身体功能和结构进行分析或评定；听力和语言残疾对残疾儿童活动和参与的影响分析采用世界卫生组织制订的标准化《残疾评定量表》（Disability Assessment Scale Ⅱ，DASⅡ），对日常生活和社会参与从 6 个方面进行系统的评定。

根据上述康复评定的结果制订康复治疗计划。根据 ICF 的理论模式，听力语言残疾康复的目标系统分为 4 个层面：身体功能和结构、活动和参与、环境因素及个人因素。听力语言残疾康复治疗，应该从 6 个方面进行：①听力语言功能的康复治疗，主要由言语治疗师实施；②日常生活能力的提升，主要由作业治疗师实施；③社会参与度和社会参与能力的提升，由康复小组成员协作完成；④对无障碍环境依赖程度的降低和对一般环境适应能力的提升以及必要和可行的环境改造，主要由职业治疗师、社会工作者等实施；⑤个体自信心的提高和对康复满意度的提高，主要由临床心理专家实施；⑥针对病损本身进行相应的临床处理，由临床医师、物理治疗师、康复护士等协作完成。

在康复治疗计划的制订和实施中应注意以下几点。第一，注重儿童的发育水平和认知发展状况，儿童语言康复要注重儿童语言发展的阶段性。言语活动能力发展的阶段性及自然年龄在一定程度上决定了儿童言语能力发展的水平和发展的可能性，因此，儿童语言康复需要根据其发展的水平，确定康复方案。第二，充分认识儿童言语能力的可塑性和整体性。儿童的认知和言语能力具有极高的可塑性，这为儿童语言能力的发展提供了可能，康复要充分认识到言语能力发展的可能性，充分调动儿童及其家长的积极性和学习潜能，通过科学的康复训练，实现语言能力和认知能力的发展。儿童语言的习得是以整体的方式进行的，是语言规则范畴、语言内容认知范畴、语言操作范畴和交际范围 4 个方面综合作用的结果，因此要运用综合性的教学活动，全面提升儿童的语言能力。第三，充分利用儿童语言功能的代偿性与优势功能的主导性。通过发挥儿童语言能力中的优势功能，以及全面的认知和言语活动，借助游戏等教学活动，提升儿童的语言能力。第四，强调语义信息的多维性和语言编码的多维性。语言能力是人的认知能力的组成部分，语言结构与人类的概念知识、实践经验及话语的功能相关；语义与人的主观认识及无限的知识系统密切相关。

第十二章
运动功能的康复训练

运动功能康复训练的主要对象是伴有运动功能障碍或感觉统合障碍的儿童。按照训练内容形式的不同可分为放松训练、肌力训练、粗大动作能力训练、精细动作能力训练、感觉统合能力训练5种形式。

第一节　放松训练

＞　一、意义

放松包括肌肉放松和精神放松，两者是相互结合、协调统一的。在肌肉紧张的同时伴有精神紧张，而在精神紧张的时候也会伴有肌肉紧张。从训练形式与内容上看，放松训练主要针对肌肉放松训练，肌肉放松训练既可作为运动功能康复训练的一种独立形式，也可作为其他运动康复训练方法的辅助形式或准备阶段，放松训练的主要作用是有效缓解肌肉紧张或者肌肉痉挛，提高个体组织肌肉之间的协调性，改善肌肉血液循环，促进运动后体内乳酸代谢。另外，放松训练还可以改善自主神经支配下的心肌和平滑肌的功能状态，使心肌和平滑肌间接得到放松，对于调节机体生理状态和心理状态均有良好的促进作用。

＞　二、放松训练方法

具体的放松训练方法有多种，如对比法、交替法、暗示法、下垂摆动法、放松体操等。

（一）渐进放松法

患儿取舒适的坐位或卧位，穿宽松衣服，去除眼镜，全身放松，肢体对称；闭上眼睛，注意呼吸，于呼气时放松，并默念"放松"；逐渐将注意力集中于身体的不同部位，并逐渐放松全身的肌肉，一般从头开始，然后由颈至肩、臂、手、躯干、臀、腿和足；在患儿呼气时可以重复单字、短语或声音以帮助患儿排除杂念，或集中注意力于某一颜色、场地或物体（如烛光），也可以从 10 默念至 1，反复进行。在治疗结束时缓慢睁开眼睛，休息数分钟，然后缓慢起身。

（二）对比放松法

即训练肌肉进行强力收缩后，使该肌肉松弛。通常先使患儿反复练习肌肉收缩和松弛，以熟悉肌肉控制的方式。训练一般从远端肌群开始，然后至近端肌群。应选择安静的训练地点，松解衣物，去除皮带、手表、眼镜等，取坐或卧位。先闭眼安静休息 3~4 分钟。训练从一侧肢体开始，再至对侧。如用力握拳、放松，用力屈或伸肘、放松，用力外展或外旋肩关节、放松，以后整个上肢一起用力、再放松。下肢和躯干训练也是如此。此时最好同时配合深呼吸。呼吸，即用力时吸气，放松时呼气。有高血压患儿则在用力时呼气，放松时吸气。

（三）暗示法

指通过心理暗示的方式，使患儿身心得到放松的训练。训练时需要房间温度适中、通风良好、光线柔和。治疗者用平静、催眠似的语调，要求患儿思想轮流集中于身体某一部位。如要使某一肢体放松，先要想到它"很重"，并重复数次，直至该部显示松弛，此时即可令患儿抬起该肢体，但患儿已无法移动它，感觉它在漂浮一样，也即已达松弛的目的。患儿往往进入催眠状态。

（四）下垂摆动

指上肢或下肢处于下垂位，利用重力进行放松摆动的训练方法。在肢体远端可以施加 0.5~1.0 千克重量以增强重力。本法适用于肩关节和膝关节的放松。

这里具体介绍一下对比法的集体操作方法：当肌肉进行强力收缩后，同一肌肉可以产生相同强度的松弛。根据这一原理，在训练时要求儿童从一个肌群向另一个肌群反复练习肌肉的收缩和松弛，以提高肌肉对收缩和松弛的感觉，经过反复多次的练习最终使全身逐渐进入松弛状态。当肌肉处于收缩状态时，首先要求儿童积极地感受肌肉收缩产生的紧张感，紧接着感受肌肉处于舒张状态时的松弛感。训练期间，要求儿童尽可能地排除自我暗示，要具有很好的耐心，因为经过长时间的训练才能够逐渐领会并完全掌握的肌肉松弛的方法。具体的操作可以按照如下四个步骤进行。

1. 准备

训练地点最好选择安静的环境。松解所有束缚身体的物件，如皮带、手表、领带、眼镜等。训练姿势取仰卧和坐位，训练之处一般取仰卧位，身体自然平躺在床上，肘、腕、手指、膝各个关节采取稍屈曲位，下肢稍微分开，足稍微外旋，为了让膝关节稍屈，最好将折叠布卷放在膝下，枕头要厚，不要让颈部悬空；一段时间以后，可以取坐位进行训练，儿童坐在有靠背和扶手的椅子上或沙发上，下肢稍微分开，上肢掌心向下内旋位伸直，并稍与身体分离，手和脚都不要交叉。

2. 局部肌肉放松训练

首先让儿童在上述姿势下闭目安静休息3~4分钟。接下来，将腕关节保持背屈数分钟，此时前臂背侧及肘关节附近可能会产生一种模糊的、部位不太明确的紧张感。如果儿童无法体会到这种肌肉的紧张感，那么后续的松弛训练将难以进行。一旦儿童体会到这种紧张感，当停止背屈时，手指会自然下落，紧张感也会随之减弱，这种紧张感的消失即代表着肌肉的松弛。需要注意的是，肌肉放松并非在意识控制下的主动松弛，而是一种自然产生的状态。

在强烈地反复练习手腕背屈之后，第二天应进行腕关节的掌屈练习。即先屈腕关节，然后进行松弛练习。休息片刻后，继续重复上述练习。训练的第一天，可以从左上肢开始，然后依次是左下肢、右上肢、右下肢、胸部、颈部、面部等部位。在训练过程中，要逐步体会屈肌的紧张感，并进行屈肌松弛训练。局部肌肉放松训练的范围可以扩展到全身各个部位，包括左上肢、左下肢、右上肢、右下肢、胸部、颈部、面部等，训练时间可参考表12-1。

表12-1　对比法训练程序

部位	右上肢	左上肢	右下肢	左下肢	颈部	躯干	前额	眉	眼睑	眼球	口	唇	舌	语言肌
时间/天	6	6	9	9	2	3	1	1	1	7	2	1	2	3

3. 全身肌肉放松训练

虽然局部肌肉训练也可以达到局部放松的目的，但是为了取得更好的效果，在运动康复治疗的过程中，还需要进行肌肉的全身性放松训练，每次训练时间在40分钟以上。

4. 确认放松效果

完全放松的肌肉，在被动运动时完全没有阻力。比如，上肢完全放松，被动抬起后一旦放手，上肢就会自然下落；下肢完全放松，让儿童坐在床的边缘，下肢下垂，当推动下肢时，则会像钟摆一样摆动。

第二节 肌力训练

> 一、定义

肌力即肌肉的力量，肌力训练就是增强肌肉收缩力量的运动训练。肌力训练主要针对因各种原因引起的肌肉萎缩所导致的肌力下降。通过肌力训练可以提高肌纤维的横截面积和肌肉的弹性，改善运动系统的功能。肌力训练是特殊儿童运动功能康复训练中的主要内容，通过训练可以防止失用性肌萎缩，加强关节运动的稳定性，防止负重关节发生机能改变，等等。

在进行肌力训练之前，需要进行肌力评估，以确定肌肉力量、躯干及肢体与关节活动的现状，判断神经损伤的范围和程度，预测相应活动能力可能改善的程度，为制订康复训练计划提供依据。肌力评估的主要方法是：要求被试做一些规定动作，以测查其在减去重力、对抗重力及对抗外加阻力情况下完成动作的能力。具体评估方法有徒手肌力检查和器械肌力检查两类。

> 二、训练原则

根据肌力评估结果，可遵循以下原则进行肌力训练。

（1）对于肌力严重低下的肌肉组织多采用被动或轻微助力运动进行肌力训练；

（2）对于肌力轻度低下的肌肉组织可采用助力运动、徒手助力运动或悬吊助力运动（以减轻自身的重力作用）进行肌力训练；

（3）对于肌力正常、功能较好的肌肉组织多采用抗阻力训练。

> 三、肌力训练方法

肌力训练的基本形式是抗阻练习，具体又分为等张抗阻练习、等长抗阻练习和等速抗阻练习，现简要介绍如下。

（一）等张抗阻练习

肌肉在收缩时其长度会发生两种变化：一是在其主动收缩时，长度缩短，使肌肉两端互相靠近，这种现象称为向心收缩；二是当外界阻力大于肌肉主动收缩所产生的力量时，肌肉在收缩过程中因被动运动而被拉长，使得肌肉两端相分离，这种现象称为离心收缩。日常生活中的一些基本运动都包括这两种肌肉收缩方式。如蹲起动作，下蹲时肌肉发生向心收缩，而起立时肌肉产生离心收缩。在等张抗阻练习中，由于外加阻力的大小保持恒定，肌肉收缩产生的张力也大致稳定不变。

（二）等长抗阻练习

肌肉动作的等长收缩是指肌肉在收缩时长度不变，不产生明显的关节运动，又称静力收缩。等长抗组练习方式很多，如在练习下肢力量时经常采用的蹲马步等。在等长抗阻练习中，随着肌肉张力的提高，运动强度也随之增大，可获得较好的超量恢复，促进肌肉力量的恢复或增加。同时，等长抗阻练习操作方便，很少受环境条件的限制。

（三）等速抗阻练习

等速抗阻练习是指通过设置固定的运动速度，使肌肉组织在等速运动条件下进行的练习。这种方法可以使肌肉力量得到明显提高，但需要在专门的训练器械上完成，如跑步机等。

在肌力训练中需要注意以下问题。

1.要遵循超量恢复原理，控制运动负荷和训练节奏

超量恢复指在适当运动后，肌肉的形态和力量比训练前有所改善与上升，即超过原有水平，但随着休息时间的延长，又逐渐下降到原有的功能水平的现象。如果下一次练习是在超量恢复阶段进行的，就可以保持超量恢复不会消退，并能逐步积累练习效果。通过反复练习，就可以使肌肉体积增大，肌肉力量增强，这就是超量恢复的原理。在肌力训练中，还可以通过观察与询问了解特殊儿童的主观感受来控制运动负荷和训练节奏。如每次训练要在儿童无痛状态下进行，如果发生肌肉疼痛，说明乳酸代谢缓慢或肌肉损伤，应调整运动量或运动方式，减小运动负荷或训练次数，必要时予以医学检查，防止运动损伤。

2.在训练过程中，要密切关注儿童心血管的反应

肌肉收缩会引起心率和血压升高，如果心率和血压过度升高，就要避免大强度的练习，尽可能减少含有憋气内容的动作练习。

第三节　粗大运动功能训练

粗大运动指利用大肌肉群的协调活动来完成相应动作的肌肉运动，其发展水平与儿童日常生活密切相关，也会直接影响儿童其他能力的获得和发展。粗大运动功能康复训练是特殊儿童运动功能康复的重要部分，其中姿势控制训练、移位练习及康复医学中物理治疗

的许多方法也经常被用于特殊儿童粗大运动功能的康复训练，现简要列举说明如下。

> 一、姿势控制

姿势控制是从事日常生活活动的基本条件，是特殊儿童康复治疗的基本组成部分，是在将异常姿势最小化的同时实现功能最大化的技术，需要作业治疗师、物理治疗师、言语治疗师、儿童家庭成员、护理者、教师，以及其他相关人员，包括儿科医生、外科医生、矫形师、营养师和其他专家等多学科的团队合作来实现。对肢体障碍儿童而言，特别是脑瘫、脊柱裂、肌萎缩和其他神经或发育障碍儿童，姿势控制是一切作业活动的前提。这些儿童由于脑损伤或者发育缺陷造成的姿势反射障碍、运动发育异常、肌力和肌张力异常、肌肉和骨骼肌发育异常、感觉系统失调等原因，出现特点不同的姿势异常，包括坐位下躯干控制能力不足。异常的姿势控制会导致其不能独坐、坐姿不正确、坐姿不稳或不能持久等，大大影响了上肢运动控制的形成。而正确的坐姿，特别是促进良好姿势保持和稳定性的坐姿，是产生有效的双上肢运动的先决条件。充分的姿势控制是随意运动的基础，而随意运动是日常生活活动能力的必备条件。下面简要介绍姿势控制训练方法。

（一）肘支撑姿势控制训练

方法：将儿童放于 Bobath 球上，治疗师控制儿童的肘部（肘关节要在肩关节的前方，两肘间距略宽于肩），以前后左右不同方向、不同速度、不同频率移动其身体，使儿童维持在肘支撑的位置上。也可使用玩具吸引儿童抬头以促进脊柱伸展，增强肘支撑能力。待儿童具备一定能力时，可训练其单肘支撑。治疗师用儿童喜欢的玩具吸引其将身体重心转移至一侧，另一侧伸手拿玩具，此时玩具的位置应有上下、左右、远近及速度和轨迹的变化，可增强儿童肘支撑的姿势控制能力。

图 12-1　肘支撑姿势控制训练

（二）手支撑姿势控制训练

方法：将儿童俯卧位放置于Bobath球上，治疗师控制住儿童的肘部并以前后左右不同方向、不同速度、不同频率移动其身体，使儿童维持在手支撑的位置上。也可使用玩具吸引儿童抬头以促进脊柱伸展，增强手支撑能力。待儿童具备一定能力时，可训练其单手支撑。治疗师用儿童

图12-2　手支撑姿势控制训练

喜欢的玩具吸引其将身体重心转移至一侧，另一侧伸手拿玩具，此时玩具的位置应有上下、左右、远近及速度和轨迹的变化，以增强儿童手支撑的姿势控制能力。

（三）四点支撑位姿势控制训练

方法：儿童取四点支持位，使肩关节、髋关节、膝关节保持在90°，膝与髋同宽，治疗师在儿童的后方做前后左右的重心移动。重心移动速度视儿童的能力而定。对于不能抬起躯干的儿童，可将粗细合适的滚筒放于儿童腹部下方以支持儿童抬起躯干。待儿童四点支持能力增强后可训练三点支持的能力。

图12-3　四点支撑位姿势控制训练

（四）坐位姿势控制训练

1.盘腿坐位和伸腿坐位训练

儿童坐于治疗垫或平衡板上，治疗师位于儿童后方，双手轻轻控制儿童的髋部并让儿童身体向前方、侧方、侧后方够取自己喜欢的玩具。

2.端坐位训练

儿童取端坐位于小凳上，方法同上，随着儿童能力的提高，可在双足下放置不稳定

的物体（如平衡板），以增强其控制能力。

图 12-4　盘腿坐位训练

图 12-5　端坐位训练

（五）膝立位姿势控制训练

方法：儿童取膝立位姿势，治疗师位于儿童后方双手轻轻控制儿童的髋部，向前、后、左、右轻推儿童，让儿童主动地调整身体以维持此姿势，同时将儿童喜欢的玩具放置于儿童的前方、侧方、侧后方令其抓取玩具，通过玩具摆放位置远近、方向及玩具运动轨迹，使儿童增强膝立位姿势控制能力。训练过程中，支持面由稳定逐步到不稳定。

（六）蹲位姿势控制训练

方法：儿童取蹲位姿势，治疗师位于儿童后方，在儿童的前方、左右两侧、侧后方及不同高度用儿童喜欢的玩具吸引其抓取，治疗师需控制其抓取的方向、速度及频率以增强其蹲位的姿势控制能力。训练过程中，支持面由稳定逐步到不稳定。

图 12-6　膝立位姿势控制训练

图 12-7　蹲位姿势控制训练

（七）站立位姿势控制训练

1.双足站立位姿势控制训练

儿童取双足立位姿势，治疗师位于儿童后方双手轻轻地控制儿童的髋部，在儿童前方、侧方、侧后方及不同高度用儿童喜欢的玩具吸引其抓取玩具，治疗师需控制其抓取的方向、速度及频率以增强其立位的姿势控制能力。训练过程中，支持面由稳定逐步到不稳定。

2. 单足站立位姿势控制训练

儿童取单足站立位。另一侧下肢放于楔形垫（或滚筒）上，治疗师位于儿童的后方、侧方、侧后方及不同高度用儿童喜欢的玩具吸引其抓取玩具，治疗师需控制其抓取的方向、速度、频率及轨迹以增强其立位的姿势控制能力。训练过程中，支持面由稳定逐步到不稳定。

图 12-8　双足站立位姿势控制训练　　　图 12-9　单足站立位姿势控制训练

> ## 二、物理治疗

物理治疗是采取全面的方法，融合生理、物理、病理、心理、人文学等科学理念，以综合方法为健全或患病人士提供健康管理的服务。特殊儿童运动康复中的物理治疗主要指的是针对特殊儿童的运动障碍，包括四肢、口部、眼部及头部运动等进行的康复训练。物理治疗可以维持和改善运动器官的功能，增强心肺功能，提高神经系统的调节能力和内分泌系统的代谢能力。物理治疗有广义和狭义之分，广义的物理治疗包括物理疗法和运动疗法，狭义的物理治疗指应用各种物理因素治疗疾病，下面简要介绍物理治疗中的运动疗法，包括与粗大运动功能训练相关的关节活动技术和体位转移技术。

（一）关节活动技术

关节活动技术是指利用各种方法克服因组织粘连或肌肉痉挛等多种因素导致的关节功能障碍的运动康复技术。根据关节所在部位，可以分成上肢关节活动技术、躯干活动技术和下肢关节活动技术。上肢关节主要有肩部、肘关节、腕关节和手指关节，下肢关节主要有髋关节、膝关节、踝关节及足关节，躯干的活动包括颈区活动和腰区活动。下面以肩关节和髋关节为例，介绍关节活动技术的训练内容与方法。

1. 肩关节

（1）肩关节前屈操作过程：儿童仰卧，治疗师站于儿童一侧，一只手握住儿童的侧腕关节，另一只手握住肘关节上方，然后慢慢把儿童上肢沿矢状面向上高举过头。

（2）肩关节后伸操作过程：儿童侧卧，治疗师站于儿童一侧，一只手按住儿童肩关节，另一只手握住肘关节稍上方屈肘，然后慢慢把儿童上肢沿矢状面向上高举过头。

（3）肩关节外展操作过程：儿童仰卧，治疗师站于儿童一侧，一只手握住儿童侧腕关节处，另一只手握住肘关节上方，然后慢慢把儿童上肢沿额状面外展，当儿童上肢被移动到外展90°时，要注意将上肢外旋后继续移动直至接近儿童同侧耳部。

（4）肩关节内外旋操作过程：儿童仰卧，儿童肩关节外展90°，肘关节屈曲，治疗师站在儿童一侧，一只手固定肘关节，另一只手握住腕关节，以肘关节为轴，将儿童侧前臂沿肱骨干轴线向头、足方向运动，使肩关节被动外旋或内旋。

2. 髋关节

（1）髋关节前屈操作过程：儿童仰卧，治疗师一只手拖住患侧小腿近膝关节处，另一只手用手心托住患侧足跟处，双手将患侧大腿沿矢状面向上弯曲，使大腿前部尽量接近儿童腹部。

（2）髋关节后伸操作过程：儿童俯卧，治疗师站在儿童一侧，一只手扶住患侧踝关节，另一手从下方抓住患侧膝关节前部，并用前臂托住患侧小腿和膝关节部位，用力向上抬以使髋部被动伸展。

（3）髋关节内收、外展操作过程：儿童仰卧，下肢呈伸展位，治疗师一只手托住儿童膝关节后方，前臂支撑托住远端，另一只手握住足跟，在髋关节轻度屈曲的状态下，完成髋关节外展，然后返回原来的位置。

（4）髋关节内旋、外旋操作过程：儿童仰卧，下肢呈伸展位，治疗师一只手固定在儿童膝关节上方，另一只手固定在踝关节上方，完成下肢轴位的旋转，足尖向内侧为髋关节内旋，足尖向外侧为髋关节外旋。也可以令儿童髋关节呈屈曲位，治疗师一只手扶持儿童小腿近端，另一只手固定足跟，以髋关节为轴，向内、外侧摆动小腿，完成髋关节的内旋、外旋。

（二）体位转移技术

体位转移是指人体从一种姿势转移到另一种姿势的过程。该训练目的是使特殊儿童能够独立地完成基本的日常生活活动。体位转移包括床上转移、卧—坐转移和坐—站转移3项主要内容，下面简单介绍上述3种转移。

1. 床上转移活动

（1）床上翻身操作过程：儿童仰卧，双侧髋、膝屈曲，上肢握手伸肘，肩上举约90°，上肢带动患侧上肢摆向健侧，再反方向摆向患侧，借摆动的惯性翻向患侧。

（2）床上卧位移动操作过程：儿童仰卧，健足置于患足下方，健手将患手固定在胸前，利用健下肢将患下肢抬起向一侧移动，用健足和肩支起臀部，同时将臀部移向同侧。臀部侧方移动完毕后，再将肩、头向同方向移动。

2. 卧—坐转移

操作过程：儿童呈健侧卧位，患腿跨过健腿。用健侧前臂支撑其体重，头、颈和躯干向上方侧屈，用健腿将患腿移到床缘下，改用健手支撑，使躯干直立。当从患侧坐起时，用健手将患臂置于胸前，提供支撑点，头、颈和躯干向上方侧屈，健腿跨过患腿，在健腿帮助下将双腿置于床缘下，用健侧上肢横过胸前置于床面上支撑，侧屈起身、坐直。

3. 坐—站转移

操作过程：儿童坐在床边，双手分开与肩同宽，两足跟落后于两膝，患足稍后，以利于负重及防止健侧代偿，双臂前伸，躯干前倾，使重心前移，患侧下肢充分负重，臀部离开床面，双膝前移，双腿同时用力，慢慢站起，立位时双腿同等负重。

在身体转移过程中，儿童应放松紧张心情，对完成动作要有信心。儿童应始终向前看，而不是看向床或者肢体。治疗师在转移前应认真检查，保证空间通畅，没有障碍。转移时不能增加儿童的痛苦，不能影响或加重病情，要以安全为主。

第四节 精细运动功能训练

精细动作能力是日常生活活动的重要基础，是评价儿童神经系统发育成熟度的重要指标之一，也是儿童接受教育的重要条件，对个体适应生存及实现自身发展具有重要的意义。精细动作能力训练是精细运动功能训练的基础。

＞ 一、特殊儿童精细运动障碍

儿童的智慧在他的手指上，手不仅是运动器官，而且是智能器官。精细动作就是儿童运用手，尤其是手指的操作能力，而这种能力的本质就是手—眼—脑的协调能力。良好的操作能力是一种基本的素质，是学习任何一种特殊技能的前提条件。精细动作能力的高低，往往决定儿童将来学习某种技能的速度快慢、准确性与牢固程度及能够到达的水平。很多特殊儿童存在精细运动障碍，完成技能性动作笨拙，在精细动作过程中表现为动作缓慢，动作幅度大，效率低，手眼协调能力差。动作笨拙可能会累及一些特殊肌群，如手肌、前臂肌、肩胛带肌等，并常存在视觉空间—运动功能的障碍，如某种程度的立体视觉、认知作业操作困难，表现为不能很好地搭积木，不能用拇指和食指指腹捏起小物体，不能把硬币放入投币盒中，搭建筑模型、玩球、描画和认识图形能力很差，等等。精细运动障碍可能会影响特殊儿童的社会适应能力，尤其会影响他们的学习能力，甚至会出现书写困难等。因此，对特殊儿童进行精细运动训练十分必要。

> 二、特殊儿童精细运动训练内容

特殊儿童精细运动训练分为手功能训练、视觉功能训练、手眼协调能力训练、日常生活活动能力训练等。

（一）手功能训练

手是人类最精细的器官之一，是认识客观世界、与外界交往的重要器官。由于拥有一双灵巧的手，人才和动物有了本质的区别。但手的灵活并非与生俱来，而是需要经历相当长的发育过程且遵循一定的发育规律才能实现。

1. 桌椅高度适当

很多手的精细动作是在坐位下完成的，因此，在开始手精细功能训练时，要先训练儿童获得良好的坐位平衡与保持良好坐位姿势的能力，或在训练时，提供适当高度的坐椅和桌子，以帮助儿童获得良好的姿势控制。很多儿童上肢呈屈曲模式，当桌子的高度不合适时会加重上肢的屈曲，因此要注意桌椅的高度。桌椅高度适当一般是指儿童取坐位时，肩关节自然下垂，肘关节屈曲90°，前臂前伸在桌面下方，距离桌面垂直距离5厘米左右。

2. 感知觉功能训练

手的感知觉功能对于手功能十分重要，一些家长反映儿童的手没轻重，不能很好地完成一些动作，这说明这些儿童存在着不同程度的手感知觉功能障碍。眼睛和耳是人们认识事物的重要器官，人们获得各种信息绝大多数依靠视觉和听觉。除此之外，手的触觉也是人们认识事物的重要途径。只有视觉和听觉而没有触觉参与，人们对事物的认识就不全面也不准确。例如，棉花和铁，通过肉眼可以知道二者体积大小和形状异同，但如果从未通过手去触摸，就无法感知其轻重、粗细和软硬等。所以，只有各种感觉共同参与，互相补充，才能使对事物的认识全面、精细和准确，其中手的感知觉功能是必不可少的组成部分。

3.抓握动作训练

手是认识事物的重要器官，手的活动能促进大脑的发育。训练抓握动作便是最初步的手的动作，按手的运动发育规律可以分为尺侧抓握训练、全掌抓握训练和桡侧抓握训练。

（二）视觉功能训练

视觉是由眼睛、视神经和视觉中枢的共同活动形成的。外界物体发出的光作用于人的眼睛，通过眼睛的透明组织发生折射，在视网膜上形成物像，视网膜感受到光的刺激后，把光能转换为神经冲动，再通过视神经将冲动传入视觉中枢，从而产生视觉。

儿童通过眼睛这两扇"窗户"去观察和认识世界，他们的很多动作都是在视觉的指导下进行的，对外界的信息有 80% 是通过视觉获得的。视觉功能是从新生儿睁开眼睛看世界后，不断地接受外界刺激，而逐渐发育、成熟和完善的。儿童视觉主要是对光的感觉与对色彩的辨别。光线和鲜明的色彩对婴儿智力发育之重要性如同食物对于胃一样。因此，要尽早给予婴儿视觉以适当的刺激，使视觉细胞和感觉功能得到迅速发展，以加强视觉通路的成熟和大脑细胞的发育，促进智力发育。一些儿童伴有视力问题，但儿童家长大多只重视儿童的肢体训练，忽略了视觉功能训练，即便是年龄较小的儿童，也可以通过在婴儿床上放挂件的方式给予其刺激，以此来提高儿童的色感（对色彩的分辨能力）。训练儿童的视觉功能时，可以有意识地让儿童看各种色彩的图画、玩具、物件、彩纸等，儿童的服饰、被褥、用具等日常生活用品也应尽量选择鲜艳的色彩并要经常变换，不断增加对儿童的视觉输入，儿童的小床周围也可以悬挂各种色彩的彩带、气球、挂件等。家长还可以自制各种颜色的玩具，如将乒乓球染成不同的颜色，用线穿挂在儿童小床上方，或用彩纸做成五颜六色的小花挂起来。儿童在接触各种色彩的过程中，成人应教给儿童红、绿、蓝等词，以词语强化这种分化能力，如气球是红色的、小花是红色的等。当儿童大一些时可以抱着他或用童车推着他去户外观看花草树木，让儿童看到大自然并对其指导，这是十分重要的，但很多家长忽略了这一点。对特殊儿童视觉训练的目的是提高和增强他们的视觉器官的感受能力和大脑对视觉信息的加工处理能力。视觉功能训练主要包括视敏度训练、辨色能力训练、形状大小方位知觉训练。

（三）手眼协调能力训练

手眼协调是指在视觉配合下手的精细动作的协调性。在人类所特有的感觉器官中，眼睛被喻为心灵的窗户，手则是人类赖以生存的最主要部分，儿童手眼协调能力标志着儿童大脑发育的成熟度。特殊儿童手眼协调能力的发展虽然是一个缓慢的过程，但是若平时注意培养训练，手眼协调能力就能得到较快发展。手眼协调能力的发育随神经心理发育的成熟而逐渐发展起来，通过手和眼的共同作用，儿童可以发现手中物品更多的特性，比如，眼睛可以看到物品的色彩、形状、大小等，而手可以触摸物品，感受它的软硬、粗糙度、冷热等特性，由此儿童可以更快、更全面地了解周围环境。随着精细运动能力的提高，手眼协调能力越来越占重要地位，贯穿于精细运动，精细运动能力发育离不开手眼协调能力发育，手眼协调能力发育是精细运动能力发育的关键。手眼协调能力训练可以采用抓积木、抓球、投币、扔球等方法。

（四）日常生活活动能力训练

除上述介绍的训练方法外，作业治疗中也有许多运用与日常生活、工作有关的各种进行精细运动康复治疗的方法。由于先天或者后天因素的影响，特殊儿童在生活技能、职业技能上与正常儿童存在较大差异，而作业治疗是弥补特殊儿童自身不足的有效途径。通过作业治疗可以提高儿童的动作控制能力，提高生活技能，改善特殊儿童的日常生活质量。作业治疗的分类和训练方法较多，常见的如进食训练、更衣训练、如厕训练等。

第五节　感觉统合训练

＞　一、定义

感觉统合，是指人体将各部分感觉通路传入人的信息组合起来，经过大脑的整合统一对信息进行加工的过程。感觉统合理论认为个体运动、感觉功能的发展与大脑的成熟过程是一致的，在人体成长发育过程中如果感觉过程或者统合过程异常，对于外界信息就会不敏感或者过分敏感，表现出感觉统合功能失调。

人的感觉统合系统一般分为视觉统合、听觉统合、触觉感、平衡感、本体感五部分。视觉统合和听觉统合是指外部的视觉和听觉刺激信息在大脑神经系统组织下有效的整合。视觉统合失调的儿童在读写中会出现漏字窜行、翻错页码、写的字大小不一等现象，计算时出现看错题号、进位错误等现象。听觉统合失调的儿童表现为听课时注意力不集中、记忆力差等现象。人类的触觉和神经体系是密切相联系的，触觉的敏锐度会影响大脑的辨识能力、身体灵敏性及情绪的好坏，触觉不佳的儿童经常表现出黏人、爱哭、怕生、胆小、孤僻、固执等行为，触觉过分敏锐的孩子通常反应较快，智商也很高，但是无法控制情绪。平衡感指人跟地心引力之间的协调能力。身体每一秒都离不开地球的地心引力，只要稍微一动，控制平衡感的神经组织马上会进行调适，但是统合失调的儿童往往表现为坐、站、姿势不正，多动不安，情绪暴躁，严重的还会造成左右脑发展不平衡。本体感指对自己身体了解和掌控的感觉，以及身体本身对周围空间距离的准确认知，它是感觉统合后发展起来的。本体感失调主要表现为笨手笨脚、容易跌倒、自控能力和本能反应能力差。其中任何一方面失常都会造成儿童感觉统合障碍，影响儿童的生活和学习。

总之，感觉统合训练利用训练器材，以游戏的方式给予儿童肌肉、关节、皮肤触压及多种感官的刺激，对大脑信息处理的统合能力进行矫正。感觉统合训练不仅是一种生理上的功能训练，而且是协调心理、大脑和躯体三者之间相互关系的训练。训练可以促进儿童感觉系统的发育，增强其自信心和自我控制能力，在游戏中感觉自己对身体的控制，增强感觉信息的输入，尤其是前庭刺激的输入，促进感知觉的协调，进而改善脑功能。因此，感觉统合训练对特殊儿童康复训练具有较积极的作用，但是由于儿童感觉统合发展水平的不同，失调的类型也不同，训练要有针对性。训练之前要根据儿童的个体差异，提出不同的要求，选择合适的内容及训练方式。比如，在进行平衡感觉训练做快速旋转时，要注意观察孩子的面部表情及身体的紧张程度，若出现身体肌肉僵硬，表情恐惧或大声尖叫，说明儿童还不能承受这种刺激及强度，要及时调整训练模式。

> 二、常见感觉统合训练方法

（一）触觉训练

1.内容

触觉训练可以提高儿童全身肌肤和关节神经的敏感程度。此外，还可以通过触觉训练来提升辨识层次，增强儿童脑部感觉神经的敏感度。

2.训练器材

如按摩球、触觉板等。

3.适应证

如易哭、胆子小、易怒、怕生、笨拙、惧怕肢体接触、难以正常发音、挑食、注意力不集中、自闭、爱生病等。

（二）前庭平衡觉训练

1. 内容

这种训练的作用是锻炼儿童前庭平衡系统的反应，有利于儿童重新建立语言组织神经，促进前庭平衡和正常的视力及听力。

2. 训练器材

如按摩球、小型滑梯、平衡木、独木桥等。

3. 适应证

如身体笨拙、姿势歪斜、协调能力差、多动症、易惹人、语言发育慢、视觉空间能力差、阅读障碍、缺乏自信、注意力难以集中、易摔、缺乏方向感、难以培养学习能力和习惯。

（三）弹跳训练

1. 内容

能够巩固平衡能力和人体前庭平衡的神经系统，还可以提高触觉神经及关节的敏感程度和感应度，缩短大脑恢复健康的周期。

2. 训练器材

如羊角球、跳床。

3. 适应证

如缺乏合理仪态、姿势歪斜、易怒、笨拙、好动、注意力难以集中、语言发育慢、阅读障碍、胆子小、缺乏视觉判断力、触觉失调、关节信息失调。

（四）固有平衡训练

1. 内容

能够提高人体脊髓中枢神经的协调性能，提升中耳的平衡控制力。还有利于恢复神经系统的机能，帮助儿童大脑健康发育。

2. 训练器材

如独脚的椅子、巨型陀螺、竖抱筒等。

3. 适应证

如好动、易摔、脾气坏、语言发展差、没有组织能力和推理能力、缺乏肢体协调能力、缺乏自信心。

（五）本体感训练

1. 内容

这种训练可以增强儿童的平衡能力、触觉及肌体的组织协调能力，帮助儿童左右大脑均衡地生长发育。

2. 训练器材

如跳床、平衡木、滑板等。

3. 适应证

如语言能力弱、笨拙、注意力难以集中、好动、易怒、缺乏组织力和创造力。

> 　三、训练注意事项

在运用感觉统合方法时应注意以下事项才会在训练时获得良好的效果。

（一）游戏性

儿童在游戏的时候，各种感知能力得到充分发挥，对于儿童来说，游戏是许多学习、锻炼方式中最有效、最好的一种手段。儿童具有好奇、好动、好模仿的年龄特点。所以，当他们看到色彩鲜艳、造型各异的各种感觉统合训练器械时，立即想摸一摸、玩一玩、试一试，心中唤起明显的快乐情感。感觉统合训练的器械也可以说是玩具。要使儿童在训练中表现出极大热情和专注，玩得长久，必须对一种器械创造出更多生动有趣、形象逼真、轻松愉快的玩法，把训练寓于游戏中。根据训练的目标，要创编"一物多用"玩法、个体玩法、集体玩法、竞赛性游戏等，唤起儿童的好奇心和求知探索的强烈活动欲望。在忘我的游戏过程中，儿童身心、行为等各方面的不足或问题将毫无保留地表现出来，因而为有的放矢地进行身心训练和行为矫正提供了依据。

（二）趣味性

给儿童提供良好的训练环境，包括明亮的训练场地，色彩鲜艳、花样丰富且对孩子有吸引力的玩具和活动教具。儿童刚接触感觉统合训练时，由于受未曾见过的器械的刺激，易提起兴趣，能积极主动地投入活动。但重复同一游戏的方法，久而久之会使儿童感到枯燥乏味，影响训练的积极性。因此，必须更换多种玩法、多种手段或采用有主题、有情节的故事形式，以不断提高儿童参加体育游戏的兴趣。器材一旦与儿童体育游戏相结合，其功能可被拓宽，成为面向全体儿童身体素质练习的器材，而由此派生出来的游戏一定新颖别致。概括器材本身特点，结合年龄特点和游戏性、娱乐性的原则，设计出一个个精彩纷呈、妙趣横生的游戏活动，将改变原来以机械重复练习为主的练习模式，促使儿童平衡觉、运动觉、皮肤觉、视觉、听觉等多种感觉在同一时间内不断交互、重复，达到感觉整合的练习效果。成功往往能够引起儿童的兴趣。如果儿童第一次完成一个飞跃，治疗师及时给予肯定赞扬时，他会特别高兴。成功后喜悦之情会转化成动力，并促进儿童自信心的提高。同时治疗师优美的示范、生动有趣的谈话、教学艺术的运用、合理的组织形式、制造良好的游戏氛围等，都可以提高刺激物的新异程度，增强儿童游戏的趣味性，提高游戏的效果。

（三）安全性

儿童的器官稚嫩，发育尚未成熟，心理上好奇、好动、好模仿，加之其生活经验不足，往往对自己的能力估计过高，常会做出力不能及的判断和动作。因此，若训练中不注意安全，则容易受到伤害。为了安全地进行感觉统合训练，必须注意安全。首先，儿童接触新的器械时，治疗师要用通俗易懂的语言介绍器械的性能，以及如何进行体育游戏（操作），从手的握法、脚的站位到身体的姿势要通过直观的手段交代清楚。其次，在每次活动前治疗师都要加强器械完全性的检查，做到防患于未然。

（四）科学性

应遵循儿童的身心特点，合理、科学地开展训练。

1. 注重训练的全面性

要制订切实可行的训练计划。在一定阶段内，要使儿童肌体的各个部分、各器官系统的机能、身体的各项素质都得到锻炼的机会，要采用多样化的练习手段，防止单一性，注重全面性，以使感知觉的各种功能得到改善。

2. 掌握个体差异，因人而异

即使是同一年龄组的儿童，体质、个性、活动经验、能力等也不尽相同。治疗师应针对个体差异，因材施教，制订教学目标、方法，调整进度，提出不同的要求（如次数多少、距离长短、速度快慢等），在原有基础上逐步提高强度，促进每个儿童在不同水平上的发展。治疗师还要注重活动的过程，随时观察他们在训练中的反应，及时调控。如果发现异常，要找出原因，采取适当的措施调整计划和目标，以优化过程，改进训练方法。要根据儿童感觉统合能力发展的特点，设计出在感觉体系上与之相关的，且儿童容易做到又感兴趣的动作和游戏。这样儿童会自觉自愿，全力去做，从而更好地发挥出原本不足的能力。因此，必须遵循个别化训练的原则。

3. 掌握适宜的练习密度和强度

每次活动的设计，力求结构紧凑，环环衔接，保证适宜的练习密度和强度。要根据人体生理机能能力变化规律、气候、场地、器材等因素，合理安排活动的生理负荷。生理负荷曲线的要求一般是从逐步上升到相对平稳，然后逐步下降。从简单到复杂，从易到难，循序渐进地组织训练。因此，要合理安排和调节负荷的节奏，注意高低结合，动静结合，防止大起大落。在通常的情况下，要凭经验通过看、听、摸、触等途径获取信息，随时进行调节。

4. 治疗师与儿童建立亲密的关系

营造儿童能自由表现的轻松气氛，尽力让儿童在训练中表现自己的情绪。接受儿童本来的表现，要正视、控制它，不能粗暴压制和批评。帮助儿童洞察自己的行为，信任儿童自身内部的成长力，重视儿童用自己的力量解决问题的能力，帮助儿童树立成功的信心，让儿童体验成功的喜悦。积极引导儿童参与训练的各项活动，耐心培养儿童参与活动的兴趣和主动意识。让儿童在训练中感到轻松、快乐，这是感觉统合训练中重要的方面，也是训练成败的关键，训练如果能在快乐的气氛下进行，而且能结合身体和大脑的协调反应，将有助于儿童感觉运动的自我健全发展；如果儿童对训练感到害怕或痛苦，就会拒绝参与，导致训练失败。

5. 与儿童家长密切配合

及时与家长交流和反映儿童的发展情况，让家长主动积极地配合儿童的训练。另外，这一时期儿童接触的人以女性为多，因此训练师要有男性，有助于预防男孩女性化现象。

参考文献

［1］黄晓琳，敖丽娟．人体运动学［M］.3 版．北京：人民卫生出版社，2018.

［2］李林，武丽杰．人体发育学［M］.3 版．北京：人民卫生出版社，2018.

［3］王艳．康复评定学［M］.2 版．北京：人民卫生出版社，2018.

［4］李古强，汪宗保．人体运动学［M］．北京：中国医药科技出版社，2019.

［5］李雪萍．康复功能评定学实训指导［M］.2 版．北京：人民卫生出版社，2019.

［6］徐景俊，贾海玲，段为民．特殊儿童康复概论［M］．重庆：重庆大学出版社，
    2023.

［7］王俊华，周立峰．康复治疗基础［M］.2 版．北京：人民卫生出版社，2014.

［8］袁琼嘉，谭进．体育动作解剖学分析与肌肉训练［M］．北京：人民体育出版社，
    2015.

［9］石君杰．康复治疗实训教程［M］．杭州：浙江大学出版社，2012.

［10］张秀花．康复评定技术实训指导与学习指导［M］．北京：人民卫生出版社，
     2014.

［11］肖晓鸿．康复工程技术［M］．北京：人民卫生出版社，2014.

［12］王宁华．康复医学概论［M］.3 版．北京：人民卫生出版社，2018.

［13］于兑生，恽晓平．运动疗法与作业疗法［M］.2 版．北京：华夏出版社，2022.